**Foucault
e a Linguagem do Espaço**

Coleção Estudos
Dirigida por J. Guinsburg

Reitor
Pe. Josafá Carlos de Siqueira SJ

Vice-Reitor
Pe. Álvaro Mendonça Pimentel SJ

Vice-Reitor para Assuntos Acadêmicos
Prof. José Ricardo Bergmann

Vice-Reitor para Assuntos Administrativos
Prof. Luiz Carlos Scavarda do Carmo

Vice-Reitor para Assuntos Comunitários
Prof. Augusto Luiz Duarte Lopes Sampaio

Vice-Reitor para Assuntos de Desenvolvimento
Prof. Sergio Bruni

Decanos
Prof. Júlio Cesar Valladão Diniz (CTCH)
Prof. Luiz Roberto A. Cunha (CCS)
Prof. Luiz Alencar Reis da Silva Mello (CTC)
Prof. Hilton Augusto Koch (CCBS)

Editora PUC-Rio
Rua Marquês de S. Vicente, 225
22451-900 Rio de Janeiro, RJ
Tel.: (21)3527-1760/1838
edpucrio@puc-rio.br
www.puc-rio.br/editorapucrio

Conselho Gestor da Editora PUC-Rio
Augusto Sampaio, Danilo Marcondes, Felipe
Gomberg, Hilton Augusto Koch, José Ricardo
Bergmann, Júlio Diniz, Luiz Alencar Reis da
Silva Mello, Luiz Roberto Cunha, Miguel Pereira
e Sergio Bruni.

Equipe de realização – Edição de texto: Margarida Goldsztajn; Revisão: Iracema A. de Oliveira; Sobrecapa: Sergio Kon; Produção: Ricardo W. Neves, Sergio Kon, Lia N. Marques, Luiz Henrique Soares e Elen Durando.

Tomás Prado

FOUCAULT
E A LINGUAGEM DO ESPAÇO

CIP-Brasil. Catalogação-na-Fonte
Sindicato Nacional dos Editores de Livros, RJ

P921f

Prado, Tomás
Foucault e a linguagem do espaço / Tomás Prado. - 1. ed. - São Paulo : Perspectiva ; Rio de Janeiro : PUC, 2018.
264 p. ; 23 cm.   (Estudos ; 357)

Inclui bibliografia
ISBN 978-85-273-1128-1 (PERSPECTIVA)
ISBN 978-85-8006-249-6 (PUC RIO)

1. Foucault, Michel, 1926-1984. 2. Filosofia francesa. I. Pontifícia Universidade Católica do Rio de Janeiro. II. Título. II. Série.

18-50765   CDD: 194
                                                 CDU: 1(44)

Meri Gleice Rodrigues de Souza - Bibliotecária CRB-7/6439
27/06/2018   09/07/2018

Direitos reservados à
EDITORA PERSPECTIVA LTDA.

Av. Brigadeiro Luís Antônio, 3025
01401-000 São Paulo SP Brasil
Telefax: (011) 3885-8388
www.editoraperspectiva.com.br

2019

Para Mariana
e João.

Sumário

Agradecimentos.. IX
Abreviações das Obras de Foucault XI

PREFÁCIO.. XIII

1. A LINGUAGEM E AS FORMAS
   HEGEMÔNICAS DA RAZÃO
   O Sonho da Interpretação......................... 1
   A Desrazão na História........................... 21
   Doença Mental e Autoria 45

2. LINGUAGEM E DISCURSO: A DUPLA FORMA
   Hölderlin, o Ego e o Eco......................... 67
   O Olhar da Clínica e a Revisão 83
   A Enciclopédia Chinesa 103

3. DISCURSO E PODER: A REFORMA
   O Enunciado e o Poder 125
   A Interposição de Nietzsche 144
   A Ética da Infâmia 157

4. A ISOMORFIA DA MORTE
   Os Tropos de Roussel 175
   Fábula, Simulacro e Assassinato 189
   Pierre Rivière e o Parricídio 203

EPÍLOGO: TROPO E ENTROPIA 223

Referências Bibliográficas 235

Agradecimentos

Agradeço à minha família. Agradeço ao Patrick Pessoa pelas primeiras lições de filosofia, as quais motivaram grande parte desta investigação. Agradeço aos professores Gilvan Fogel e Roberto Machado pelos cursos na UFRJ em que me apresentaram os pensamentos de Nietzsche, Heidegger e Foucault. Agradeço à Madalena Freire e à Maria Cecília Almeida e Silva pela minha formação de professor no Instituto Superior de Educação Pró-Saber. Agradeço ao Eduardo Jardim pela orientação do mestrado em Heidegger na PUC-RIO e por suas amplas reverberações neste trabalho. Agradeço ao Bertrand Binoche por me acolher em seus cursos na Sorbonne durante o período de estágio doutoral. Agradeço ao CNPq (Conselho Nacional de Pesquisa) e à Capes (Coordenação de Aperfeiçoamento de Pessoal de Nível Superior) pelas bolsas de pesquisa que viabilizaram a minha dedicação. Agradeço aos alunos que acompanharam a minha elaboração de alguns desses temas na Universidade São Judas Tadeu, em São Paulo. Em especial, a minha gratidão à Katia Muricy, pela orientação da tese de doutorado na PUC-RIO que deu origem a este livro e pelo afetuoso incentivo.

Abreviações das Obras de Foucault

AS	A Arqueologia do Saber
DE1	Ditos e Escritos, v. 1
DE2	Ditos e Escritos, v. 2
DE3	Ditos e Escritos, v. 3
DE4	Ditos e Escritos, v. 4
DE5	Ditos e Escritos, v. 5
DE6	Ditos e Escritos, v. 6
DE7	Ditos e Escritos, v. 7
DMP	Doença Mental e Psicologia
DS	Em Defesa da Sociedade
EPR	Eu, Pierre Rivière, Que Degolei Minha Mãe, Minha Irmã e Meu Irmão
GEK	Gênese e Estrutura da Antropologia de Kant
HLIC	História da Loucura na Idade Clássica
HS1	História da Sexualidade, v. 1
HSU	A Hermenêutica do Sujeito
LL	Linguagem e Literatura
MMP	Maladie mentale et personnalité
MP	Microfísica do Poder
NC63	Naissance de la clinique 1963
NCl	O Nascimento da Clínica
OD	A Ordem do Discurso
PC	As Palavras e as Coisas
QEC	O Que É a Crítica?
RR	Raymond Roussel
VF	A Verdade e as Formas Jurídicas
VP	Vigiar e Punir

Prefácio

> *Tal é o poder da linguagem: ela que é tecida de espaço,*
> *o suscita, o dá a si mesma por meio de uma abertura*
> *originária e o extrai para retomá-lo em si.*
>
> MICHEL FOUCAULT, *A Linguagem do Espaço*

Até 1972, Michel Foucault realizou em seus livros uma série de alterações. O prefácio de *Histoire de la folie à l'âge classique* (História da Loucura na Idade Clássica) é suprimido. Partes substanciais de *Naissance de la clinique* (O Nascimento da Clínica) são reescritas a exemplo do que ele já fizera, no início da década de 1960, em *Maladie mentale et psychologie* (Doença Mental e Psicologia). As intervenções do autor acarretam importantes transformações conceituais e grandes desafios para o conhecimento de sua trajetória filosófica.

Quando o livro *L'Archéologie du savoir* (A Arqueologia do Saber), de 1969, é situado como um esclarecimento metodológico dos trabalhos anteriores em vez de ser considerado um novo projeto, o problema adquire expressividade. Foucault reivindica liberdade para pensar sobre novas bases e para se voltar a outros temas de interesse, mas suas revisões também atribuem unidade sistemática à obra. Este aparente conflito entre o plano pregresso e os novos sugere que, a cada retrospectiva, é inaugurada outra perspectiva. Para os seus leitores, não se trata somente da liberdade de um filósofo que renova suas escolhas, interesses e ideias, pois se trata também da particularidade dos primeiros projetos, cujos méritos podem ser subestimados. Portanto, a abordagem do pensamento de Foucault não implica apenas uma diferença entre fases, por ele próprio às vezes admitida, mas também uma diferença entre estratos, com seus distintos planos e versões. Em vez de se pressupor em sua obra um constante aperfeiçoamento, é preciso investigar tais reviravoltas e descobrir qual experiência de pensamento foi encoberta pelas novas camadas de pesquisa.

Na entrevista final de *A Verdade e as Formas Jurídicas*, de 1973, encontramos uma resposta de Foucault que indica, conforme a dinâmica característica de sua produção, a experiência de pensamento que teria sido obstruída e que será resgatada como o objeto de interesse central deste livro:

> É preciso ressaltar que não endosso sem restrições o que disse nos meus livros [...] No fundo, escrevo pelo prazer de escrever. O que eu quis dizer sobre Mallarmé e Nietzsche é que houve, na segunda metade do século XIX, um movimento cujos ecos encontramos em disciplinas como a linguística ou em experiências poéticas como as de Mallarmé, toda uma série de movimentos que tendia a perguntar a grosso modo: "O que é a linguagem?" Enquanto que as pesquisas anteriores tinham sobretudo visado saber como nos servíamos da linguagem para transmitir ideias, representar o pensamento, vincular significações; agora, ao contrário, a capacidade da linguagem, sua materialidade, tornou-se um problema.[1]

Quando não estabelecemos, como modelo de leitura, a linearidade progressiva e tampouco a forma arquitetônica concebida de antemão, ou o recorte do momento de especial luminosidade que se estenderia sobre a vastidão passada e futura da obra, atendo-nos ao que diz o texto no momento em que foi escrito e às relações imanentes – muitas vezes conflituosas – entre os mesmos, melhor nos posicionamos para a descoberta de novos aspectos de uma obra; para a ampliação do seu universo. Abrimo-nos, então, aos tesouros esquecidos ou menosprezados que ela resguarda; ao menos é o que consideramos a respeito do lugar da linguagem no pensamento de Foucault.

Procuraremos demonstrar que a arqueologia, termo que representa a primeira fase do seu pensamento, foi um trabalho

---

1   *VFJ*, p. 157-158.

originalmente dedicado à linguagem, e mais especificamente à sua relação com o espaço. Ademais, perscrutaremos a possibilidade de que a linguagem do espaço tenha persistido, para além da fase arqueológica, como a *arché* do pensamento de Foucault. A arque-o-logia seria, então, um conjunto de investigações que partem da linguagem do espaço como princípio, que se utilizam de sua estrutura como método e a reconhecem como horizonte de sentido.

◆ ◆ ◆

Em 1964, Foucault publica um texto na revista *Critique*, chamado "Le Langage de l'espace" (A Linguagem do Espaço). O trabalho se refere a autores pouco conhecidos – Laporte e Claude Ollier – e aparenta ser um exercício de erudição literária, no qual paralelos são traçados com autores canônicos, como Hölderlin, Joyce e Nietzsche. O texto aponta a uma relevante intuição que atravessa o conjunto dos trabalhos arqueológicos:

> Escrever, durante séculos, subordinava-se ao tempo. [...] O retorno nietzschiano fechou de uma vez por todas a curva da memória platônica, e Joyce tornou a fechar a do relato homérico. O que não nos condena ao espaço como a única outra possibilidade, por demasiado tempo negligenciada, mas revela que a linguagem é (ou talvez tenha se tornado) coisa de espaço.[2]

A escrita que, de Hölderlin a Heidegger, pertencia ao jugo do tempo, que deveria ser eco de origens remotas, surge agora como "coisa de espaço". Trata-se de demonstrar em que medida a arqueologia pode ser compreendida como um trabalho dedicado à linguagem nessa articulação fundamental com o espaço, alterando as formas ordinárias do tempo, de sua progressão contínua ou da perpetuação de uma origem, a começar, na verdade, por se opor à temporalidade metafísica, a eternidade.

◆ ◆ ◆

---

2   *DE7*, p. 36.

Em *Ciência e Saber: A Trajetória Arqueológica de Foucault*, Roberto Machado analisa os vínculos do filósofo com a epistemologia francesa – Bachelard e Canguilhem – justificados por uma série de apropriações conceituais, como no caso do conceito de "descontinuidade". Machado busca verificar qual é o deslocamento produzido por Foucault. Em seu afastamento, que, no entanto, ainda postula a epistemologia como referência primeira, encontraríamos a origem da arqueologia.

Segundo Machado, "a história arqueológica, que estabelece inter-relações conceituais no nível do saber, nem privilegia a questão normativa da verdade nem estabelece uma ordem temporal de recorrências a partir da racionalidade científica atual"[3]. Se a epistemologia francesa assume a atualidade como critério de validade das conquistas de uma ciência, de suas superações, de seu suposto progresso, a arqueologia de Foucault, por outro lado, analisa as condições de possibilidade presentes em cada época com sua própria ordem, sem hierarquias ou o privilégio da mais recente. O que nos parece faltar nessa rica abordagem de Machado é o reconhecimento de que o que permite à arqueologia descer a um nível mais profundo que o da racionalidade científica, para além até mesmo do nível estritamente conceitual, é a lida com a trama espacial da linguagem.

Não podemos recusar a referência epistemológica, mas podemos problematizar o seu primado entre as vastas interlocuções do trabalho de Foucault, para encontrarmos uma *démarche* ainda pouco explorada. De fato, ainda que, em um nível, Foucault tenha feito um deslocamento da ciência para o saber, o campo que o permite, e que em última instância se trata de reconhecer como o objeto fundamental da arqueologia, é a linguagem. A epistemologia resguarda, na abordagem arqueológica, relações concomitantes com questões éticas, políticas, literárias, entre outras dimensões da experiência, de modo que é preciso descer a um nível mais radical, o da linguagem do espaço, onde se poderá encontrar o liame que as possibilita.

❖ ❖ ❖

---

3   R. Machado, *Ciência e Saber*, p. 11.

No mesmo ano em que escreve "A Linguagem do Espaço", Foucault publica a sua tradução da obra *Anthropologie in pragmatischer Hinsich* (Antropologia de um Ponto de Vista Pragmático), de Kant, originalmente realizada entre 1959 e 1960, enquanto dirigia, em Hamburgo, o Institut Français. Esse trabalho acompanhou, como tese complementar, *Folie et déraison*, de 1961, posteriormente publicada com o título de *Histoire de la folie à l'âge classique* (História da Loucura na Idade Clássica).

O texto apresenta a seguinte questão condutora: "Qual é a relação entre o conhecimento antropológico e a reflexão crítica?"[4] No entanto, uma vez que o homem não é posicionado pelo filósofo como princípio, mas como amparo contingente, quando a linguagem lhe toma o lugar de fundamento, a questão se torna: qual é a relação entre a linguagem e a reflexão crítica? Ao perpassar o trabalho arqueológico, ela orienta em diferentes campos as investigações sobre a linguagem do espaço; sobre o encontro entre a linguagem e o pensamento crítico, em toda análise histórica das condições limítrofes de uma dada experiência.

Aparentemente, o problema elaborado pelo texto, em sua investigação do nascimento da antropologia kantiana, é o tempo, conforme duas concepções díspares e sobrepostas: o tempo como condição *a priori* da intuição sensível, apresentado na *Kritik der reinen Vernunft* (Crítica da Razão Pura), e o tempo de um "eu-objeto", que vem à tona na *Antropologia*. O conflito entre duas temporalidades na filosofia de Kant, que Foucault compreende como constitutiva e passiva, marcaria a origem das preocupações da filosofia com a antropologia e, posteriormente, com a existência. Contudo, interessa-nos menos a reconstituição da história da filosofia feita por Foucault e mais a presença de algumas recorrências em seu pensamento, na medida em que podemos notar em seu método um objeto de interesse ainda não explicitado. Se o tempo é o suposto interesse kantiano, Foucault faz questão de situar aquela reflexão em um "espaço no qual uma antropologia, em geral, fora possível"[5]. Como superação do "sonho antropológico", a espacialidade oculta perscrutada

---

4   Cf. GEK, p. 49.
5   Ibidem, p. 33.

por seu método de análise será simultaneamente colocada na posição de um objeto central de sua filosofia.

O que em seguida devemos ter claro é que toda referência a uma experiência originária não nos remete, a princípio, a nenhuma abordagem historiográfica, a nenhuma coleção de fatos determinados, mas a uma experiência com a linguagem que precede as demais experiências, pois ela abre para o homem não as portas da esfera celeste, nem as portas da dimensão onde estão escondidos os segredos da natureza, mas um mundo – o seu próprio mundo.

A antropologia é a elucidação desta linguagem inteiramente pronta – explícita ou silenciosa – pela qual o homem estende sobre as coisas e entre seus semelhantes uma rede de trocas, de reciprocidade, de surda compreensão que precisamente não configura nem a cidade dos espíritos nem a apropriação total da natureza, mas esta habitação universal do homem no mundo. [...] Sua residência no mundo é originariamente morada na linguagem.[6]

Cabe-nos, assim, reconhecer que a arqueologia da antropologia, na qual se trata de descobrir o "espaço no qual uma antropologia, em geral, fora possível", e consequentemente tantos discursos sobre o homem, estabelece como princípio não o próprio homem, mas a sua "morada na linguagem".

◆ ◆ ◆

Também em 1964, Foucault apresenta um conjunto de conferências na Bélgica que ficou conhecido sob o título "Linguagem e Literatura". Nelas encontramos uma emblemática análise de Proust que evoca, mais uma vez, os vínculos da linguagem com o tempo e o espaço.

Sabe-se que *À la recherche du temps perdu* (Em Busca do Tempo Perdido) é a narrativa de um percurso que vai não da vida à obra de Proust, mas do momento em que a vida de Proust, a vida real – sua vida mundana etc. –, é suspensa, interrompida, fecha-se sobre si mesma e, na medida em que a vida se volta sobre si mesma, a obra vai poder se inaugurar e abrir seu próprio espaço. Mas a vida de Proust, sua vida real, jamais é

---

6 Ibidem, p. 86 e 91.

contada na obra. Por outro lado, essa obra pela qual ele suspendeu sua vida, decidiu interromper sua vida mundana, tampouco é dada, visto que Proust conta precisamente como vai chegar a essa obra que deveria começar na última linha do livro, mas que, de fato, jamais é dada no seu próprio corpo.[7]

A obra não está contida nem na vida de Proust nem nos sete volumes que vão de *Du côté de chez Swann* (No Caminho de Swann) a *Le Temps retrouvé* (O Tempo Recuperado). Sugerir que a obra "jamais é dada" significa que ela ultrapassa o suporte da letra. Ela surge de uma promessa não vingada da maneira prevista. Afinal, como diz Foucault, se "é esse espaço de simulacro que dá à obra de Proust o seu verdadeiro volume"[8], então é preciso atentar justamente à contrariedade nas palavras de Proust.

Ao final do último volume, encontramos:

> Pelo menos, se me fosse concedido tempo suficiente para terminar a minha obra, não deixaria eu, primeiro, de nela descrever os homens, o que os faria se assemelharem a criaturas monstruosas, como se ocupassem um lugar tão considerável, ao lado daquele tão restrito que lhes é reservado no espaço, um lugar, ao contrário, prolongado sem medida – visto que atingem simultaneamente, como gigantes mergulhados nos anos, épocas tão distantes vividas por eles, entre as quais tantos dias vieram se colocar – no Tempo.[9]

A trama se passa como se não houvesse tempo suficiente para terminar a obra que pertence ao narrador no preciso momento do término do texto em que está o narrador. A contrariedade forjada também consiste em que os homens que ele não teria tempo de descrever tenham sido descritos ao longo dos sete volumes. Eles ocupam dois planos. Ao lado "daquele tão restrito que lhes é reservado no espaço", o espaço imediato dos corpos, da extensão da matéria, eles são remetidos a um "lugar prolongado sem medida no tempo", lugar da sobra e não da falta de tempo, visto que, "como gigantes", eles são capazes de atingir – "simultaneamente" – "épocas tão distantes", compondo outra forma de espacialidade. O tempo perdido se acumula em

---

7 LL, em R. Machado, *Foucault, a Filosofia e a Literatura*, p. 147-148.
8 Ibidem, p. 149.
9 M. Proust, *Em Busca do Tempo Perdido: O Tempo Recuperado*, p. 796.

algum lugar, em um espaço criado pela ficção, em um simulacro constituído pela contrariedade apresentada pelo narrador, ou seja, entre o suposto fracasso de seu empreendimento e o título da obra na qual ele próprio está inserido, *O Tempo Recuperado*. A obra não se restringe, então, ao que está literalmente delimitado nas palavras, avançando sobre o espaço das entrelinhas. Conforme a expressão que será desenvolvida adiante por Foucault, é no "assassinato da literatura", na transgressão das regras regidas pelo narrador, que seguimos ao encontro da obra. Portanto, a obra é o ato de transgressão que desdobra o suporte primário em um outro espaço, de ficção; de simulacro.

Trata-se de compreender a expressão moderna da linguagem, caracterizada em grande medida pela relação renovada dos simulacros com os espaços efetivos. Em Proust, há o espaço duplicado na memória involuntária, a repetição do que foi uma vez aberto e que por uma segunda vez é penetrado. Há o espaço da simultaneidade, que quebra a lógica do sucessório e justapõe o que os anos separaram. Há, finalmente, segundo a compreensão de Foucault, o espaço da obra e o fato de que ela não está contida em seu suporte; ela é algo diverso entre o que o livro promete na fala do narrador e o seu derradeiro signo. Esse espaço impossível, metafórico, é o que dá volume à linguagem que, no dizer de Foucault, é em seu estatuto próprio "o único lugar do ser no qual algo como a repetição é absolutamente possível"[10].

A simultaneidade de planos comparecerá, além da literatura, também na investigação das estruturas que suplantam fronteiras disciplinares, produções científicas, conhecimentos teóricos e aquilo que em uma época assumimos como verdadeiro. Há configurações ou quadros gerais que são apreendidos formalmente por vínculos transversais que acumulam relações de semelhança até revelarem descontinuidades – rupturas que podem ser abruptas ou conflituosas, e que dão lugar a outros quadros de semelhança. A contrariedade que Foucault opera no saber consiste, primeiramente, em desnaturalizá-lo, remetendo o que assumimos como verdadeiro a uma contingência histórica. O que, desse modo, mais cabe decifrar na espacialidade

---

10 LL, em R. Machado, *Foucault, a Filosofia e a Literatura*, p. 160.

da linguagem é a presença de experiências-limites no esgotamento das redes de semelhança.

A linguagem do espaço, nesse aspecto, é a própria contingência fundamental, aquilo que em *Les Mots et les choses* (As Palavras e as Coisas) foi designado "o solo mudo onde os seres podem justapor-se"[11] e que já comparecera antes em *O Nascimento da Clínica*, livro que "trata do espaço, da linguagem e da morte"[12].

◆ ◆ ◆

Não sugerimos que na trajetória de Foucault não haja uma multiplicidade de análises, interesses e referências. Certamente, o campo é amplo e há desvios. Porém, não é preciso fazer uma escolha entre respeitar o desafio de cada obra ou recolher um traço recorrente. A marca arqueológica resgatada para essa investigação é a linguagem do espaço.

Todo recorte de um tempo, de um objeto, de uma experiência; todo acontecimento singular é revelado na distribuição e na variabilidade do espaço. As suas formas não concernem somente aos domínios da física ou da metafísica. O próprio movimento do pensamento não escapa de uma disposição espacial que atua como uma referência limítrofe e como a sua condição de possibilidade, o que, em Foucault, não implica um deslocamento para uma análise psicológica, das dimensões da psiquê ou dos atos da consciência. É preciso lembrar que nos posicionamos no plano da linguagem, solo mais arcaico da experiência; é lá que encontramos a sua arqueologia, e então poderemos compreender a razão pela qual abordá-la com uma topologia constitui um diferencial. Se não uma topologia de espaços homogêneos, como encontramos na matemática e na metafísica, então de espaços heterogêneos, de coexistência dos semelhantes. Antes da divisão entre teoria e prática, vida do espírito e vida ativa, supomos no rastro do filósofo a existência dessa outra experiência, que nos lega formas mistas, dotadas de força e intensidade por acúmulos inesperados e contingentes. Nas obras aqui enfocadas, a linguagem e o espaço são tanto o que imprime as distâncias, o

---

11 *PC*, p. XII.
12 *NCl*, p. VII.

que demarca os limites, as formas da alteridade quanto o que já promoveu encontros. Investigamos essa relação como base ontológica de seu pensamento, não conforme as suas intenções, mas de acordo com elementos dispostos em seus textos, e mais precisamente no conjunto de trabalhos arqueológicos, ainda que haja reverberações desse domínio em obras tardias.

Este trabalho possui, em diversos aspectos, a ambição do deciframento – ambição própria da hermenêutica arqueológica. Destarte, analisaremos também algo que, na obra de Foucault, talvez pertença ao subsolo, a uma suspeita algumas vezes enunciada, mas possivelmente não esgotada e não inteiramente esclarecida: a estância da morte. A esse tema reservaremos um epílogo no qual também elementos exteriores serão trazidos para este estudo. Por ora, basta assumir que na relação entre linguagem e espaço se encontra a experiência crítica por excelência – não da ordem de um artifício intelectual, mas conforme as fronteiras que defrontamos, que nos atravessam e subtraem nossa atenção. E no suposto dualismo de linguagem e espaço, a morte emergirá como um terceiro termo.

Discernimos na obra de Foucault especulações acerca do que é possível compor e dos meios de ver e dizer as fronteiras – a heterotopia por excelência. Das experiências-limites apresentadas em diversas obras, cumpre levar tão longe quanto possível a exegese de seus conceitos por meio de uma leitura analítica, até onde nos restam constelações de imagens e isomorfias, dentre as quais se destacam ensaios em torno da morte. Tomemos de Heráclito este exórdio: "Morte é tudo que vemos despertos." Em que medida despertar para as possibilidades da linguagem, tanto para as relações quanto para os recortes que ela condiciona, não implica despertar para a correlação entre a finitude e o espaço? Conforme ainda encontramos em Blanchot, a morte "é o extremo"[13]. Não aplicamos o espaço à totalidade contínua da matéria; não nos referimos a um uso psicológico que fazemos da extensão para a qual se abre a percepção. Trata-se do espaço articulador de tudo que se impõe como limite e finitude, além e aquém da percepção; do espaço esquadrinhado na linguagem e frente ao qual resistimos na linguagem.

13 M. Blanchot, *O Espaço Literário*, p. 93.

Se o extremo ao qual se refere Blanchot se encontra na experiência literária, Foucault se dirigirá, em suas diversas esferas de análise, à própria estrutura da experiência moderna e ao olhar por ela lançado à história.

◆ ◆ ◆

Este trabalho foi inicialmente dedicado a esclarecer as relações entre linguagem e discurso, a apresentar as relações entre literatura e linguagem, e entre discurso e poder. O propósito não se perdeu, porém, dele surgiu outro que é mais radical: compreender como as relações entre linguagem e espaço de si engendram os demais temas mencionados.

Na primeira parte, o sonho e a desrazão, elementos marginais na existência e na história, sugerem, contra as formas hegemônicas da razão, haver uma experiência mais originária com a linguagem, a qual implica considerações críticas acerca da interpretação e da autoria. A linguagem do espaço se insinua como o campo que possibilita tais atividades e ao qual elas se voltam.

Na segunda parte, o discurso surge como o duplo da linguagem, seu estrato superficial, sua manifestação expressiva, precária e tardia. Surge o discernimento de suas primeiras modalidades conforme diferentes inserções históricas.

A terceira, que evidencia uma reviravolta nas bases do pensamento foucaultiano, aponta para um novo estatuto do discurso, no qual, em vez de expressão instrumental da linguagem, ele aparece na imanência integral das relações de poder. Simultaneamente, será preciso descobrir se entre poder e linguagem há uma relação de isomorfia; se a imbricação entre discurso e linguagem se deslocou para aquela entre discurso e poder.

Finalmente, na quarta parte, a preocupação constante do trabalho crítico com as experiências-limites insinua, como caráter fundamental do pensamento de Foucault, desde a experiência da própria escrita, na literatura ou nos arquivos, a formação de uma trama entre a linguagem, o espaço e a morte.

1. A Linguagem e as Formas Hegemônicas da Razão

O SONHO DA INTERPRETAÇÃO

O Que Vemos Despertos

A obra de Michel Foucault, desde o primeiro de seus escritos publicados, nos surpreende por suas torções, por se dedicar, para além da realidade à qual se atêm as ciências positivas, também ao universo onírico. O tema não é alheio aos compromissos do futuro. Ele deixará a marca de que, da realidade empírica, o que mais interessa são os restos. Quando o sonho se perder como objeto de estudos teóricos, ainda assim nenhum arquivo merecerá os cuidados do filósofo se não puder evocá-lo.

Não se trata, com seu arcabouço teórico e sua erudição, de fazer de discursos rememorados, às vezes de autores desconhecidos e homens infames, uma arma contra quimeras. Presente em toda "experiência", o sonho nos atravessa quando situados à margem da razão vigilante. A cada vez que delas se falar – da "experiência da loucura", da "experiência literária", da "experiência da ordem", das "experiências-limites" – lá o encontraremos: a um só tempo, a positividade empírica e os seus restos; o que salta aos olhos e o que os assalta.

À parte do sono, estado em que tudo reivindica um desígnio natural, o sonho encontra a verdade na transfiguração de um despertar.

A Sobredeterminação do Sonho

Antes daquelas dedicadas aos arquivos, Foucault iniciou suas investigações com um trabalho dedicado ao sonho. O primeiro texto, publicado em 1954, é a introdução ao livro *Traum und Existenz* (O Sonho e a Existência), de Binswanger, por ocasião de sua tradução para o francês. Nele, se vê o intuito de enriquecer a psiquiatria relacionando-a a outras duas disciplinas, a antropologia e a fenomenologia, e de compreender as razões pelas quais o *Dasein* (ser-aí) – conceito proposto por Heidegger em *Sein und Zeit* (Ser e Tempo), para analisar ontologicamente a condição do homem de "ser-no-mundo" – deve ser pensado antropologicamente, o que significa pela "ciência dos fatos".

A elaboração fenomenológica do conceito de *Dasein* contrapõe-se a determinações de um puro sujeito do conhecimento, que seriam anteriores às maneiras de se habitar o mundo, em favor da facticidade da existência; da situação. A proposta de Binswanger de relacionar a fenomenologia à visão antropológica, uma vez admitida por Foucault, é o primeiro respaldo ao que dissemos sobre o seu interesse pela abordagem empírica ou positiva da realidade. Falta resgatar os restos que sugerimos ser o seu interesse maior. A questão é como o sonho, que habitualmente tomamos como produção de uma faculdade subjetiva, a imaginação, se insere na "ciência dos fatos", e como ele pode ser assimilado ao mundo no qual cada um de nós se descobre lançado. Em suas palavras: "Não será um despropósito querer circunscrever o conteúdo positivo da existência em um de seus modos menos inseridos no mundo?"[1] A pergunta ecoará ao longo de toda a obra. Desapegado conceitualmente da referência onírica, ele tratará ainda de outras "experiências-limites". Por exemplo: a "loucura" e os "interditos sexuais", conteúdos positivos na existência, embora marginais no mundo.

1   *DE1*, p. 74.

Atendo-nos ao sonho, a argumentação sobre a sua relação com o mundo avançará reportando-se criticamente a outra mais célebre. A psicanálise de Freud se torna alvo de ataques polêmicos quanto aos seus procedimentos de interpretação, os quais serão confrontados com a proposta de interpretação da fenomenologia de Husserl. Teremos duas compreensões de linguagem como consequência de duas formas de interpretação. Tomando-as como base, Foucault dá o primeiro passo na constituição de seu próprio pensamento.

A psicanálise não explora senão uma dimensão do universo onírico, a do vocabulário simbólico, ao longo da qual se faz a transmutação de um passado determinante para um presente que o simboliza; a polissemia do símbolo, com frequência definida por Freud como "sobredeterminada", complica, sem dúvida, esse esquema e lhe dá uma riqueza, dela atenuando o arbitrário.[2]

Não é certo que a psicanálise explore unicamente a dimensão simbólica do sonho. Freud chega a afirmar que, quando se interpreta um sonho, nunca se está inteiramente seguro se ele "deve ser tomado num sentido positivo ou negativo"; se ele "deve ser interpretado historicamente (como uma lembrança)"; se ele "deve ser interpretado simbolicamente"; ou se sua interpretação deve depender do "palavreado" com o qual o sonho é apresentado[3]. É Lacan o responsável, na psicanálise, pelo primado do símbolo[4]. A esse momento na trajetória de Foucault, porém, a proposta psicanalítica – considerada, sobretudo, com base em *A Interpretação dos Sonhos* (1900) – é tomada como restrita e arbitrária devido ao modo com que trata a linguagem simbólica. Mas o que é um símbolo? Um símbolo relaciona dois universos, propõe o encontro de duas realidades apartadas – uma que é imagem e a outra que é sentido. A psicanálise teria a ambição

2   Ibidem, p. 107.
3   S. Freud, *ESB*, v. 5, p. 363.
4   J. Lacan, Função e Campo da Fala e da Linguagem, *Escritos*, p. 280: "Os símbolos efetivamente envolvem a vida do homem numa rede tão total que conjugam, antes que ele venha ao mundo, aqueles que irão gerá-lo 'em carne e osso'; trazem em seu nascimento, com os dons dos astros, se não com os dons das fadas, o traçado de seu destino; fornecem as palavras que farão dele um fiel ou um renegado, a lei dos atos que o seguirão até ali onde ele ainda não está e para além de sua própria morte."

de utilizar algumas fórmulas para ler todos os símbolos, constituindo um "vocabulário simbólico" que fosse o retrato dos homens e não o retrato de si mesma, trazendo clareza a algo como a fala coerente de nossas imagens oníricas[5].

Vejamos o caso da escuta com a qual o psicanalista desvenda o delírio paranoico. Ela inverte os efeitos do recalque, que é responsável por dissimular os desejos do sujeito à sua consciência constrangida. Uma vez dominada a lógica da inversão, o desejo antes não assumido, que não era sequer conhecido, é então revelado. A "armadura mágica do delírio paranoico", como diz Foucault, se abre quando o psicanalista endireita o que o recalque havia invertido, e o desejo consequentemente advém por uma fala exatamente contrária àquilo que a imagem havia mostrado. "Eu não o amo, eu o odeio [...] declinações cuja forma primeira e o grau semântico mais simples são: 'Eu o amo', e cuja forma última inteiramente oposta, adquirida através de todas as flexões da contradição, se enuncia: 'Eu não amo nada nem ninguém, eu só amo a mim.'"[6]

O problema consiste em se confiar demasiadamente na existência de um sentido primeiro que teria sido transfigurado. Sendo o símbolo "polissêmico", ele deveria, em lugar de resguardar uma origem tão secreta quanto "determinante", estar aberto a outras leituras. Mas um símbolo polissêmico, que aproxime não duas, mas múltiplas realidades, permanece um símbolo? De um lado, Foucault restringe a sua visão da psicanálise aos primeiros trabalhos de Freud e faz com que toda a proposta psicanalítica passe pelo modelo do simbolismo, porém, de outro, sugere com razão que esse modelo é o maior desafio para a interpretação psicanalítica – e o será até o pleno reconhecimento da "sobredeterminação" da parte de Freud ou até o dia em que Lacan afirma, com outras palavras,

---

5 S. Freud, *A Interpretação dos Sonhos*, ESB, v. 5, p. 183-184: "A representação típica – isto é, regular – da figura humana é uma casa [...] As casas com paredes lisas representam homens, e aquelas com saliências e sacadas, em que é possível segurar-se, representam mulheres. Os pais aparecem nos sonhos como imperador e imperatriz, rei e rainha ou outras personagens respeitadas [...] os irmãos e as irmãs: estes são simbolizados como pequenos animais ou bichinhos. O nascimento é quase que invariavelmente por algo que tem uma conexão com a água [...] Morrer é substituído, nos sonhos, por partir, por viajar de trem."
6 *DE1*, p. 79.

que uma significação não remete senão a outra significação⁷. Haveria uma espécie de autoridade arbitrária por trás da proposta psicanalítica em seus primeiros dias, a qual Foucault chega a se referir como uma "mitologia teórica", que selecionaria, entre a multiplicidade de sentidos possíveis de uma imagem onírica, um ao qual ela vem conferir privilégio, confiando em uma determinação natural. A interpretação na experiência da psicanálise freudiana não albergaria nenhuma complexidade diante do mundo e tampouco diante da experiência particular do intérprete. Conclusão provisória, mas nem por isso menos radical: "A psicanálise jamais conseguiu fazer falar as imagens."⁸

Foucault censura Freud por buscar no símbolo uma forma de fazer falar as imagens, mas o desafio – fazer falar as imagens – deve perseverar por outro caminho. A fenomenologia de Husserl serve a esse ponto como mais profícua referência. Ao contrário do procedimento psicanalítico, ela propõe uma forma de interpretação que, no lugar de um trabalho brutal sobre o símbolo, tomaria a prudência de seguir o "indício". "Vejo buracos na neve, espécies de estrelas regulares, cristais de sombra. Um caçador aí verá os rastros frescos de uma lebre. [...] É para o caçador, somente, que a pequena estrela escavada na neve é um signo."⁹

Vemo-nos diante de duas compreensões da linguagem: a do símbolo psicanalítico e agora a do indício fenomenológico. Na fenomenologia, não nos é apresentado um filtro universal capaz de fazer falar por um só mecanismo, que é a inversão do recalque, o sentido último de qualquer imagem. O indício, ao contrário do símbolo, não carrega em si a promessa de sua decifração cabal. O indício é sempre contingente, pois está submetido à experiência de quem se apresenta a lê-lo e a comentá-lo – a significá-lo. Se há uma essência própria ao método fenomenológico, tal como o vemos tanto em Husserl quanto em Heidegger, ela consiste em que a interpretação dos indícios não seja nem arbitrária, nem resultado direto das faculdades do sujeito, nem uma lei social. Significamos, a todo instante, indícios diversos com base em

---

7   J. Lacan, *O Seminário 1*, p. 270: "Vocês se engajarão em vias sempre sem saída, o que se vê muito bem nos impasses atuais da teoria analítica, se ignorarem que a significação não reenviava nunca senão a ela mesma, isto é, a uma outra significação."
8   *DE1*, p. 80.
9   Ibidem, p. 82.

condições mundanas já presentes em nossas vidas. Por exemplo, habitar as redondezas da floresta e aprender a praticar a caça com destreza. Finalmente, é a forma como compreendemos os indícios que fala do intérprete que somos.

Entretanto, como tudo isso se aplica ao sonho? E o que as interpretações de Foucault da psicanálise e da fenomenologia dizem a seu respeito? Por um momento, Binswanger parece ter sido esquecido, mas assim vemos surgir referências que, ainda mais que Binswanger, permanecerão significativas para a obra do filósofo. Foucault recorda, em seu lugar, Novalis, autor do romantismo alemão no século XIX: "O sonho é a imagem primeira da poesia, e a poesia, a forma primitiva da linguagem, a 'língua materna do homem'. O sonho, assim, está no princípio mesmo do devir e da objetividade."[10] Ele lembra Victor Hugo, em uma passagem de *Os Miseráveis*: "Nossas quimeras são o que melhor se parece conosco"[11]; reverencia Aristóteles: "O valor do sonho está ligado à calma da alma, a esse sonho noturno no qual ela se desprende da agitação do corpo, nesse silêncio, ela se torna sensível aos movimentos mais tênues do mundo"[12]; e presta reconhecimento à toda a Antiguidade, em que "o homem sabe que no sonho ele se encontra com o que ele é e com o que ele será; com o que ele faz e com o que ele fará; ele ali descobriu esse nó que liga sua liberdade à necessidade do mundo"[13].

Em todas essas referências históricas que servem de argumento para aproximar o sonho da existência mundana, satisfazendo pela erudição a sua exigência de pensar sobre bases positivas, Foucault dá o primeiro passo rumo à sua própria heterotopia: lugar não tanto da dimensão histórica do sonho quanto da dimensão onírica da história.

A Sobredeterminação da História

Somos censurados, nessa pontuação, de haver não somente ultrapassado a letra dos textos freudianos e husserlianos, mas ainda de haver

---

10 Ibidem, p. 101.
11 Ibidem, p. 99.
12 Ibidem, p. 94.
13 Ibidem, p. 93.

inventado inteiramente uma problemática que Binswanger jamais formulou, e cujos temas não estão nem mesmo implícitos em seus textos. Esse agravo nos pesa pouco, porque temos a fraqueza de acreditar na história mesmo quando se trata da existência. [...] Encontrar-se-á em seus textos o problema que ele se colocou; nós queríamos, de nossa parte, extrair aquele ao qual ele respondeu."[14]

Foucault afirma acreditar na história como se lhe dissessem que, em seu trabalho, ela não passa de um sonho. Censura que não recairia sobre um trabalho dedicado apenas aos textos; censura contra aquele que ultrapassa a letra com o risco de se perder; que tantas vezes virá e que algumas vezes procede, se não pela infidelidade aos arquivos históricos, então pela infidelidade às suas próprias análises.

A polêmica sobre as formas de nos voltarmos à história o ultrapassa. Há muito ela se faz presente na relação entre história e filosofia, sobretudo se tomando por base Leopold Ranke, autor alemão do século XIX, considerado o pai da história moderna e para quem ela não deve julgar o passado, mas somente mostrar o que ocorreu. Hegel esteve ciente da acusação contra os filósofos. A despeito do modo como o seu pensamento poderia, talvez mais do que qualquer outro, representar a posição dos filósofos nesse conflito, em 1830, ele afirma: "Entre aqueles que possuem uma grande autoridade e que confiam no que se denomina o estudo das fontes, há quem faça o que se censura nos filósofos, a fabricação de fabulações *a priori* na história."[15] Hegel afirma que a fidelidade às análises históricas é imprescindível e chega a discriminar em *Vorlesungen über die Philosophie der Geschichte* (Filosofia da História) quais métodos seriam mais e menos fiéis aos fatos, mas jamais admitirá que em vista dessa preocupação se possa abdicar da reflexão conceitual com a qual trabalha a filosofia.

A polêmica remete, em sua origem, a dois filósofos do século XVIII: Vico, na Itália, e sua compreensão de que o homem não conhece senão aquilo que produz, ou seja, a sua própria história; e Voltaire, na França, para quem cabe à filosofia filtrar o que na história nos é útil. Há nos três filósofos, paradoxalmente, a

14 Ibidem, p. 87.
15 G.W. F. Hegel, Les Introductions manuscrites, *Introduction à la philosophie de l'histoire*, p. 49-50.

mesma pretensão à cientificidade do pensamento, critério que os uniria à historiografia de Ranke. No entanto, não satisfeita com os resultados de tais empreendimentos filosóficos aspirantes à cientificidade, a crítica de Ranke acusa a filosofia de sempre entulhar a história com suas produções de conceitos, com suas sistematicidades prévias, concernentes, em geral, a uma "história universal", jamais permitindo a ela revelar-se em sua multiplicidade e imprevisibilidade.

Encontramos em Foucault um espírito que também quer respeitar as singularidades das fontes empíricas sem submetê-las a um todo, portanto, em detrimento da noção de "história universal". O filósofo não pretende que a história seja a confirmação de um sistema conceitual concebido *a priori*, mas ele também não adere à pretensão da neutralidade científica. Afinal, é preciso problematizar a própria historicidade das ciências. Da tensão entre esses dois compromissos, apenas aparentemente opostos, se desenvolve e se distingue a sua abordagem da história. O que se censura em Foucault é ele ter tratado a história não somente como dados materiais a reunir, encontrando neles imagens a interpretar. Mas o que, ao contrário, é preciso nele admirar é que sejam imagens elaboradas o suficiente para nos fazerem questionar a realidade que imaginávamos ser a mais sóbria.

Na citação do texto de 1954, vista anteriormente, há um pressuposto de censura contra apropriações e mudanças de posição, que serão recorrentes em sua postura filosófica. Trata-se ali também do método que será por ele possivelmente o mais utilizado: remeter a produção de um saber à circunstância na qual ele se inscreve; devolvê-lo às suas raízes até então desconhecidas. É por esse espaço de penumbra, o qual ele supõe envolver as singularidades dos registros históricos, que se configurarão as imagens de seu pensamento, por exemplo, "o nascimento da clínica". Elas não surgem, portanto, de imediato, unicamente das evidências, sendo o resultado de um trabalho sobre os registros, da interpretação que lhes é dirigida. Diversas vezes as suas interpretações precisarão retornar às imagens que foram constituídas. Afinal, a imagem histórica, à semelhança do procedimento exigido para a dimensão onírica, permite, e por vezes requisita, uma reinterpretação. Se Binswanger se dedica à produção de um novo saber psiquiátrico pelo encontro da fenomenologia com a antropologia, a circunstância que, segundo Foucault, está primeiramente em questão nesse encontro é a problematização do método interpretativo, uma espécie de nascimento da interpretação – circunstância analisada em 1954 e que será novamente tomada, reinterpretada, em um colóquio de 1967, intitulado "Nietzsche, Freud, Marx".

Na segunda ocasião em que Foucault se atém diretamente à temática da interpretação, ele afirma que o modelo apresentado no fim do século XIX pelos três célebres pensadores impõe condições que vigoram ainda em nossos dias. Antes de apresentá-las, cabe observar que há também ali, como na análise de 1954, uma advertência contra a forma de interpretação que remete uma imagem a um sentido unívoco e originário: "A morte da interpretação é acreditar que há signos, signos que existem primeiramente, originalmente, realmente, como marcas coerentes, pertinentes e sistemáticas."[16] No entanto, agora não será mais a psicanálise a representante dessa lógica binária, referida a uma suposta realidade primeira. Freud não é mais, em 1967, uma referência a ser superada, mesmo sendo *A Interpretação dos Sonhos* ainda a sua obra mais citada. Aquilo que havia sido reconhecido na autocrítica freudiana como "sobredeterminação" do sentido não é mais tomado como mero atenuante dos problemas da teoria psicanalítica, mas como o que há nela de mais importante – talvez a essência de todo o modelo de interpretação que Foucault agora identifica ser oriundo do século XIX.

Vejamos as características, apresentadas no colóquio de 1967, da hermenêutica desde Nietzsche, Freud e Marx.

A primeira é que a interpretação será sempre, desde então, interpretação através do "quem"; não se interpreta o que há no significado, mas, no fundo, quem colocou a interpretação. O princípio da interpretação nada mais é do que o intérprete. [...] A segunda consequência é que a interpretação tem sempre que interpretar a si mesma, e não pode deixar de retornar a si mesma.[17]

No século XIX, a interpretação se torna uma tarefa infinita, obrigada a voltar-se sobre si mesma. A cada compreensão cabe

---

16 *DE2*, p. 50.
17 Ibidem, p. 49.

a interrogação: o que faz com que as coisas sejam tomadas de tal maneira, sob tal prisma e não outro? Sendo o princípio da interpretação o intérprete, a questão poderia ser posta também da seguinte forma: por qual razão particular de sua existência o intérprete compreende as coisas de tal modo? É, aparentemente, na existência do intérprete que se encontra o critério contra o relativismo sem fim da interpretação.

Supomos neste ponto que a figura do intérprete deve nos remeter novamente à consciência transcendental de Husserl e ao *Dasein* de Heidegger, em suma, à fenomenologia mais do que a qualquer outro modelo, posto que o homem surge ali como aquele para quem a imagem é sempre uma abertura, um indício voltado ao sentido encontrado em sua vida. Porém, não há no colóquio de 1967 nenhuma referência direta aos dois filósofos alemães, o que não significa que a fenomenologia não seja posta ali em questão.

A Origem da Arqueologia

Em 1954, Foucault afirma que a fenomenologia conseguiu fazer falar as imagens, mas sem empreender a sua linguagem. O que parece uma crítica pejorativa poderia ser tomado como um elogio: a fenomenologia conseguiu fazer falar as imagens sem conceder a ninguém um domínio total sobre a linguagem, sem encerrá-la em um sistema hermético, na medida em que a linguagem advém em referência a uma existência particular situada no mundo, e permanecerá aberta enquanto a existência à qual a linguagem se reporta estiver também aberta a novas realizações. Tratava-se de fazer despertar a existência, pois somente assim a linguagem, como esfera alternativa à metafísica, seria também desperta. Tratava-se de reconhecer que o problema da interpretação surge ao mesmo tempo em que a filosofia problematiza, mais do que o inconsciente, a existência, porque essa é a forma como partiríamos da experiência mundana em detrimento das inferências metafísicas. Tratava-se, em suma, conforme o modo como Foucault aborda Binswanger, de encontrar no sonho e na interpretação o despertar da existência e da linguagem.

Essa inscrição do sonho no mundo e o fato de que o sonho desperta a existência para o mundo talvez bastassem para justificar a hipótese inicialmente conjecturada de que há no pensamento de Foucault o sonho antes do arquivo, pois a relação do sonho com a existência é o mais próximo que até então – fora do materialismo histórico e da historiografia científica – se poderia chegar da positividade na história, da antropologia como "ciência dos fatos". É esse o diagnóstico de Binswanger assumido então por Foucault. Mas isso não é tudo o que se passou em seu plano, pois havia desde o início uma insatisfação.

Não é porque não se pode encontrar na fenomenologia um vocabulário que dê conta de todas as imagens, que não haja nela a promessa de submeter a imagem a um sentido original: o sentido de uma existência. Ao mesmo tempo, o que ele se ressente de não ter encontrado na fenomenologia não é o modo como a relação com o mundo condiciona as expressões do homem, mas um modo de o mundo expressar a si mesmo, de expressar a sua história para além da compreensão de uma só existência. Se a fenomenologia afirma que o sentido pertence sempre a uma "compreensão", a qual, como existencial do *Dasein* (ser-aí), lhe dá suas condições de possibilidade, ela associa a linguagem, segundo Foucault, a uma interioridade – ainda que uma interioridade constituída no mundo. No colóquio de 1967, Foucault dirá que a partir do século XIX "os signos foram escalonados em um espaço muito mais diferenciado, segundo uma dimensão que se poderia chamar de dimensão da profundidade, desde que não a entendamos como interioridade, mas, ao contrário, como exterioridade"[18]. Autêntica ou inautêntica, nenhuma existência seria capaz de fazer falar as imagens da história, mas somente as imagens que se voltam, conforme Husserl, aos atos de uma consciência interior, e conforme Heidegger, ao *Dasein*. De fato, ainda que a sua constituição seja mundana, encontramos uma passagem que o confirma em *Ser e Tempo*: [a fenomenologia] "Trata-se de uma hermenêutica que elabora ontologicamente a historicidade do *Dasein* como condição ôntica de possibilidade da história fatual."[19]

18 Ibidem, p. 44.
19 M. Heidegger, *Ser e Tempo*, p. 69.

De onde, então, a ruptura com a fenomenologia? Um trabalho sobre indícios que remetam sempre às vivências tornaria a história uma construção demasiado individual. A mesma crítica se faz a Heidegger por pretender sustentar uma abordagem da história sobre a analítica do *Dasein*. Em suma, é a "fraqueza de acreditar na história" que põe abaixo, para Foucault, o valor da existência para a linguagem e, com isso, o valor da fenomenologia. Heidegger o antevira, dedicando-se, depois de *Ser e Tempo*, a pensar outros vínculos da linguagem com a história.

Foucault procurará uma alternativa por seus próprios meios, e é surpreendente notar que o seu caminho passará por uma reconsideração da proposta psicanalítica. O colóquio de 1967, no qual Nietzsche e Marx parecem servir-lhe sobretudo de pretexto para acertar as contas com Freud depois das inúmeras críticas que lhe foram endereçadas, é central para o esclarecimento da questão. Por estranho que pareça, é em Freud que Foucault encontrará um caminho contra a problemática da interioridade que ele atribui à fenomenologia. Da mesma forma como ele pretendeu um dia encontrar no sonho positividades antropológicas, Foucault tomará, dos argumentos um dia formulados contra a psicanálise, a medida de objetividade que a este momento necessita para as interpretações que empreende da história, ainda que se trate de uma objetividade formal ou estrutural.

Voltemos às censuras de 1954, na introdução à obra de Binswanger:

A psicanálise freudiana do sonho jamais é uma apreensão do sentido. O sentido não aparece para ela, através do reconhecimento de uma estrutura de linguagem; mas ele deve extrair-se, deduzir-se, adivinhar-se a partir de uma fala tomada por ela própria. E o método da interpretação onírica será muito naturalmente aquele que utilizamos para encontrar o sentido de um vocábulo, em uma língua da qual ignoramos a gramática: um método de cotejo, tal como o utiliza a arqueologia para as línguas perdidas, um método de confirmação tanto pela probabilidade como pela decifração dos códigos secretos, um método de coincidência significativa como nas semânticas mais tradicionais. [...] A análise freudiana nunca retoma senão um dos sentidos possíveis pelos atalhos da adivinhação ou pelos longos caminhos da probabilidade: o próprio ato expressivo jamais é reconstituído em sua necessidade.[20]

20 *DE1*, p. 77.

Da crítica que, em seu primeiro texto publicado, Foucault articula contra a psicanálise, surge o conceito que se tornará um dos mais importantes e representativos de seu pensamento: arqueologia. Poderíamos questionar se há em seu uso uma diversidade semântica, persistindo o termo, mas com um sentido diverso. Tudo o que vimos nos leva a crer que não se trata ainda de uma alteração no sentido do termo, mas de uma reconsideração sobre a importância do que ele representa. Afinal, por muito tempo a arqueologia procederá de maneira semelhante àquela que vemos ser construída em 1954 a respeito da psicanálise. Que a psicanálise procedesse como uma arqueologia, ou seja, como um "método de cotejo", "um método de confirmação tanto pela probabilidade como pela decifração dos códigos secretos", "um método de coincidência significativa como nas semânticas mais tradicionais", seriam fraquezas que lhe impediriam de promover a "apreensão do sentido", que lhe vetaria "o próprio ato expressivo". Por tais métodos de extração, dedução e até mesmo adivinhação, a psicanálise produziria, de sua arqueologia, outro "vocábulo" que não aquele das "línguas perdidas" – clara referência à análise da "paleontologia linguística" de Ferdinand de Saussure[21]. Na ausência do "ato expressivo", o que nela encontramos seria um "vocabulário simbólico". Mas quando toda a atmosfera crítica de sua compreensão da psicanálise se perde, não somos então levados a crer que haverá, no método de Foucault, em sua arqueologia, as mesmas marcas? Uma vez admitido que o nascimento da interpretação atribuído por Foucault ao século XIX, e no qual ele mesmo ainda se vê inserido, não é senão o nascimento da arqueologia presente tanto na descoberta das línguas perdidas quanto no método psicanalítico, não se esclarece então a sua adesão em 1967 àquilo contra o que, em 1954, ele se voltava?

Chegará o dia em que ele reivindicará novamente a importância dos "atos expressivos" e em que a arqueologia já não será a mesma. Ela estará novamente mais próxima da fenomenologia

21 Curso de Linguística Geral, p. 263-264: "Ora, não parece que se possa pedir a uma língua ensinamentos desse gênero, e que ela não possa fornecê-los se deve, a nosso ver, às seguintes causas: em primeiro lugar à incerteza da etimologia. [...] Os significados das palavras evoluem. [...] A possibilidade de empréstimos é um terceiro fator que perturba a certeza. [...] Isto não quer dizer que não se possam distinguir alguns traços gerais e mesmo certos dados preciosos."

do que da psicanálise, porque o trabalho sobre os arquivos comportará um tanto de descrição mais aparente do que de decifração de segredos. À diferença desta que vemos agora nascer, surgirá uma arqueologia que será não apenas "um retorno às coisas mesmas", como afirmou Husserl, como se encarregará de "deixar e fazer ver por si mesmo o que se mostra, tal como se mostra a partir de si mesmo"[22]. Ao longo de muitos anos e de muitas obras, porém – mais especificamente até o instante anterior à *Arqueologia do Saber*, de 1969 –, como por uma obrigação de retorno à psicanálise pelo fracasso atribuído às limitações do método fenomenológico à existência individual, interpretar, fazer uma arqueologia da história, será precisamente aplicar um método de cotejo, será identificar as coincidências significativas e será, sobretudo, "decifrar os códigos secretos".

A Alegoria da Alegoria

Com a análise de dois textos – a "Introdução" e "Nietzsche, Freud, Marx" –, juntamos as duas pontas de um possível recorte da obra foucaultiana, o qual costuma ser representado pelo conceito de arqueologia. Leitores experientes desse filósofo observarão que seus comentadores em geral denominam "fase arqueológica" um conjunto que se estenderia até um pouco além desse segundo marco, abrangendo a obra *A Arqueologia do Saber*, de 1969. No entanto, com base na análise da linguagem, há razões para acreditar na existência de ao menos dois entendimentos desse conceito e, examinando-os, pretenderemos demonstrar que a obra de 1969 pertence, na verdade, a um novo desafio. Há uma ruptura conceitual importante nesse episódio. A arqueologia não se restringe a nenhuma "fase", pois ocupará sempre um lugar importante nas investigações de Foucault. O que é preciso reconhecer são as transformações conceituais que há em sua unidade.

Vimos nos trabalhos sobre a interpretação algumas considerações a respeito da psicanálise e da fenomenologia que, por fim, adquirem um aspecto circular. Mais do que um bloco

---

[22] M. Heidegger, *Ser e Tempo*, p. 65.

homogêneo, os recortes testemunham que diferentes análises se reportam umas às outras. Entre 1954 e 1967, alguns elementos retornam, tais como o símbolo e o indício, mas o que eles representam, a posição que ocupam, não permanece estável. Além disso, se estabelecêssemos outro prisma de análise, por exemplo, a posição com relação à antropologia, veríamos que o recorte já estaria vencido antes disso. Enquanto, em 1954, Foucault admite a proposta de Binswanger de incorporar à fenomenologia o estudo antropológico, em *As Palavras e as Coisas*, de 1966, ele afirma que: "Daí nasceram todas as quimeras dos novos humanismos, todas as facilidades de uma 'antropologia', entendida como reflexão geral, meio positiva, meio filosófica, sobre o homem" – surgimento recente que traria também o "reconforto" e o "apaziguamento" da promessa de seu desaparecimento"[23]. Ou seja, a pertinência de qualquer recorte depende da temática a qual nos dedicamos. Tudo isso exige bastante cautela com uma leitura que seja confiante na divisão geral por fases.

Feito o alerta, o caminho percorrido nos permite produzir um primeiro esboço da topologia não de toda a obra, mas das questões acerca da linguagem que nela habitam. Porém, é preciso atar melhor essas pontas, pois ainda não devemos nos satisfazer com o esclarecimento de dois problemas: a posição do intérprete e a interpretação infinita – condições então fundamentais para o sistema no qual, de acordo com Foucault, nos inserimos desde o século XIX.

Em 1954, Foucault busca uma linguagem que seja "expressão": "Poderíamos nos surpreender de a fenomenologia não se ter jamais desenvolvido no sentido de uma teoria da expressão. [...] Sem dúvida, uma filosofia da expressão não é possível senão em uma ultrapassagem da fenomenologia."[24] Na verdade, para não passarmos a Merleau-Ponty[25], vê-se já em *Ser e Tempo*, no capítulo "O Conceito Preliminar de Fenomenologia", um

---

23 PC, p. XXI.
24 DE1, p. 85.
25 Em *Fenomenologia da Percepção*, no capítulo "O Corpo Como Expressão e a Fala", encontramos: "Assim, a fala não traduz, naquele que fala, um pensamento já feito, mas o consuma. Com mais razão ainda, é preciso admitir que aquele que escuta recebe o pensamento da própria fala". M. Merleau-Ponty, Fenomenologia da Percepção, p. 242.

cuidado de Heidegger que parece contrariar tal afirmação, qual seja: "afastar toda determinação que não seja demonstrativa"[26]. Se por um lado Foucault tem razão ao apontar que a fenomenologia, ao menos em *Ser e Tempo*, sustenta a história sobre a analítica do *Dasein*, não é certo, por outro lado, que se trate de uma filosofia da interioridade. Não somente porque o *Dasein* é ser-aí, ser-no-mundo, mas sobretudo porque o discurso (*logos*, de fenomeno-logia) consiste em "deixar e fazer ver" o fenômeno para "todos aqueles que discursam uns com os outros"[27].

Em suma, a fenomenologia pressupõe o amparo de cada existência pessoal, mas ela não se encerra na interioridade, voltando-se para a comunhão de discursos – direção à qual se voltará um dia o próprio Foucault. No texto de 1954, não fica muito claro, aliás, o que se entende por expressão: "Deixemos de lado, por agora, a análise da expressão, reservando-a a estudos ulteriores."[28] Seria possível, então, encontrar uma resposta quatorze anos mais tarde no colóquio "Nietzsche, Freud, Marx"? Se não diretamente uma teoria da expressão, há ao menos um tratamento da linguagem que é, nesse sentido, bastante esclarecedor, em uma formulação primorosa. Foucault afirma que a linguagem sempre fez nascer dois tipos de pressupostos:

- inicialmente, a suspeita de que a linguagem não diz exatamente o que ela diz. O sentido que se apreende, e que é imediatamente manifesto, é talvez, na realidade, apenas um sentido menor, que protege, restringe e, apesar de tudo, transmite um outro sentido, sendo este, por sua vez, o sentido mais forte e o sentido "por baixo". É isso que os gregos chamavam de *allegoria* e *hyponoïa*.
- por outro lado, a linguagem faz nascer esta outra suspeita: que, de qualquer maneira, ela ultrapassa sua forma propriamente verbal, que há certamente no mundo outras coisas que falam e não são linguagem. Afinal, é possível que a natureza, o mar, o sussurro das árvores, os animais, os rostos, as máscaras, as facas cruzadas, tudo isso fale; talvez haja linguagem se articulando de uma maneira que não seria verbal. Isso seria, se vocês querem, muito grosseiramente, o *semainon* dos gregos.[29]

---

26 M. Heidegger, *Ser e Tempo*, p. 65.
27 Ibidem, p. 63.
28 DE1, p. 117.
29 DE2, p. 40.

Insinua-se na análise de 1967, situada entre dois entendimentos da arqueologia, a que se seguirá em 1969, em *A Arqueologia do Saber*. Foucault expõe aqui o trabalho que ele realizou e aquele que, depois de todas as polêmicas em torno da publicação de *As Palavras e as Coisas*, de 1966, ele se prepara para realizar. Encontramos, no primeiro caso, apresentado como modelo alegórico, tanto o indício quanto o símbolo – o gênero sob a ameaça constante de que a imagem não seja senão um simulacro, fundamentalmente porque, se a alegoria se dirige à linguagem e não ao mundo das ideias, por outro lado ela mantém a estrutura bicompartida que permitiu a Platão utilizar-se de uma alegoria para apresentar a sua metafísica. Em determinado momento do colóquio de 1967, Foucault lembra que a interpretação fora um problema muito importante também para o século XVI, na forma de uma leitura das semelhanças. Há as boas e as más semelhanças. O simulacro é "a má semelhança, que repousa na dissensão entre Deus e o Diabo"[30], ou podemos também dizer, entre a verdade e a mentira. Se o simbólico reúne, o diabólico planta a discórdia, divide, aparta. Diabólica é a dissimulação do simbólico; é a falsa reunião entre imagem e sentido, gesto que interdita um genuíno *re-ligare*, a experiência religiosa do reencontro dos homens com o criador e com a verdade. Sob uma perspectiva arqueológica, prevalece até os nossos dias a lei do simulacro, a qual torna diabólica a atração pelo simbólico. Contra a constante ameaça do simulacro, imagem e sentido prestam contas de seu encontro até as teorias produzidas no século XIX, mas findando sempre no fracasso. Tratava-se não apenas de "fazer falar a imagem", como de fazer com que falasse uma verdade a cada instante fugidia e que, simultaneamente, punha em marcha novos sistemas que não se reconheciam como modos de interpretação. Finalmente, o problema não reside na qualidade das teorias alegóricas, mas na pretensão de se poder desvendar o laço entre imagem e sentido. Estranho destino traçado, portanto, muito antes do século XVI, pois símbolo e indício são instrumentos de teorias que jamais escaparam da referência longínqua à metafísica platônica, mais especificamente da "alegoria da caverna" – a alegoria da alegoria.

30 Ibidem, p. 42.

No momento em que, no século XIX, a interpretação ressurge livre do critério teológico e da metafísica platônica – mais especificamente com Nietzsche, Freud e Marx –, o jogo entre interpretação e simulacro se altera. Não é a favor da verdade oculta, mas meramente contra o simulacro, ou seja, contra as armadilhas que capturaram a tradição, contra uma imagem que esconda o sentido e contra a pretensão de encontrá-lo, que a interpretação se torna uma tarefa infinita. Uma vez que toda imagem será tomada pela desconfiança do simulacro no momento em que um sentido se insinuar original, não se trata mais de encontrar a sua verdade mais justa, de encontrar a correspondência exata entre imagem e sentido, mas de fugir da mentira ao infinito.

A Linguagem e o Discurso

Vimos que a primeira forma de linguagem apresentada por Foucault, a alegórica, a que quer "fazer falar a imagem", comporta a passagem de uma conquista do sentido originário pela fenomenologia do indício para um sentido que, como na psicanálise, é na verdade disperso, fragmentado, incerto, e o qual poderíamos tratar apenas por um método de cotejo, por uma decifração que não fosse final, mas que ainda assim se lançasse nesse espaço indeterminado produzindo "sobredeterminações" e nos permitindo colher as suas "coincidências". Essencialmente, importa para o fim do século XIX menos o alcance do sentido originário do que a ideia, muito presente na psicanálise, de que "a linguagem não diz exatamente o que ela diz", e não dirá. Afinal, esgotou-se a procura pelo sentido original, mas não se esgotou, até esse momento, o modelo alegórico do divórcio entre imagem e sentido. Não se esgotou a procura.

Vemos, no segundo caso – o do *semainon* –, um modelo não mais bicompartido, um modelo de pura imanência, no qual as imagens não expressam senão a si mesmas. Acreditamos que, de 1954 a 1967, há no pensamento de Foucault uma passagem de uma arqueologia fundada no primeiro modelo a uma arqueologia fundada no segundo, e cuja forma plena, embora aqui já insinuada, será revelada somente dois anos mais tarde, em *A Arqueologia do Saber*.

A insatisfação com a fenomenologia de 1954 a 1967, revelada principalmente no segundo caso, baseia-se não tanto no problemático argumento de que lhe falta uma "teoria da expressão", mas em que tomar a existência como pedra de toque da linguagem seja removê-la do primeiro modelo, caracterizado pelo movimento infinitamente circular da interpretação. A fenomenologia é reconhecida por Foucault como um método que, em lugar de se realizar no discurso entre os homens, impõe um fim para a interpretação, que é justamente o retorno ao começo individual, a uma consciência que vê nas coisas o resultado de sua própria existência, porque ela mesma é resultado de sua presença entre as coisas. Apenas Nietzsche, Freud e Marx recusariam tal síntese entre o interno e o externo, o que significa também a permissão à interpretação de seguir ao infinito na profundidade da exterioridade. A respeito de Freud, por exemplo, Foucault agora afirma: "Freud não interpreta signos, mas interpretações."[31]

Embora Foucault tenha sido capaz de reconhecer e apresentar dois modelos, porque a interpretação é entendida como tarefa infinita, aquele por ele admitido foi primordialmente o primeiro. Afinal, uma teoria da interpretação só é realmente necessária dentro de uma linguagem que pretendamos alegórica, na qual haja um pensamento da diferença entre imagem e sentido – a imagem a menosprezar; e o sentido a se determinar um lugar. A posição estranha de Foucault no texto de 1967 consiste em que ele vislumbre um limiar sem cruzá-lo. Afinal, o que seria o segundo modelo, da expressão imanente, se não o da identidade entre imagem e sentido? Nele, não nos cabe "fazer falar a imagem", porque ela não falará senão aquilo que ela é. E então a interpretação cessará, atendo-se a uma dimensão que nada expressa tão bem quanto a imagem real do sonho no instante em que sonhamos e do arquivo quando redescoberto.

Não há naquele texto o que trate do segundo modelo por uma perspectiva positiva. Sua abordagem – negativa – surgirá do esgotamento ao acaso das interpretações infinitas.

Quanto mais longe vamos na interpretação, ao mesmo tempo mais nos aproximamos de uma região absolutamente perigosa, na qual a

---

31 Ibidem, p. 47.

interpretação vai encontrar não só seu ponto de retrocesso, mas onde ela própria vai desaparecer como interpretação, ocasionando talvez o desaparecimento do próprio intérprete.[32]

As descontinuidades que vemos, por exemplo, em *As Palavras e as Coisas*, não se dão pelo respeito à fala imanente dos arquivos, mas pelo esforço decifratório da interpretação. Foucault responde, em 1967, às objeções dirigidas a essa obra, quando lhe indagam como reconhecer o ponto de ruptura exato em que uma época se desfaz em outra.

Alguns anos mais tarde, em 1969, Foucault caminhará em direção a um novo entendimento de expressão – entendimento buscado desde 1954. Em lugar da interpretação como expressão dos sentidos encobertos pela imagem, tratar-se-á de expressões imanentes, positivas, nas quais os objetos se expressam a si mesmos ou são simplesmente constituídos pelo que é dito. Tudo isto concernirá a um novo projeto, em *A Arqueologia do Saber*, embora homônimo: "A arqueologia descreve os discursos como práticas específicas no elemento do arquivo."[33] O que é o arquivo se não a imagem expressiva que diz tudo o que tem a dizer, sem nada esconder depois de já ter estado obstruída pelo esquecimento?

Se em 1967 ainda não está totalmente claro, em 1969 veremos que o segundo modelo proposto sobre a linguagem, no qual ela é pura imanência, não sugere que façamos falar a fauna e a flora, tudo isso cuja linguagem é não verbal; trata-se de encontrar a imanência da palavra na imagem das práticas que a produzem.

Encontramos, assim, o plano de *A Arqueologia do Saber*. Mais do que um livro de esclarecimentos metodológicos do trabalho até então empreendido em livros anteriores; mais do que aprofundar os rumos da interpretação infinita, Foucault toma distância do escopo até aqui discriminado. O verbo norteador agora será descrever e não mais decifrar. Na seguinte passagem fica clara a diferença entre as duas formas de arqueologia, mesmo que tal cisão no interior de seu pensamento não tenha sido admitida pelo filósofo:

---

32 Ibidem, p. 45.
33 AS, p. 149.

Interpretar é uma maneira de reagir à pobreza enunciativa e de compensá-la pela multiplicação do sentido; uma maneira de falar a partir dela e apesar dela. Mas analisar uma formação discursiva é procurar a lei de sua pobreza, é medi-la e determinar-lhe a forma específica. É, pois, em um sentido, pesar o "valor" dos enunciados. Esse valor não é definido por sua verdade, não é avaliado pela presença de um conteúdo secreto; mas caracteriza o lugar deles, sua capacidade de circulação e de troca, sua possibilidade de transformação, não apenas na economia dos discursos, mas na administração, em geral, dos recursos raros. Assim concebido, o discurso deixa de ser o que é para a atitude exegética: tesouro inesgotável de onde se podem tirar sempre novas riquezas, e a cada vez imprevisíveis; providência que sempre falou antecipadamente e que faz com que se ouça, quando se sabe escutar, oráculos retrospectivos; ele aparece como um bem – finito, limitado, desejável, útil – que tem suas regras de aparecimento e também suas condições de apropriação e de utilização; um bem que coloca, por conseguinte, desde sua existência (e não simplesmente em suas "aplicações práticas"), a questão do poder; um bem que é, por natureza, o objeto de uma luta, e de uma luta política.[34]

Não mais a arqueologia sob o modelo da psicanálise ou da linguística saussuriana, da "decifração dos códigos secretos" – ou, tal como presente em *As Palavras e as Coisas*, dos "códigos fundamentais", dos "códigos primordiais", dos "códigos ordenadores", formadores da "rede secreta" que é tomada como "ordem", como um problemático "solo positivo". Não mais a arqueologia que "interpreta interpretações" e não mais a interpretação infinita que se depara de súbito com rupturas. Trata-se aqui, contra não apenas a metafísica, mas também contra a estrutura alegórica de pensamento, de dedicar-se à mera expressividade; trata-se de "analisar uma formação discursiva" conforme novo critério de positividade, a do discurso e não a da linguagem.

A DESRAZÃO NA HISTÓRIA

O Iluminismo e a Filosofia Crítica

Duzentos anos após Kant responder à questão *Beantwortung der Frage: Was ist Aufklärung?* (O Que É o Iluminismo?), Foucault a retoma em um texto homônimo, *Qu'est-ce que les Lumières* (O

---

34 Ibidem, p. 136-137.

Que São as Luzes?), em *The Foucault Reader*, edição organizada em sua homenagem por Paul Rabinow. O ano de 1984 é o mesmo de sua morte, sendo essa uma das últimas ocasiões em que o filósofo de *História da Loucura* apresenta um panorama de sua obra. O interesse de Foucault se volta à dupla preocupação kantiana, de entender a atualidade e de esclarecer a tarefa filosófica – e ao modo como Kant insere a segunda no horizonte aberto pela primeira. Porém, a sua análise não consiste em um respaldo. A metáfora kantiana da idade da razão, como superação da menoridade na qual os indivíduos são conduzidos por sentidos herdados e sob uma relação de tutela, não lhe sugere a conquista de uma era na qual o uso público da razão e a partilha do conhecimento sejam valores estabelecidos, mas a defesa da atitude perseverante de pôr, a cada vez, o conhecimento à prova. Trata-se da busca inesgotável pelo despertar de sonos dogmáticos. A modernidade é, então, o momento em que uma tarefa contínua é admitida. O que a caracteriza é a preocupação com a atualidade como horizonte para uma experiência que deve ser, a cada vez, própria.

Trata-se nesse texto de um caso em que vemos Foucault reconhecer-se na tradição filosófica, e no qual oferece critérios que, uma vez estendidos a outros textos, nos permitem compreender o seu vínculo com a filosofia, com o "*êthos* filosófico que seria possível caracterizar como crítica permanente de nosso ser histórico"[35].

Desse derradeiro ponto de seu trabalho, Foucault aborda a questão crítica sob a forma de metáforas espaciais. Nas palavras que apresentam um traço recorrente, algo plausível de associarmos a um projeto global, e que a um tempo o aproximam e o distinguem da filosofia de Kant:

Esse *êthos* filosófico pode ser caracterizado como uma atitude-limite. Não se trata de um comportamento de rejeição. Deve-se escapar à alternativa do fora e do dentro; é preciso situar-se nas fronteiras. A crítica é certamente a análise dos limites e a reflexão sobre eles. Mas, se a questão kantiana era saber a que limites o conhecimento deve renunciar a transpor, parece-me que, atualmente, a questão crítica deve ser revertida em uma questão positiva: no que nos é apresentado como universal,

---

35 *DE2*, p. 345.

necessário, obrigatório, qual é a parte do que é singular, contingente e fruto das imposições arbitrárias. Trata-se, em suma, de transformar a crítica exercida sob a forma de limitação necessária em uma crítica prática sob a forma de ultrapassagem possível.[36]

A *Crítica da Razão Pura*, obra capital de Kant, volta-se aos limites do conhecimento científico frente às especulações transcendentes, sendo, ambos, resultado de nossa inclinação natural à metafísica[37]. A questão kantiana, que quer ao mesmo tempo salvá-la e discriminar suas formas equivocadas, é: "Como é possível a metafísica enquanto ciência?"[38] A travessia possível das nossas limitações, da qual nos fala Foucault, por outro lado, é empreendida por meio de uma reconsideração de experiências do passado que foram subestimadas e esquecidas, tornando-as novamente valiosas no presente.

Desde a sua tese complementar, de 1961, *Gênese e Estrutura da Antropologia de Kant*, vemos o filósofo lidar com diferentes possibilidades do trabalho crítico, seja pelo reconhecimento do plano fracassado de uma antropologia, ou propondo uma abordagem renovada, na forma de um *êthos* filosófico. A princípio, Foucault criticara que se tenha pretendido "fazer valer a antropologia como crítica"[39], mas agora ele pretende fazer valer a crítica como ética.

Em *L'Origine de l'herméneutique de soi* (A Hermenêutica do Sujeito), nos estudos da prática de si, a *áskesis* grega e romana, elaborados apenas dois anos antes do último trabalho sobre Kant, quando Foucault recupera uma longa tradição de textos da Antiguidade, encontramos exemplos que talvez esclareçam a sugestão supracitada, dentre os quais destacam-se o *Alcibíades*, de Platão, e, no estoicismo, as cartas de Sêneca e de Marco Aurélio. Enquanto a atualidade é para Kant uma oportunidade de discernir as nossas capacidades de circunscrever o domínio da experiência e, com base nessa organização, edificar o conhecimento seguro do mundo, para Foucault a atualidade contém

---

36 Ibidem, p. 347.
37 I. Kant, *Crítica da Razão Pura*, p. 50-51: "Assim, em todos os homens e desde que neles a razão ascende à especulação, houve sempre e continuará a haver uma metafísica."
38 Ibidem, p. 51.
39 GEK, p. 108.

a configuração hegemônica de uma experiência a qual devemos não apenas pôr à prova, como também quebrar essa hegemonia quando necessário, de modo a resgatar outras experiências e restituir a legitimidade de seus caminhos interrompidos. Por exemplo, conforme vemos em *A Hermenêutica do Sujeito*, contra a compreensão do sujeito como um conjunto de faculdades de conhecimento dadas *a priori*, trata-se de tomá-lo em seus modos de subjetivação ou conforme a *áskesis* grega, a prática de si. De tal rememoração em favor do alargamento de nossa liberdade de pensamento e de ação, se dá a "crítica prática sob a forma de ultrapassagem possível".

Em grande medida, Foucault admitirá critérios distintos daqueles de Kant, a fim de discernir artifícios metafísicos para um pensamento que se pretende crítico, de modo que se trata de empregar a atitude qualificada por Kant à experiência hegemônica de pensamento na qual o próprio Kant se insere. É a atitude crítica, e não o modo como cada um descreve a sua atualidade e nela compreende a sua tarefa, que faz ambos presentes na modernidade.

O pressuposto kantiano em *Idee zu einer allgemeinen Geschichte in weltbürgerlicher Absicht* (Ideia de uma História Universal de um Ponto de Vista Cosmopolita) é o de que: "De um ponto de vista metafísico, qualquer que seja o conceito que se faça da liberdade da vontade, as suas manifestações – as ações humanas –, como todo outro acontecimento natural, são determinadas por leis naturais universais."[40] Se no plano individual os homens possuem arbítrio, globalmente, de uma perspectiva cosmopolita, pertencemos a um desenvolvimento constante e regular da espécie segundo determinações naturais. De acordo com a sua descrição desse "fio condutor", as manifestações "de tolice (na versão em francês, *folie*, loucura), capricho pueril e frequentemente também de maldade infantil e vandalismo"[41], daquilo que talvez pudéssemos chamar "a desrazão na história", seriam eventos casuais incapazes de alterar o curso do progresso traçado pela natureza. Na quarta proposição da obra, percebemos que mesmo o antagonismo entre os homens possui uma

---

40 I. Kant, *Ideia de uma História Universal de um Ponto de Vista Cosmopolita*, p. 3.
41 Ibidem, p. 4.

função no sistema metafísico, a de servir de motor ao uso da razão – com o que muitas atrocidades encontrariam a justificação de servir ao bem-estar das gerações futuras[42].

Kant parece subestimar a história empírica, os eventos e os marcos que tratam dos fracassos e dos horrores produzidos pela humanidade, em favor de uma abstração lógica que os contraria, abstração que melhor serve às nossas esperanças, às vezes mais pueris do que nossos erros. Desse modo, as guerras, como aquelas do imperialismo napoleônico que lhe causariam grande decepção, seriam um tropeço em nossa história. Uma das grandes diferenças entre o pensamento produzido no século XX com relação àqueles voltados à história durante os séculos XVIII e XIX decorre dos efeitos traumáticos que as duas guerras mundiais produziram em nossos contemporâneos, infiltrando-se na filosofia com uma força capaz de se sobrepor às discriminações do que antes parecia acidental e ao deslumbre com a esperança até então incutida pela ciência nos homens, sobretudo durante o Iluminismo. Será às manifestações que escapam dos planos traçados pelas "filosofias da história" que Foucault dará mais atenção.

Em Kant, a concepção que guia a seleção dos acontecimentos históricos essenciais possui o nome de "doutrina teleológica da natureza", na qual se estabelece que "todas as disposições naturais de uma criatura estão destinadas a um dia se desenvolver completamente e conforme um fim"[43]. Contra o fatalismo a que pode nos conduzir a constatação de nossos erros, seria preciso entrever um quadro maior de progresso que nos levaria a "um Estado cosmopolita universal, como o seio no qual podem se desenvolver todas as disposições originais da espécie humana"[44], sobretudo a liberdade para a escolha moral, que haveria de nos recompensar com a "paz perpétua" e a "felicidade universal". Com efeito, a barbárie com a qual nos deparamos no século XX nos fez abdicar de um esforço de alçar tão longinquamente o pensamento ao encontro desse refúgio. No lugar de

---

42 Ibidem, p. 8: "O meio de que a natureza se serve para realizar o desenvolvimento de todas as suas disposições é o antagonismo delas na sociedade, na medida em que ele se torna ao fim a causa de uma ordem regulada por leis desta sociedade."
43 Ibidem, p. 5.
44 Ibidem, p. 19.

assim nos empenharmos, buscamos compreender as condições produtoras das crises, como se vê nas obras de Adorno e de Hannah Arendt. O pensamento crítico torna-se um pensamento do estado de alerta. É em direção às condições formadoras do "estado de exceção" – situação em que os ideais que orientam nossas instituições são abandonados por razões que abusivamente se pretendem legítimas – que se voltou boa parte do pensamento crítico. Para outros, como é o caso de Benjamin e Foucault, em cujas ideias Nietzsche está bastante presente, o necessário parece ser abdicar das referências às promessas do esclarecimento e aos desvios que configuram o estado de exceção, atendo-se à crítica histórica simplesmente. É o que vemos relatado em *Il Faut défendre la société* (Em Defesa da Sociedade). Com respeito à "hipótese de Nietzsche", Foucault afirma:

> E vocês teriam o outro sistema que tentaria, pelo contrário, analisar o poder político não mais de acordo com o esquema contrato-opressão, mas de acordo com o esquema guerra-repressão. E, nesse momento, a repressão não é o que era a opressão em relação ao contrato, ou seja, um abuso, mas, ao contrário, o simples efeito e o simples prosseguimento de uma relação de dominação.[45]

Ao encontrarmos a referência a Kant como o início da filosofia crítica, ou seja, da filosofia que coloca como questão não a legitimação de um dogma, mas as condições de possibilidade e os limites do conhecimento que produzimos, não devemos crer que Foucault seja adepto da compreensão kantiana da história. O motivo fundamental é que Kant inscreve a história na natureza, e Foucault é cético quanto a qualquer análise fundada em desígnios naturais, pois haveria também aí um recurso transcendente.

Teria Kant contrariado os seus próprios preceitos de não deduzir do mero conhecimento empírico o conhecimento metafísico? Questão formulada de forma precária, pois, para Kant, a história é um objeto passível de conhecimento científico – racional e empírico. Da mesma forma como "um Kepler, que, de uma maneira inesperada, submeteu as excêntricas órbitas dos planetas a leis determinadas; e um Newton, que explicou

---

[45] DS, p. 24.

essas leis por uma causa natural universal"[46], Kant está seguro, de acordo com o contexto de seu tempo, de poder aplicar o mesmo procedimento à história. Não é arbitrariamente que dizemos "aplicar" – do mesmo modo como Kant diz "submeter" e "explicar em virtude de" –, pois são esses os procedimentos da razão que discerne nos dados empíricos as causalidades necessárias à produção do conhecimento científico. Vemos na *Crítica da Razão Pura* a seguinte passagem que o confirma:

[Galileu, Torricelli e Stahl] compreenderam que a razão só entende aquilo que produz segundo os seus próprios planos; que ela tem que tomar a dianteira com princípios, que determinam os seus juízos segundo leis constantes e deve forçar a natureza a responder às suas interrogações, em vez de se deixar guiar por esta; de outro modo, as observações feitas ao acaso, realizadas sem plano prévio, não se ordenam segundo a lei necessária, que a razão procura e de que necessita[47].

Uma vez que a razão perscruta na natureza de que forma ela se faz presente na história, à semelhança do que Kepler, Newton, Galileu, Torricelli e Stahl encontraram como leis que regem a realidade empírica, Kant espera encontrar uma regularidade, a lei que conduz a história. Seu interesse é confirmar que essa regularidade pode nutrir as esperanças de que o mundo se torne cada vez mais conforme valores presentes em sua época. Essa é a tarefa, a atitude exigida pelo seu tempo, o Iluminismo.

Foucault, também como homem de seu tempo, descrê que se possa estabelecer para o conhecimento de todos os objetos do mundo o paradigma da física e da química. É contra o suposto cientificismo de todos os saberes, contra essa exacerbação arquitetônica, que se dirigirá a crítica foucaultiana, a começar pelo cientificismo histórico, no qual vigora a ideia de que a história progride em conformidade com leis universais naturais. Necessário é dedicar-se a identificar quão arbitrárias são muitas verdades que imaginamos de caráter científico, fazendo da crítica – não só contra a metafísica transcendente, como também contra qualquer exacerbação metafísica da ciência – um modo de devolver a positividade ao plano das vicissitudes.

---

46   I. Kant, *Ideia de uma História Universal de um Ponto de Vista Cosmopolita*, p. 5.
47   Idem, *Crítica da Razão Pura*, p. 18.

Fizemos uma série de afirmações a respeito de Foucault tomando o pensamento de Kant como base. Cabe ainda demonstrar de que modo as posições atribuídas a Foucault estão presentes em suas obras. Embora tenhamos partido de um de seus últimos textos, retornaremos à sua tese de doutorado, *Folie et déraison*, publicada com o título *História da Loucura na Idade Clássica*, para investigar qual é a referência da razão à história.

A despeito das distinções estabelecidas entre os dois filósofos, reconhecemos em *História da Loucura*, como trabalho fundamentalmente filosófico, a retomada do criticismo kantiano no sentido de um exame dos limites e das condições de possibilidade para a própria razão que conhece. À exceção do aspecto teleológico presente no filósofo iluminista, a gênese da preocupação com as descontinuidades, fundamentais para as análises de Foucault da história, remete ao seu pensamento. Foucault recorrerá ao procedimento crítico para melhor respeitar as rupturas históricas. Destarte, não se trata de reconhecer o *a priori* para o conhecimento universalmente verdadeiro, mas, conforme encontramos em *As Palavras e as Coisas*, de reconhecer o "*a priori* histórico" do conhecimento que em determinada época assumimos como verdadeiro. Se Kant encontra, por um exame interno da razão, o que concerne aos seus limites e o que é alheio, Foucault investiga em *História da Loucura*, pelos limites traçados pela razão com a desrazão, ou seja, com as experiências que são a um tempo marginais e mundanas, o que concerne à própria razão. Em Kant, a metafísica é separada por um corte, mas é reservada para ela uma possibilidade legítima e propedêutica. Descobrimos com Foucault que as exigências da razão não relegam meramente as diferenças à indiferença, produzindo, nessa disputa de um mundo comum, efeitos práticos bem mais severos. São por esses limites entre o campo da razão e da desrazão no mundo, é por esta topologia imanente, que melhor encontramos a razão na história. É por uma análise do que parece externo, mas que não é alheio, a desrazão, que Foucault descreverá os efeitos de uma razão que, exacerbada, fugiu dos limites.

A Ciência das Essências Puras

Em um encontro no Japão, em 1970, publicado sob o título "Loucura, Literatura, Sociedade", portanto quatorze anos antes da publicação de "O Que São as Luzes", no qual dialoga com Kant, Foucault afirma a respeito de Hegel coisas surpreendentemente semelhantes, as quais talvez sejam ainda mais precisas do que o são quanto a Kant.

> Se Hegel expôs o conteúdo de toda a filosofia e, finalmente, o de todas as grandes experiências da história, isso não tinha outro objetivo senão o de torná-lo imanente ao que chamamos presente, [...] Hegel, afinal, não é apenas alguém que repete o que foi contado pelos murmúrios da história, mas alguém que transformou esses murmúrios para criar o próprio sentido da modernidade.[48]

Está novamente em questão compreender o que é a atitude moderna e ver que Foucault se utiliza da atitude de outro grande filósofo para explicar a sua própria. Para ele também se tornará cada vez mais importante "transformar esses murmúrios para criar o próprio sentido da modernidade".

Como Kant, Hegel apresenta tanto uma análise da atualidade quanto a implicação que tem com ela a filosofia – critérios que, como vimos, são fundamentais para a qualificação do que concerne à modernidade. Na verdade, tal distinção entre uma análise da atualidade e a determinação do que diz respeito à filosofia se torna precária no caso de Hegel, uma vez que a modernidade é, para ele, o momento auge, quando o conhecimento da história universal se torna enfim possível. A modernidade é a hora em que assumimos o sentido histórico que nos guiou até o presente. Um pensamento filosófico em seu sentido radical não poderia, para Hegel, ser retirado de seu contexto quando surge precisamente a evidência de tal elo. O pensamento moderno, no qual a sua filosofia seria o esplendor, é o instante desse reconhecimento e de expressão desse elo. Portanto, aquilo que Foucault toma como critério para ver em Kant o início da modernidade, ou seja, a investigação da atualidade como projeto filosófico, é um argumento que pertence às bases do pensamento hegeliano.

[48] *DE1*, p. 254-255.

É Hegel quem o formaliza como parte necessária de um sistema ao mesmo tempo filosófico e histórico.

Afirmamos, quanto a Kant, que é preciso respeitar os limites estabelecidos frente a certas formas transcendentes de especulação metafísica (por exemplo, a prova da existência de Deus ou a origem do universo) e que, para a tradição que nele se inspira, a história se torna o caminho a ser percorrido em direção à reflexão imanente. Mas o que acontece quando encontramos, em Hegel, um pensamento assumidamente dedicado à metafísica e à história, crente em uma providência espiritual divina e, ao mesmo tempo, encarnado; um pensamento que, aliás, toma como ponto comum a ambas – história e metafísica da transcendência – aquilo mesmo que permitia a Kant distingui-las, ou seja, a razão científica?

Poderíamos especular se a natureza dessa proposta não significa que Hegel tenha privilegiado o aspecto metafísico em detrimento do histórico, mas é preciso não subestimar as suas análises históricas, pois Hegel teve clareza a respeito das críticas de historiadores endereçadas aos filósofos, de que estes não fazem senão uma história do que convém aos seus conceitos e aos sistemas que criam. Hegel responde a essa crítica admitindo a importância de ser preciso nas análises históricas, procedendo empiricamente. Em "A Razão na História", título de sua introdução à *Lições de Filosofia da História*, o filósofo apresenta uma tipologia das formas de conhecimento histórico, privilegiando aquelas cujas bases empíricas, principalmente o testemunho, são mais seguras. Assim, por exemplo, "*Os Comentários*, de César, são uma obra-prima de simplicidade de um grande gênio."[49] Mas Hegel devolve aos historiadores duas provocações: a primeira de que seja uma ingenuidade acreditar que não se trará consigo os conceitos de um pensamento reflexivo.

> Mesmo o historiador normal e mediano, que de certa forma pretende e acredita manter-se compreensível e submisso ao fato, não age de modo passivo no seu pensar, recorrendo às suas categorias e encarando por meio destas os fatos; especialmente em tudo o que deve ser científico, a razão não pode adormecer, devendo utilizar-se da reflexão.[50]

---

49 G. Hegel, *Filosofia da História*, p. 12.
50 Ibidem, p. 18.

A segunda réplica de Hegel aos historiadores, argumento, aliás, central para o seu sistema, consiste em que, se o filósofo da história carrega consigo os conceitos de um pensamento reflexivo, isso não se deve meramente aos seus caprichos, mas a uma exigência da história mesma que, em sua concepção, não progride ao acaso. Hegel pretendeu acabar com a querela entre história e filosofia, mostrando que a história não progride senão racionalmente, conforme uma razão encontrada pela filosofia, mas não por ela criada. A razão está na história, e é pela filosofia que ela, enfim, se reconhece: "O único pensamento que a filosofia aporta é a contemplação da história; é a simples ideia de que a razão governa o mundo, e que, portanto, a história universal é também um processo racional."[51]

Se o pensador da história empresta a ela os seus conceitos, isso não se deve a nada senão ao reconhecimento de que há na história uma racionalidade que os requer[52]. A distinção entre Hegel e Kant se impõe, então, à busca de clareza para a envergadura do tema dos laços entre a razão e a história. Diferentemente do que afirmou Kant, em Hegel não devemos nos deixar guiar pela razão contra os indícios de erro, das loucuras e dos fracassos do homem, que nos roubam as esperanças de um mundo melhor, enxergando um princípio que, para além de todas as evidências de crise, garantisse o real progresso humano. Tampouco o antagonismo na sociedade cumpre a mera função de motivar o uso da razão. Cabe-nos considerar que não há margem de erros, nem loucuras nem fracassos na história; que tudo o que nela se passa pertence a um sentido dialético e, portanto, racional. O que Hegel faz é encontrar um lugar para a razão em tudo que nos parece acidental e alheio, fazendo da razão não um domínio dentro de determinados limites estabelecidos pela crítica, e dos quais não devemos fugir, mas um sistema absoluto que abarca toda a história, seus grandes marcos e seus aparentes descaminhos – segundo os desígnios da Providência: "Devemos ter muito mais seriedade no conhecimento dos caminhos da Providência, os meios e

---

51 Ibidem, p. 17.
52 Ibidem: "Deve-se ter a crença real e insuperável de que a razão está na história e que o mundo da inteligência e da vontade consciente não está entregue ao acaso, porém deve-se mostrar à luz da ideia que se conhece."

manifestações na história, relacionando-os àquele princípio geral."⁵³ O real é racional.

Por mais ambiciosa que seja essa ideia, Hegel não se satisfaz em tomar a história por meio de leis que dizem respeito a uma natureza em abstrato. Se Kant nos leva a discernir na história uma potência em progresso, a entrever uma forma em desenvolvimento que deixa, apesar de tudo, restos, Hegel incorpora todos os atos, preenche-a inteira. Ele quer fazê-lo com base em uma análise propriamente histórica, ou seja, cuidando de oferecer argumentos que atendam na forma e no conteúdo empírico ao seu sistema. Proceder empiricamente no exame da história é, enfim, o que distingue Kant e Hegel, e é também o que fará com que Foucault, por esse aspecto, situe-se mais próximo do segundo do que do primeiro. Em suma, Foucault assume a atitude crítica de Kant e a dedicação hegeliana à empiria histórica, mas é preciso ver em que medida um pensamento que fala de dentro da filosofia crítica com o cuidado de se situar na história pôde escapar a Hegel, que afirma:

> O estudo da história universal resultou e deve resultar em que nela tudo aconteceu racionalmente, que ela foi a marcha racional e necessária do espírito universal; espírito cuja natureza é sempre idêntica e que a explicita na existência universal. Tal deve ser, como dissemos, o resultado do estudo da história. A história, porém, devemos considerá-la como ela é: devemos proceder de forma histórica, empírica.⁵⁴

Foucault não admite que uma ciência possa se fundar sobre um pressuposto transcendente, identificado pelo próprio Hegel ao domínio religioso. Com a atitude crítica de Kant, ele estabelece descontinuidades onde Hegel via um sentido teleológico estabelecido pela Providência, reconhecendo, no lugar da síntese proposta pelo filósofo do Idealismo absoluto, o primado empírico. Parece, enfim, que a saída de Foucault, para atender às próprias exigências dos dois filósofos da tradição quando confrontados, foi se tornar mais crítico do que fora Kant e respeitar mais os acontecimentos do que fizera Hegel. Mas isso ainda não soluciona o problema principal.

---

53 Ibidem, p. 20.
54 Ibidem, p. 18.

Se Hegel é capaz de, a despeito dessa obrigação metafísica, proceder empiricamente, qual critério – da razão ou da empiria – pode nos assegurar que uma análise histórica seja absolutamente imparcial e livre de um compromisso com um plano externo ao seu campo de análise? Como evitar que a razão condicione o nosso acesso aos acontecimentos, ofuscando os indícios de ruptura? Para Hegel, conforme vemos em *Phänomenologie des Geistes* (Fenomenologia do Espírito), não há verdadeira filosofia que não seja ciência, e seu critério será tão abrangente que devemos nos perguntar se Foucault terá conseguido em *História da Loucura*, ou em seus outros livros, a ele escapar. O critério consiste em que, nas palavras do próprio Hegel, "A filosofia não considera a determinação inessencial, mas a determinação enquanto essencial"[55]. É possível fazer filosofia sem se voltar ao que é essencial? Ele afirma: "Esse movimento das essencialidades puras constitui a natureza da cientificidade em geral."[56] E, por conclusão, Hegel entende que "A ciência exige atenção ao conceito como tal, às determinações simples"[57], ou seja, exige a produção de conceitos que reúnam a multiplicidade do todo em essências inteligíveis que demonstrem a racionalidade do real.

Em *História da Loucura*, ainda que se trate para Foucault de realizar uma crítica da razão que se exacerbou, que reivindicou o estatuto de ciência para domínios que teriam fugido de seus limites, é preciso guardar a suspeita de se Foucault não teria procedido por uma abordagem da história composta por análises de determinações simples e essenciais, em suma, discriminando essências puras conforme a exigência da cientificidade, como a entende Hegel. Isso não impõe a contestação das fontes empíricas sobre as quais a obra se baseia, mas faz com que nos perguntemos se é a quantidade e a diversidade das fontes empíricas que tornam um pensamento dedicado à história mais protegido da cientificidade a qual se visa questionar e que talvez esteja sempre implicada nos conceitos filosóficos.

A proposta de proceder com uma crítica contra os excessos da cientificidade implica proceder com uma crítica à filosofia?

---

55 G. Hegel, *Fenomenologia do Espírito*, p. 53.
56 Ibidem, p. 45.
57 Ibidem, p. 61.

Por que meios, senão com os conceitos com os quais trabalha a própria filosofia, tal empreendimento seria possível? De que modo um pensamento que pretende realizar uma crítica à exacerbação da pretensão científica o poderia fazer por conceitos, ou seja, de dentro da filosofia?

Em "O Que São as Luzes?", quando Foucault responde a Kant, ele propõe que a atitude crítica deva ser permanente e dirigir-se a um "atravessamento possível" ou ficar *aux frontières*. Mas isso não deve nos bastar para tomar a questão como resolvida. A questão é como Foucault responderá a Hegel, e isso ele o faz não no ano de sua morte, mas já em sua tese de doutorado. Talvez seja preciso reconhecer que, a despeito de toda a riqueza e diversidade que encontramos reunida nessa obra de Foucault, trata-se de uma articulação entre os dois conceitos que formaram o título daquela tese de doutorado, antes que fosse publicada como *História da Loucura na Idade Clássica*, conceitos que submetem a diversidade de tantos momentos da história e domínios de diferentes saberes a duas "essências puras": loucura e desrazão. Essa seria uma primeira hipótese, ou tese, na qual veríamos um trabalho indiretamente implicado no sistema hegeliano.

A atitude moderna, que investiga o momento no qual ela mesma se insere, investiga, enfim, o que lhe escapa, a sua indecisão. Torna-se preciso investigar uma segunda hipótese, talvez uma antítese, proveniente da audaciosa conclusão de que talvez a filosofia não seja, ao menos primordialmente, a produção de definições essenciais; que não seja uma edificação de conceitos – ou que o pensamento já não seja apenas fiel ao domínio da filosofia. Não pertenceria ele, então, tanto pelo campo ao qual se dedica quanto por seu procedimento interno, a um novo momento, no qual os "murmúrios" reconhecidos em si mesmos, mais por similitudes do que por conceitos, transformam o sentido da modernidade?

A Constelação de Imagens

Em *História da Loucura*, Foucault transita por diversos domínios, entre os quais o teatro, a literatura, o direito, a medicina, a psiquiatria e, seja de que forma queiramos classificá-la, também, notadamente, a filosofia. Para que possa justapor um ao outro, Foucault considera que os discursos versam sobre objetos que são definidos por cada parte à sua maneira, mas sobrepostos como se detivessem o mesmo estatuto, como se pertencessem a uma mesma trama. A cada passagem é necessário demonstrar, por exemplo, que o discurso literário inaugura um objeto diferente daquele ao qual se dedicara o teatro, assim como a psiquiatria o faz quanto àquele que a determinado momento o Hospital Geral de Paris acolheu, mas também se faz necessário demonstrar que em algum horizonte eles hão de se encontrar. Há entre tais paralelos uma distância que é preciso medir, mas cujos propósitos, ora científicos, ora artísticos, disciplinarmente organizados, seriam mais facilmente reconhecidos caso o fossem assim apresentados. No entanto, Foucault não se atém a uma restrição disciplinar. Ele reúne o movimento libertino do século XVII, o qual não sabemos se encerrado no cânone filosófico ou em uma postura de vida, a análises estatísticas sobre determinadas condições de miséria econômica em crises do século XVI e do século XVIII. Nos hospitais, nos livros e nos tablados se encenam ideias audaciosas, que sugerem um tipo de lógica da livre associação nascida de espaços bem determinados e de procedimentos antissistemáticos que, finalmente, constituem essa história da loucura.

Somos levados a cogitar se a maior audácia não seria pretender que a obra seja uma coleção coerente. Afinal, que unidade narrativa pode haver em uma história assim fragmentada? A obra se efetiva interna e externamente ao seu campo de análise, não de todo entregue à razão com a qual é necessário proceder na produção de uma tese filosófica, uma razão compartilhada, tampouco entregue à desrazão, ao sabor dos juízos arbitrários de cada um sobre os acontecimentos mais dispersos. A filosofia crítica de Foucault carrega a desconfiança perante a hegemonia de uma forma de pensamento da qual não podemos de todo abdicar, a razão, mas é preciso como que soltar as amarras e passar para além de seus limites para que se possa ser fiel ao seu objeto de interesse, a desrazão – objeto formado, para além da mera negatividade da razão, por um tanto de sonho, de imaginação, de paixão, de particularidades pessoais, em suma, dos restos das pretensões de sistematização; de razões que nos escapam e nos encontram. A tese de Foucault será sem encadeamento conclusivo e chegará o mais próximo possível de seu objeto – sugestão de uma experiência de desrazão à qual não devemos, todavia, nos abandonar. "A loucura é ruptura absoluta da obra".[58]

História da Loucura é um amálgama heterogêneo de objetos produzidos por discursos alheios uns aos outros, mas que Foucault reúne num só objeto, a loucura, o qual não pode ser senão fragmentado e, por isso, talvez mais bem revelado por uma imagem que por um conceito – objeto que é, destarte, heterotopicamente situado, que é como uma "constelação": "Para a consciência ocidental, a loucura surge simultaneamente em pontos múltiplos, formando uma constelação que aos poucos se desloca e transforma seu projeto, e cuja figura esconde talvez o enigma de uma verdade."[59]

Não um conceito e uma definição de loucura, mas uma constelação e o enigma de uma verdade – enigma que pede por uma decifração, mas que não cederá a não ser à justaposição de imagens. A trama que vemos desenrolar-se entre tantos domínios e através dos séculos envolve um objeto disperso em diferentes experiências. A constelação é traçada revelando-nos, em tão vasto espaço e na distância que nos preserva, contornos de uma figura enfim mais específica do que a loucura: a "personagem louca". Melhor se compreenderá quem é essa personagem por sua verdadeira forma alegórica, mas o louco é um símbolo vazio. O que ele expressa: "O louco não é manifesto em seu ser: mas se ele é indubitável, é porque é *outro*."[60] Tratar-se-á, a cada vez, de esvaziá-lo do simbolismo do qual ele já está carregado para remetê-lo aos seus tipos, aos seus casos e, finalmente, àqueles que se encarregam de classificá-los. O que caberá decifrar no símbolo do louco é a norma que o exclui. O louco é uma constelação de vidas fragmentadas e dispersas que com o tempo perderam o direito à singularidade da imagem, não porque encontremos uma determinação essencial que as represente, mas porque, a partir do século XVII, elas já se encontram discriminadas.

---

58   HLIC, p. 529.
59   Ibidem, p. 165.
60   Ibidem, p. 183.

Por uma leitura cuidadosa da obra, percebemos que não se trata de uma mesma personagem, e que o único critério capaz de a qualificar como parte de uma mesma história deriva do fato de que ela se distingue de todas as outras personagens que formam também um só conceito ou uma só personagem: a normal. Todavia, para não falarmos mais em personagens, buscando ser fiéis aos círculos que associam essas estranhas singularidades e usurpam as suas especificidades, digamos que há toda uma classificação, um estudo de "classes" ao qual se dirige a *Histórica da Loucura*: "Doentes venéreos, devassos, dissipadores, homossexuais, blasfemadores, alquimistas, libertinos."[61] E, além desses citados, há também o pobre, o leproso, o vagabundo, a prostituta, o alienado e, é claro, o doente mental. Em suma, toda uma estranha classe, um conjunto que, porém, se assemelhará mais à enciclopédia de Borges, como vemos relatada em *As Palavras e as Coisas*, do que a um grupo com uma mesma proveniência, que tem um mesmo comportamento ou objetivo, uma classe que pudesse ser reunida por um critério intrínseco – uma essência pura. Por essa razão, o termo mais preciso utilizado por Foucault é "associal". O "associal" forma a classe ou sociedade de indivíduos estrangeiros entre os outros; o "associal" não se integra e não é reconhecido; é plenamente vazio de *status*. O que é tão importante nessa obra, afinal, é o reconhecimento de que o que os atravessa lhes é extrínseco, ou seja, não é uma identidade de caráter, mas a própria história pretendida como processo civilizatório.

O critério que empiricamente permitirá a Foucault associar os "associais" é a prática, a qual se serve de uma verdadeira obsessão classificatória, que é, portanto, prática teórica, do internamento. Aqueles não encerrados em uma identificação, que não progridem como os outros, que não cumprem com o plano precisamente descrito por Hegel – "O [indivíduo] singular deve também percorrer os degraus-de-formação-cultural do espírito universal"[62] – serão encerrados no interior de espaços geograficamente à margem da sociedade, e no interior de si mesmos. À trama conceitual da desrazão corresponde, destarte, a análise

---

61 Ibidem, p. 102.
62 G. Hegel, *Fenomenologia do Espírito*, p. 41.

da prática concreta do internamento: "O internamento seria assim a eliminação espontânea dos 'associais.'"[63]

A *História da Loucura* não é, imediatamente, a história de nossa *ratio* ocidental. Ela é a história de uma prática de exclusão dirigida a uma classe identificada sem um critério intrínseco, a despeito dos esforços racionais de classificação que lhe são dirigidos. Razão que cede, assim, em seu exercício de diferenciação, a um preconceito sobre a normalidade. Definir o bom uso da razão não se dá pela compreensão da própria razão, de uma análise da razão sobre si mesma, mas do que constitui a sua falta, a desrazão, do que é, portanto, a sua carência, o seu limite, a linha divisória já traçada entre o que a razão admite como normalidade e o que ela exclui como alienação. Vemos uma razão que, à revelia de Kant, não se basta e não mais consegue se adiantar, que surge sempre atrasada; que, à revelia de Hegel, adormece.

A razão não é primordialmente uma faculdade que exercitamos ou não, e cujo exercício define o que nos constitui como homens, mas, ao menos para a modernidade, a exigência de um caminhar conjuntamente na história. O pertencimento é o critério que distingue a razão e a alienação, mas ele é também um critério em contradição com a autonomia, com a maioridade que em Kant teria caracterizado o seu uso. A história da desrazão talvez seja a história do fracasso desse ideal de autonomia, da alienação de seus princípios e da forma como as suas consequências não apenas camuflaram como inverteram tais princípios. À revelação desse processo de inversão dos propósitos da razão, de decifração dos seus códigos secretos, é que se dirige a arqueologia das práticas de banimento: "Neste sentido, refazer a história desse processo de banimento é fazer a arqueologia de uma alienação."[64]

A respeito do conceito de arqueologia, é oportuno nos adiantarmos brevemente a um artigo de Foucault de 1971, intitulado "A Monstruosidade da Crítica". Nele, em resposta ao crítico George Steiner, Foucault apresenta uma suposta origem do conceito. Ele o remete a Kant, afirmando que este "utilizava essa palavra para designar a história daquilo que torna

---
63 HLIC, p. 79.
64 Ibidem, p. 81.

necessária uma certa forma de pensamento"[65]. Os editores dos *Ditos e Escritos* de Foucault encontraram a referida passagem kantiana, onde descobrimos um sentido diferente do utilizado por Foucault. Não é a favor, mas contra a história que Kant emprega o conceito. Ele diz: "Uma história filosófica da filosofia é possível não história ou empiricamente, mas racionalmente, ou seja, *a priori*. Pois ainda que ela estabilize fatos da Razão, não é do relato histórico que ela as toma, mas tira-as da natureza da Razão humana sob forma de arqueologia filosófica."[66] Portanto, a despeito de uma raiz terminológica, a arqueologia kantiana se dirige à "natureza da razão humana" e não à contingência de certa forma de pensamento. Não há nada na "arqueologia da alienação" de Foucault que a aproxime da "arqueologia da natureza da Razão humana", de Kant. Na verdade, elas são opostas. Dedicar-se aos "processos de banimento" será justamente atentar à empiria recusada por Kant e que é decorrente das discriminações da razão.

Tal argumentação abstrata, que pressupõe a partilha da normalidade na sociedade com base na suposição de "códigos secretos" da razão, carece de um elemento empírico que a sustente. Afinal, como determinar se uma vida particular está ou não em conformidade com os desígnios da razão? Qual é o critério que induz a essa classificação? Como medir o pertencimento de um indivíduo ao todo? Qual é a medida que imediatamente permitirá inseri-lo na sociedade ou irá condená-lo à exclusão? Uma vez que a razão não diz o que ela mesma é, que a sua atribuição é tardia, a proposta de Foucault, em *História da Loucura*, é encontrar não só as classes que foram postas à margem dessa atribuição como também os critérios ou o grande critério que socialmente a motiva, qual seja: "A família, com suas exigências, torna-se um dos critérios essenciais da razão [...] A instituição familiar traça o círculo de sua razão: para além dele surgem como ameaça todos os perigos do desatino [*déraison*, desrazão]; lá o homem se entrega à insanidade e a todos seus furores."[67]

Aqueles que podem e se dedicam a montar uma família, que trabalham e se responsabilizam por sustentá-la, atendem

---

65 *DE3*, p. 323.
66 Ibidem, p. 324.
67 *HLIC*, p. 90-91.

à exigência de uma vida em conformidade com a razão. O que há de normal nas famílias e o quanto pertencer a uma família é garantia de um comportamento admissível pela ordem social, porém, é algo que requereria um aprofundamento de análise que escapa à *História da Loucura* e que também nos escapa, de modo que a "família", embora pretendamos tomá-la como argumento empírico, revela-se apenas mais uma entidade abstrata, uma classe em direção à qual podemos transferir o problema da pertença e da partilha, enfim, o problema da classificação da normalidade que guia problematicamente a prática de exclusão. Em lugar de enfraquecer o argumento de Foucault, porém, isso apenas o reforça, uma vez que não se trata de justificar essa partilha, mas, precisamente, de revelar a sua arbitrariedade.

O que de nossa parte cabe reconhecer é que, uma vez que o exame das práticas de exclusão recai sobre o princípio da família, não foi Foucault quem primeiro o apontou. Se com muita clareza ele está presente na tradição judaico-cristã, no conjunto dos seus dogmas religiosos, e entre os gregos antigos a pertença ao *genos* já fora o critério muito claro para a distinção entre o indivíduo que tem *status* e o que não possui, para a filosofia ele se torna na época moderna clara e criticamente relevante com Marx e Feuerbach. Marx afirma que a divisão do trabalho, sobre a qual se mantém o sistema capitalista, serve e atende à unidade familiar. Ele atribui a essa ideologia, a da unidade familiar, que é, portanto, uma construção e não um desígnio natural – desdobrada no princípio da propriedade privada que materialmente lhe é correlato –, as causas que fazem com que os homens se permitam alienar-se dos meios e dos bens de seu trabalho. Portanto, já em Marx a família está diretamente implicada no problema do trabalho e da alienação. Em Foucault, entretanto, o problema surge sem referência direta ao filósofo de *O Capital*. Não se trata de uma classe estabelecida por critérios econômicos e de produção do trabalho, embora sejam homens em condições especialmente sensíveis a tais problemas, mas de outro tipo de alienação ligada, predominantemente, no lugar do mundo que produz, ao mundo que herda, composto mais por valores morais do que por valores de propriedade. Os "associais" não produzem como deveriam, como se espera de todos nós, mas a forma como oneram os demais não esgota a aversão que despertam. Há em Foucault, afinal, uma grande relevância do critério moral. O lugar claramente ocupado por Marx na tradição do pensamento filosófico, e especificamente no que tange ao problema da alienação, é por Foucault atribuído a Pinel. É o asilo onde habitam os loucos de Pinel, e não a fábrica onde trabalha o proletariado de Marx, o lugar arquetípico da alienação: "Se [Pinel] libertou o louco da desumanidade de suas correntes, acorrentou ao louco o homem e sua verdade. Com isso, o homem tem acesso a si mesmo como ser verdadeiro, mas esse ser verdadeiro só lhe é dado na forma da alienação."[68]

Evidentemente, e dessa distinção não podemos mais escapar, Foucault contrapõe a razão pura à razão prática. Ele privilegia a segunda em detrimento da primeira, mostrando que o império da razão científica está coadunado com uma grande violência prática de fundo moral. É mais pelo mecanismo de repartição explicitado no universo jurídico do que pelo progresso da ciência que compreendemos os desígnios da razão. Entretanto, para que possamos esclarecer esse argumento, não é a Kant nem a Hegel que devemos nos dirigir.

Entre Montaigne e Descartes algo se passou: algo que diz respeito ao advento de uma ratio. Mas é inquietante que a história de uma ratio como a do mundo ocidental se esgote no progresso do "racionalismo"; ela se constitui em parte equivalente, ainda que mais secreta, desse movimento com o qual o Desatino mergulhou em nosso solo a fim de nele se perder, sem dúvida, mas também de nele lançar raízes.[69]

Não interessa à *História da Loucura* fazer uma análise do racionalismo, mas reconhecer o que ficou à margem de suas ambições e quais são as suas implicações práticas e morais. Em Descartes, se o sonho pode ser admitido como hipótese para o sujeito que pensa, a loucura não. Essa é a origem da divisão. Assumindo a voz de Descartes, Foucault afirma: "eu, que penso, não posso estar louco"[70]. "Seria extravagante acreditar que se é extravagante", então "a loucura é excluída pelo sujeito que duvida"[71]. A exclusão da loucura, que pertence à cadeia de razões da meditação cartesiana, se

---

68 Ibidem, p. 522.
69 Ibidem, p. 48.
70 Ibidem, p. 46.
71 Ibidem, p. 47.

expressará na exclusão social dos "associais" pelo internamento. Assim, o exercício interno da razão, que prometia a libertação do sujeito de suas incertezas, levará à prática social de internamento. O exame interno das certezas da razão conduz ao internamento de todas as demais livres formas de lirismo do sujeito.

Ainda que a referência a Descartes ofereça um marco esclarecedor, o que prevalece para Foucault é uma complexa análise histórica, e o que nela mais importa ver é a partilha moral em sua dimensão própria: "Todo interno é colocado no campo dessa valoração ética – e muito antes de ser objeto de conhecimento e de piedade, ele é tratado como sujeito moral."[72] Quanto à análise da ciência das patologias mentais, o problema não é outro. Vemos na crítica de suas condições de possibilidade que caberá pôr à prova sua pretensão de possuir neutralidade por conta do risco de constituírem, na verdade, juízo moral.

Na origem das pretensões científicas de tratamento do louco, como *a priori* do saber da psicopatologia, está uma resposta já dada às inquietações sociais, culturais e jurídicas. O sujeito normal não é um sujeito naturalmente dado, mas um sujeito que age em conformidade com as normas instituídas. Portanto, não está em questão definir a loucura ou negar a sua existência, como tampouco defender a anarquia social, substituindo a sociedade da razão por uma comunidade de loucos, mas reconhecer que as normas não dizem respeito somente à esfera do Direito; elas dão as bases para a produção de saberes que têm a pretensão, mas não atendem às exigências da cientificidade – sobretudo porque não realizam uma análise empírica neutra. O que interessa a Foucault não é discriminar o que positivamente constitui a loucura e o melhor modo de tratá-la, mas reconhecer que os saberes que se dedicaram à tarefa ao longo de um grande quadro histórico – a época clássica – não se ativeram aos limites da ciência e que, no entanto, produziram uma série de objetos.

Em suma, é sobre "o fundo de uma experiência jurídica da alienação que se constituiu a ciência médica das doenças mentais"[73]. E sob uma razão moral, herdando objetos pretensamente naturais de uma esfera que delimita a cada vez quais devem ser as normas, as ciências do homem, sobretudo a psiquiatria, buscaram

---

72 Ibidem, p. 62.
73 Ibidem, p. 130.

legitimar-se como ciência positiva. São essas anomalias da pretensão científica, as quais carregam também a identidade de todos nós – homens de razão –, que fizeram com que nos reconhecêssemos, na modernidade, como homens alienados.

O Silêncio e o Refúgio

Foucault investiga, pelos limites traçados pela razão com a desrazão, em experiências que são a um tempo marginais e mundanas, o que concerne à própria razão. Nesta torção que faz da crítica um procedimento mais radical perante a história, limites são discriminados entre os acontecimentos na forma de descontinuidades que desestabilizam a razão e sua pretensão de progressão e unidade. Sem lançar mão de essências puras que submeteriam o trabalho histórico à estrutura metafísica característica da tradição filosófica antes investigada, mas como duplo de sua análise empírica capaz de abarcar razão e desrazão, Foucault encontra a linguagem.

Se ao longo da análise os limites impostos pela razão e as transgressões da loucura formaram o bojo sobre o qual se sustenta essa constelação, é porque há um lugar onde se encontram e se desafiam. "A loucura, no máximo, não é mais que o vão simulacro da razão."[74] "É apenas na noite da loucura que a luz é possível, luz que desaparece quando se apaga a sombra que ela dissipa."[75] A consciência de si alcançada pela razão deverá tornar-se, então, a consciência precária de seus abusos, mas o que o permite, e o prefácio de *Folie et déraison* o atesta, é o exercício de dedicação à linguagem, que nos faz descobrir a referida constelação. Se não se trata simplesmente da razão projetando-se além de si mesma, então se trata de uma linguagem anterior à distinção entre razão e desrazão a ser trazida à fala.

O que vemos surgir como o plano no qual se dá a trama da razão e da desrazão é a linguagem, mas certamente em um sentido distinto daquela linguagem à qual nos habituamos, a linguagem enquanto expressão de nossas representações racionais.

---

74 Ibidem, p. 186.
75 Ibidem, p. 521.

A linguagem da razão entra em silêncio, entrega-se à sua fonte e dá espaço para que similitudes anteriores venham à fala. *História da Loucura* é também a arqueologia dessa outra linguagem que emerge na modernidade, uma vez constatados os abusos da razão. Quando Foucault vai ao sonho e à loucura, ele o faz consciente da existência de uma tradição filosófica dedicada ao exame crítico da razão, e ele analisa os seus limites questionando o que se passou com aqueles que assim se projetaram. Dessa forma, o seu problema com a *ratio*, o sonho e a loucura não é, em si mesmo, o da racionalidade, nem tampouco uma defesa do irracionalismo. No que condiz com o plano filosófico, trata-se de cruzar essas antinomias em direção à linguagem.

O seu problema concerne às formas como experiências morais surgem de discernimentos que se pretendem meramente racionais; concerne à alienação implicada na razão; concerne aos efeitos de uma uniformidade na cultura e às suspeitas de que tais hegemonias e uniformidades, todas as unidades tantas vezes almejadas pela filosofia, dizem sobre as restrições da modernidade. É isso que não somente Foucault busca, mas que buscaram tantos outros, muitas vezes ao custo de uma vez tendo ultrapassado o plano teórico – ultrapassagem que constitui a atitude moderna –, não poder depois retornar.

Após Hölderlin, Nerval, Nietzsche, Van Gogh, Raymond Roussel, Artaud correram esse risco, até o ponto da tragédia – isto é, até a alienação dessa experiência do desatino [déraison] na renúncia da loucura. E cada uma dessas existências, cada uma dessas palavras que são essas existências, repete, na insistência do tempo, essa mesma pergunta, que sem dúvida diz respeito à própria essência do mundo moderno: Por que não é possível manter-se na diferença do desatino? Por que será sempre necessário que ele se separe de si mesmo, fascinado no delírio do sensível e encerrado no recuo da loucura? Como foi que ele se tornou a tal ponto privado de linguagem? Qual é, então, esse poder que petrifica os que uma vez o encararam de frente, e que condena à loucura todos os que tentaram a provação do Desatino?[76]

Em busca de outra linguagem, maior até mesmo do que a linguagem da razão, mentes brilhantes são abandonadas à loucura. Uma vez que o pensamento se faz tão dedicado a essa

---

[76] Ibidem, p. 349-350.

outra linguagem, não haveria a filosofia de se tornar também uma filosofia dessa outra linguagem – filosofia que é ultrapassagem da *ratio*, mas também resistência à loucura? Se o simulacro entre razão e desrazão pode ser expresso, isso não se deve a termos nos deparado com um problema circunscrito ao absoluto da razão, mas – ao menos no modo como nosso tempo impõe dizê-lo – porque razão e desrazão estão inseridas na linguagem, o verdadeiro e único *topos* hegemônico.

É por esse deslocamento de análise que a filosofia de Foucault encontrará ao longo de muitos anos um terreno fértil, da crítica à psicologia científica à procura da excelência literária. O que, paradoxalmente, o garante será menos os discursos da razão e da desrazão do que aquilo que não dizem, ou seja, o silêncio ao qual a arqueologia se dirige, ao decifrar as relações de similitude e de simulacro. Seu intuito é, entre todas as vozes que reconhece, estabelecer-se como aquela que empresta uma voz possível ao que estivera excluído no silêncio, ao que até então era sem expressão. Somente então é possível acreditar em um campo de linguagem que alberga em silêncio as expressões de uma época. "Não quis fazer a história dessa linguagem; antes, a arqueologia desse silêncio."[77]

Foucault não quis fazer a história de uma linguagem que submeteria a *História da Loucura* à razão, de uma linguagem da razão. Fez, assim, a arqueologia de um silêncio que indica uma experiência anterior, a desrazão silenciada em sua linguagem – e a qual revela outra linguagem aquém e além dos limites entre razão e desrazão. *História da Loucura na Idade Clássica* é a história do refúgio moderno na linguagem.

DOENÇA MENTAL E AUTORIA

O Inventário de Personalidades

Após a publicação do seu primeiro trabalho, o texto de apresentação do livro de Binswanger *O Sonho e a Existência*, Foucault publica, em 1954, o seu primeiro livro, *Maladie mentale et*

---

[77] Ibidem, p. 153.

personnalité (Doença Mental e Personalidade)[78]. Em 1962, ele é significativamente alterado, inclusive sendo renomeado *Maladie mentale et psychologie* (Doença Mental e Psicologia). Segundo o biógrafo Eribon[79], Foucault tentou na década de 1970 até mesmo proibir, sem sucesso, que a segunda versão do livro fosse reimpressa. Ainda hoje, porém, muitos pesquisadores acatam as intenções tardias do autor, referindo-se à *História da Loucura* como a primeira obra, e com isso menosprezam a enorme riqueza conceitual presente na primeira análise da doença mental.

Assim a vemos apresentada: "Nós queremos mostrar que a raiz da patologia mental não deve ser buscada em uma 'metapatologia' qualquer; mas em uma certa referência, historicamente situada, do homem ao homem louco e ao homem verdadeiro."[80] A análise crítica que em *Maladie mentale et personnalité* é dirigida à psicologia da época tem suas raízes na filosofia, e mais especificamente na passagem de um pensamento dedicado à metafísica – forma de justificação natural e essencialista do mundo – para um pensamento dedicado à história. O que ali se pretende mostrar, antecipando a proposta de *Folie et Déraison*, é que a divisão entre normalidade e patologia não atende a uma essência pura, a nenhuma determinação universal da doença e da normalidade, mas a concepções contingentes, históricas:

Postula-se, de início, que a doença é uma essência, uma entidade específica reconhecível pelos sintomas que a manifestam, mas anterior a eles, e, em uma certa medida, independente deles; depois se descreve um fundo esquizofrênico escondido sob os sintomas obsessivos; fala-se de delírios camuflados; supõe-se a entidade de uma loucura maníaco-depressiva.[81]

Foucault parte de um problema já trabalhado em sua apresentação da obra de Binswanger: o método da interpretação

[78] Na falta de uma tradução para o português da obra de 1954, apresentamos a nossa tradução no corpo do texto e a versão original em nota de fim de texto.
[79] Didier Eribon, *Michel Foucault*, p. 122.
[80] MMP, p. 2: "Nous voudrions montrer que la racine de la pathologie mentale ne doit pas être cherchée dans une quelconque 'métapathologie'; mais dans un certain rapport, historiquement situé, de l'homme à l'homme fou et à l'homme vrai."
[81] Ibidem, p. 7: "On postule, d'abord, que la maladie est une essence, une entité spécifique repérable par les symptômes qui la manifestent, mais antérieure à eux, et, dans une certaine mesure, indépendante d'eux; on décrira un fonde schizophrénique caché sous des symptômes obsessionnels; on parlera de délires camouflés; on supposera l'entité d'une folie maniaco-dépressif."

simbólica, que consiste em decifrar fontes ocultas, no caso, de sintomas patológicos. Na distância entre o mal e a sua expressão, uma realidade será inferida como se fosse demonstrável, mas sendo, na verdade, o preenchimento arbitrário do que está "escondido", "camuflado". O que, de início, se vê nos esforços da psicopatologia é algo contrário à positividade, um empreendimento da ordem da interpretação: "Fala-se de delírios camuflados."[82]

O que legitimaria essa forma de análise aos olhos da clínica é uma suposta analogia natural entre os fenômenos psíquicos e os orgânicos. Trata-se de analisar as suas estruturas e os seus limites, sob o risco de haver uma exacerbação da confiança na cientificidade, ao se ignorar algumas falsas bases[83]. Portanto, mesmo que Foucault admita, em 1954, a importância da fisiologia em si mesma, na falta de um argumento que sustente tal analogia, a psicologia funda-se sobre um *préjugé d'essence* (suposição de essência), um *postulat naturaliste* (postulado naturalista) e falsos *caractères permanents* (caracteres permanentes), que fazem com que, em sua avaliação, "o problema da unidade humana e da totalidade psicossomática continue inteiramente em aberto"[84].

O estudo possui também um caráter propositivo. No lugar do recurso à analogia, a tese fundamental que surge para amparar a psicologia consiste em que ela deva fundar-se em um inventário de personalidades, as quais deverão ser analisadas em suas formações: "A personalidade torna-se, assim, o elemento no qual se desenvolve a doença, e o critério que permite julgá-la; ela é simultaneamente a realidade e a medida da doença."[85] São esses estudos da formação de personalidades, e não as analogias com o organismo, que devem emprestar rigor à psicologia.

---

82 Ibidem: "On parlera de délires camouflés".
83 Ibidem, p. 12: "Uma patologia unitária que utilizaria os mesmos métodos e os mesmos conceitos tanto no domínio psicológico quanto no domínio fisiológico é atualmente da ordem do mito, mesmo se a unidade do corpo e do espírito é da ordem da realidade". ["Une pathologie unitaire qui utiliserait les mêmes méthodes et les mêmes concepts dans le domaine psychologique et dans le domaine physiologique est actuellement de l'ordre du mythe, même si l'unité du corps et de l'esprit est de l'ordre de la réalité."]
84 Ibidem, p. 8: "Le problème de l'unité humaine et de la totalité psychosomatique demeure entièrement ouvert".
85 Ibidem, p. 10: "La personnalité devient ainsi l'élément dans lequel se développe la maladie, et le critère qui permet de la juger; elle est à la fois la réalité et la mesure de la maladie".

Eles deverão juntar as duas pontas do problema – a imagem e o seu sentido; o sintoma e o mal original –, mas acarretarão um tratamento mais uma vez ambíguo. Em parte, ele admitirá os resultados desse meio alternativo de investigação em voga – a "psicologia genética" –, mas resguardará também uma série de ressalvas, para as quais ele buscará outras alternativas.

Um pressuposto da psicologia genética assumido por Foucault consiste em que um dos efeitos mais evidentes da doença mental seja o modo como ela usurpa do sujeito a sua personalidade individual, desfaz a complexidade e a imprevisibilidade das escolhas que qualificam a sua autonomia. A doença é a forma enrijecida, *l'inertie* (a inércia), permitindo que um indivíduo seja enquadrado em certas estruturas gerais: "Digamos, em resumo, que a doença suprime as funções complexas, instáveis e voluntárias, exaltando as funções simples, estáveis e automáticas."[86] Simploriedade como resultado da doença e condição para a análise da doença se encontram nos retratos estruturais das personalidades e contrariam, quando se trata de casos patológicos, o preceito bastante comum entre os antigos de que não se pode afirmar quem um homem é até que ele esteja morto. De fato, estamos aqui na antípoda de uma advertência fundamental de Heráclito: "Caminhando não encontrarás os limites da alma,/ Mesmo se percorreres todas as estradas,/ Pois é muito profundo o *logos* que ela possui."[87]

O que possibilita um exame da doença mental é não precisar partir de um horizonte muito vasto, pois o que nela ocorre, facilitando o trabalho do médico, é um comportamento regressivo, uma espécie de retorno às origens do desenvolvimento da personalidade, tornando cada um desses indivíduos um objeto estável o bastante para que a sua estrutura seja enquadrada:

A doença é o processo ao longo do qual se desfaz a trama da evolução, suprimindo de início, e em suas formas mais benignas, as estruturas mais recentes, atingindo, em seguida, ao seu término e ao seu ápice supremo de gravidade, os níveis mais arcaicos. A doença não é então um déficit que ataca cegamente uma faculdade ou outra; há na

---

86 Ibidem, p. 21: "Disons donc, en résumé, que la maladie supprime les fonctions complexes, instables et volontaires, en exaltant les fonctions simples, stables et automatiques."
87 Heráclito, *Os Pensadores*, fragmento 45.

absurdidade do mórbido uma lógica que é preciso saber ler; é a lógica mesma da evolução normal. A doença não é uma essência contrária à natureza, ela é a natureza mesma, mas em um processo inverso; a história natural da doença só precisa ir contra a corrente da história natural do organismo são.[88]

Ao depararmos com tal compreensão do significado da doença mental, é preciso remetê-la a quem primeiro, de uma perspectiva formal, a articulou. Foi Hegel quem estabeleceu a história como um princípio de inteligibilidade das ciências do homem. A solução desse conflito não pode se dar senão em detrimento da interpretação e em favor de um rigor atribuído aos processos de formação. Quando Hegel incorpora ao todo da razão as demonstrações de erro e de loucura, de tudo aquilo que, para Kant, representaria um uso indevido de nossas faculdades e que deveria ser descartado como mero acidente para não contradizer a "doutrina teleológica da natureza", ele não o faz apenas no plano do espírito universal. De acordo com ele, a razão está também presente em toda parte, inclusive nos casos individuais, o que oferece a todo doente a promessa de cura. É importante lembrar que, até então, segundo o diagnóstico do próprio Foucault, o paradigma que imperava a respeito da patologia mental era aquele retratado por Descartes, ou seja, que assume que razão e loucura são inconciliáveis. Vemos, portanto, como o saber dedicado à psicopatologia moderna, saber no qual o pensamento de Freud se insere e onde se vê uma larga distância com relação a Kant e a Descartes, saber o qual Foucault se esforça por devolver ao seu quadro, deve tanto a Hegel.

Considerar o doente mental razoável não é atribuir a ele a complexidade de uma mente sã, mas considerar que algo de razoável se passa com ele. Por ocorrência de um evento relevante de sua vida, que reconhecemos como trauma, o processo

---

88 MMP, p. 22: "La maladie est le processus au long duquel se défait la trame de l'évolution, supprimant d'abord, et dans ses formes les plus bénignes, les structures les plus récentes, atteignant ensuite, à son achèvement et à son point suprême de gravité, les niveaux les plus archaïques. La maladie n'est donc pas un déficit qui frappe aveuglément telle faculté ou telle autre; il y a dans l'absurdité du morbide une logique qu'il faut savoir lire; c'est la logique même de l'évolution normale. La maladie n'est pas une essence contre nature, elle est la nature elle-même, mais dans un processus inversé; l'histoire naturelle de la maladie n'a qu'à remonter le courant de l'histoire naturelle de l'organisme sain."

de seu desenvolvimento natural foi interrompido ou até mesmo regrediu. A que ponto? Àquele em que, analogamente, um dia se encontrou a humanidade: "Quando o homem primitivo não encontrava, em sua solidariedade com outros, o critério da verdade, quando ele projetava seus desejos e suas crenças em fantasmagorias que teciam com o real as meadas indissociáveis do sonho, da aparição e do mito."[89]

O que justifica, para esse saber, a expectativa de revelação da estrutura simbólica entre a imagem do sintoma e o seu sentido originário, é a determinação do processo de desenvolvimento psíquico em todos os seus passos, como pretendeu Hegel no tocante à história do espírito que conduz a humanidade. O argumento hegeliano é, então, o marco divisor entre o trabalho divagador da interpretação e a cientificidade do saber antropológico ou, como pretende Freud, da "ciência do espírito".

Em 1967, Foucault afirma que Nietzsche, Freud e Marx teriam estabelecido um novo paradigma de conhecimento, no qual impera a tarefa da interpretação infinita, mas é preciso reconhecer que o paradigma da interpretação apenas se instaura como modo de conhecimento na medida em que esses autores rompem com Hegel. Quando se pretende legitimar o conhecimento científico para além de uma mera atividade de interpretação, sobre as bases da positividade de uma ciência histórica – no caso, a "psicologia genética" – o que vemos é um retorno a Hegel. Portanto, os esquemas de conhecimento disponíveis na virada do século XIX para o século XX tomam como referência, para a determinação daquilo que na história e na atividade de interpretação é científico, a filosofia de Hegel. Ao menos, essa é a referência de Foucault para os momentos nos quais a cada vez ele condena ou absolve as pretensões de Freud. Afinal, esse não é ainda o Freud da "sobredeterminação", o Freud da leitura de 1967, evocado em favor da atividade de interpretação. A psicanálise tomada sobre bases hegelianas é, então, a solução para aquela do "vocabulário simbólico" descrita em 1954 na introdução ao livro de Biswanger. Ela é a

---

89 Ibidem, p. 29: "Quand l'homme primitif ne trouvait pas, dans sa solidarité avec autrui, le critère de la vérité, quand il projetait ses désirs et ses craintes en fantasmagories qui tissaient avec le réel les écheveaux indissociables du rêve, de l'apparition, et du mythe."

solução contra a arbitrariedade do discurso sobre o universo camuflado, que pressupõe determinações naturais.

É nesse sentido também que a psiquiatria, a qual precisa limitar-se à analogia com o organismo fisiológico – como, de fato, se verifica no conflito entre Freud e Breuer – abre espaço à legitimidade do saber psicanalítico. Ela requer que a historicidade do desenvolvimento psíquico seja demonstrável, da mesma forma como Hegel pretendeu demonstrar a historicidade do desenvolvimento do espírito absoluto. Foucault indiretamente o evoca: "Cada tipo de neurose é uma volta a um estágio da evolução libidinal. E a psicanálise acreditou em poder escrever uma psicologia da criança fazendo uma patologia do adulto."[90]

Ao legitimar a psicologia genética em detrimento das pretensões de constituição de um "vocabulário simbólico" universal, Foucault justifica parcialmente as bases para o seu próprio método de investigação histórica, que encontraremos em *História da Loucura*. A história do sujeito empreendida pela psicanálise abrirá caminho à arqueologia foucaultiana, quando esta se trata, possivelmente até por volta de 1967, de um "deciframento dos códigos secretos". Na sua "Introdução" à obra de Binswanger, Foucault utiliza pela primeira vez o termo "arqueologia", referindo-se negativamente ao trabalho de Freud. Em *Maladie mentale et personnalité*, o termo reaparece, embora dotado de um significado distinto:

> Trata-se do famoso complexo de Édipo, no qual Freud acreditava ler o enigma do homem e a chave de seu destino; no qual é preciso sem dúvida encontrar a análise mais compreensiva dos conflitos vividos pela criança com seus pais, e o ponto de fixação de muitas neuroses. Em resumo, todo estágio libidinal é uma estrutura patológica virtual. A neurose é uma arqueologia espontânea da libido.[91]

---

90   Ibidem, p. 23: "Chaque type de névrose est retour à un stade d'évolution libidinale. Et la psychanalyse a cru pouvoir écrire une psychologie de l'enfant, en faisant une pathologie de l'adulte."
91   Ibidem, p. 26: "C'est le fameux complexe d'OEdipe, où Freud croyait lire l'énigme de l'homme et la clef de son destin; où il faut sans doute trouver l'analyse la plus compréhensive des conflits vécus par l'enfant dans ses rapports avec ses parents, et le points de fixation de beaucoup de névroses. En bref, tout stade libidinal est une structure pathologique virtuelle. La névrose est une archéologie spontanée de la libido."

No trabalho anterior, Foucault revelara antipatia pela psicanálise com base na inconsistência do "vocabulário simbólico", o recurso naturalista explorado pela interpretação dos sonhos. Agora ele vê o símbolo que não fora preenchido pelos supostos mecanismos naturais do sonho preenchido pela "psicologia genética". Esta, por sua vez, não progride conforme uma linearidade contínua, mas por "estágios", "estruturas", de modo que a arqueologia de Freud a Foucault se dirigiria a tais espacialidades presentes na formação das personalidades.

Entretanto, embora os pressupostos em comum com o hegelianismo sejam assumidos quanto a tudo o que se refere à ideia de um desenvolvimento progressivo da psique em direção à sua autonomia, resta ainda grande margem à crítica. Nessa ocasião, para Foucault, os mitos não estão presentes somente nesse pensamento com o qual, em sua regressão, o doente mental se põe em sincronia. A despeito de ter se libertado dos falsos pressupostos científicos com base na analogia entre a psique e o organismo, a teoria psicanalítica findaria enredando-se em outros: "No horizonte de todas essas análises, há, sem dúvida, temas explicativos que se situam eles mesmos nas fronteiras do mito: o mito, de início, de uma certa substância psicológica ('libido', em Freud, 'força psíquica', em Janet)."[92]

É com base nessa crítica mais específica às abstrações míticas da "libido" e da "força psíquica" – novas essências metafísicas – que o texto revela o que Foucault tem em vista como proposta alternativa. Em primeiro lugar, ele parte da constatação de que tal explicação "arqueológica" em sentido psicanalítico, que "decifra os códigos secretos", por exemplo, retirando da neurose a realidade da libido, não explicaria o que talvez possamos chamar de gatilho da doença mental, aquilo que faz com que, a determinado momento, um e não outro desenvolva uma patologia. A origem não do sintoma, porém a origem da doença, permanece obscura: "É preciso, então, empurrar a análise mais longe, e completar essa dimensão evolutiva, virtual e estrutural da doença pela análise dessa dimensão que a torna necessária,

---

92 Ibidem, p. 30: "À l'horizon de toutes ces analyses, il y a, sans doute, des thèmes explicatifs qui se situent d'eux mêmes aux frontières du mythe: le mythe, d'abord, d'une certaine substance psychologique ('libido', chez Freud, 'force psychique', chez Janet)."

significativa e histórica."[93] Vemos assim as primeiras condições para o aparecimento de sua própria arqueologia.

Duas importantes referências surgem também no contexto dessa obra: a fenomenologia de Heidegger e o materialismo histórico de Marx. Ambas são sugestões de caminhos alternativos para compreender a história na constituição psicológica do sujeito; alternativas à necessidade de remeter o que é histórico a substâncias supra-históricas. A primeira baseia-se no conceito de angústia. Em Heidegger, conquistar a autenticidade não é uma questão de livre escolha, de autodeterminação. Trata-se de uma disposição rara frente a crises radicais, porque tendemos à "decadência", a nos abandonarmos na impessoalidade cotidiana, na qual assumimos um modo de ser comum aos outros e conforme aos outros. É no esvaziamento dessa relação impessoal, na lacuna do mundo que até então nos conduzia, que emerge a angústia e, com ela, também a oportunidade de se fazer escolhas próprias. A angústia é o que irrompe em nossas vidas arrancando-nos da impessoalidade, levando, cada um, a assumi-la por si próprio. Ela não possui, então, nenhuma natureza, mas irrompe como uma experiência existencial.

Em *Maladie mentale et personnalité*, na compreensão foucaultiana, a angústia aparece como o fator capaz de disparar a alienação mental. Ele chega a afirmar que ela é *comme un a priori d'existence* (como um *a priori* da existência), certamente a partir de uma afinidade com a fenomenologia, de modo que o patológico há de ser ligado, pela angústia de cada um, à existência de cada um[94]. A angústia é a responsável pelo modo em que as estruturas que nos são comuns sejam vividas individualmente, fazendo com que uns desenvolvam uma doença mental, enquanto outros não. Em suma, a angústia surge como um princípio que distingue individualidades, mas se a fenomenologia aí encontra um caminho para a autenticidade, Foucault nela encontra um caminho para a formação de patologias. Em que medida esses dois caminhos se distinguem? Como não os sobrepor? Se a

---

93 Ibidem, p. 35: "Il faut donc pousser l'analyse plus loin; et compléter cette dimension évolutive, virtuelle et structurale de la maladie, par l'analyse de cette dimension qui la rend nécessaire, significative et historique."
94 Ibidem, p. 50: "É pela angústia que a evolução psicológica se transforma em história individual". ["C'est par l'angoisse que l'évolution psychologique se transforme en histoire individuelle."]

angústia autêntica persevera na distinção, a angústia patológica, em sentido contrário à conquista de uma autonomia, regride a uma estrutura comum, a um estágio anterior que sirva de refúgio. Recordemo-nos que, na "Introdução" a Binswanger, a fenomenologia surge para Foucault como a melhor representante da positividade da história. É ela que deve salvar as existências individuais das reduções ao "vocabulário simbólico" psicanalítico. A novidade em *Maladie mentale et personnalité* é que Foucault busca acrescentar ao trabalho fenomenológico dois outros, os quais ele se encarregará de subtrair, em 1962, na versão *Doença Mental e Psicologia*: a história, pela referência ao materialismo histórico de Marx; e uma referência também ao que haveria de legítimo no materialismo orgânico da fisiologia.

No que diz respeito a essa segunda referência, Foucault de fato atribui a ela uma relevância na constituição das doenças mentais, tomando Pavlov como grande representante. Pretender uma correspondência entre o físico e o psíquico, como se o psíquico pudesse ser reduzido à fisiologia seria infundado, mas, em decorrência da unidade psicofísica, seria importante reconhecer a sua participação na formação das personalidades. Vejamos um exemplo:

A catatonia é um dos exemplos mais manifestos de inibição generalizada, e o prognóstico favorável que ela comporta mostra a significação da inibição: ela é essencialmente mecanismo de defesa e de recuperação; ela corresponde, segundo Pavlov, ao processo de assimilação da célula nervosa, enquanto a excitação corresponde ao gasto e à desassimilação.[95]

Em 1962, na versão de *Doença Mental e Psicologia*, toda referência à legitimidade do saber fisiológico desaparecerá, e essa ruptura não deixará grandes consequências. No tocante à perspectiva marxista de 1954 e sua supressão em 1962, há uma série de elementos interessantes. Por exemplo, em *Maladie mentale et personnalité*, o capítulo V chama-se "Le Sens historique de l'aliénation mentale" (O Sentido Histórico da Alienação Mental).

95 MMP, p. 100: "La catatonie est un des exemples le plus manifestes d'inhibition généralisée, et le pronostic favorable qu'elle comporte montre la signification de l'inhibition: elle est essentiellement mécanisme de défense et de récupération; elle correspond, selon Pavlov, au processus d'assimilation de la cellule nerveuse, alors que l'excitation correspond à la dépense et à la désassimilation."

Em *Doença Mental e Psicologia*, ele será substituído por "La Constitution historique de la maladie mentale" (A Constituição Histórica da Doença Mental), provavelmente buscando atenuar o seu caráter marxista, pela alteração dos termos "sentido histórico" e "alienação". No primeiro, encontramos a seguinte ideia:

> Freud queria explicar a guerra, mas é a guerra que explica essa virada no pensamento de Freud. Ou, mais ainda, o capitalismo fazia, a essa época, de uma forma clara para ele mesmo, a experiência de suas próprias contradições: era preciso renunciar aos velhos temas da solidariedade e admitir que o homem podia e devia fazer do homem uma experiência negativa, experimentada sobre as formas da raiva e da agressão. Os psicólogos deram a essa experiência o nome de ambivalência e eles viram aí um conflito de instintos. Sua origem está, em realidade, nas contradições das relações sociais.[96]

No segundo, *Doença Mental e Psicologia*, o que encontramos é:

> Nos meados do século XVII, brusca mudança; o mundo da loucura vai tornar-se o mundo da exclusão. Criam-se (e isto em toda a Europa) estabelecimentos para a internação que não são simplesmente destinados a receber os loucos, mas toda uma série de indivíduos bastante diferentes uns dos outros, pelo menos segundo nossos critérios de percepção: encerram-se os inválidos pobres, os velhos na miséria, os mendigos, os desempregados opiniáticos, os portadores de doenças venéreas, libertinos de toda espécie, pessoas a quem a família ou o poder real querem evitar um castigo público, pais de família dissipadores, eclesiásticos em infração, em resumo, todos aqueles que, em relação à ordem da razão, da moral e da sociedade, dão mostras de "alteração".[97]

É fácil notar que, ao subtrair uma série de capítulos de *Maladie mentale et personnalité*, o que Foucault faz predominantemente em 1962 é preencher o vazio deixado com os estudos já dirigidos no ano anterior à *História da Loucura*. No fim da

---

96   Ibidem, p. 87: "Freud voulait expliquer la guerre; mais c'est la guerre qui explique ce tournant de la pensée freudienne. Ou plutôt le capitalisme faisait, à cette époque, d'une façon claire pour lui-même, l'expérience de ses propres contradictions: il fallait renoncer aux vieux thème de la solidarité, et admettre que l'homme pouvait et devait faire de l'homme une expérience négative, vécue sur le mode de la haine et de l'agression. Les psychologues ont donné à cette expérience le nom de l'ambivalence et ils y ont vu un conflit d'instincts. Son origine est, en réalité, dans la contradiction des rapports sociaux."

97   DMP, p. 78.

segunda versão surge, em linhas gerais, um resumo do trabalho que foi a sua tese de doutorado. Conclui-se, então, que o materialismo histórico de Marx é suprimido e dá lugar a uma análise predominantemente voltada à partilha moral que há entre razão e desrazão. Há um lugar para Nietzsche nessa virada. No texto de 1954, não há uma única menção a tal filósofo, para quem a questão moral é central, ao passo que, na segunda versão, ele surge imponente: "A 'psicologia' é somente uma fina película na superfície do mundo ético no qual o homem moderno busca a sua verdade – e a perde. Nietzsche, a quem se fez dizer o contrário, tinha-o visto muito bem."[98] Essa não é a única consequência das transformações que vemos. O campo que será ocupado pela linguagem substitui essa análise materialista: fisiologia, que vemos realmente desaparecer, e conflito de classes, que vemos ressurgir transfigurado em práticas de exclusão dos associais.

O último capítulo, reescrito por Foucault em 1962, intitulado "A Loucura, Estrutura Global", revela-nos, tão bem quanto o prefácio escrito em 1960 para *Folie et déraison*, a relevância que a linguagem adquire. Ele afirma: "Será preciso um dia tentar fazer um estudo da loucura como estrutura global – da loucura liberada e desalienada, restituída de certo modo à sua linguagem de origem."[99] Com isso, confirma-se, primeiramente, o fato de que o pensamento de Foucault é, ainda em 1962, um pensamento voltado à origem, embora uma origem agora não mais suscetível à "psicologia genética", nem mesmo se a ela acrescentarmos o materialismo histórico e o materialismo da fisiologia, pois pertence ao silêncio da linguagem, o objeto por excelência da sua arqueologia. Trata-se, no entanto, de uma origem cada vez mais plural, conforme haja a convergência dessa investigação da linguagem com as estruturas, como formas características do espaço.

O que Foucault realiza em *História da Loucura*, como estudo de uma só "estrutura global", é a constituição de uma constelação de fenômenos a princípio dispersos, mas reunidos sob a imagem enigmática da loucura. Ele quer encontrar a fonte com base na qual a desrazão pode expressar-se, e com base na qual, na verdade, ela já se expressou nos autores que

---

98 Ibidem, p. 85.
99 Ibidem, p. 87.

com ela flertaram antes de serem por ela tomados, esses que eram menos autores do que porta-vozes da linguagem.

Linguagem e Desrazão

Os estudos de Foucault sobre a loucura não vão da figura genérica do louco para o exame cada vez mais específico do que o constitui como doente mental; eles vão do esforço de determinação positiva da doença mental para uma análise de diversas personagens que, ao longo de muitos séculos, foram moralmente reunidas e reduzidas à figura do louco.

Entre *Maladie mentale et personnalité* e *História da Loucura*, um estudo afim aos propósitos da psicologia dá lugar a outro que a examinará de fora, não apenas por uma abordagem crítica, explorando as suas condições de possibilidade históricas, como também por uma abordagem ética, que considera os seus efeitos práticos. Tal passagem é também a de uma reflexão epistemológica a um pensamento que, buscando respeitar a desrazão, se esforça por substituir a hegemonia da ciência por uma experiência com a linguagem.

Se é possível estabelecer uma distância entre o que as ciências dizem da loucura e o que a loucura é como desrazão, é porque há uma partilha moral a se reconhecer e porque há a existência de um universo inaudito, do qual todos os discursos provêm. Há a razão e há a desrazão; há aquilo que o louco é para as ciências do homem – critério que justifica as práticas de exclusão –, e há o que a desrazão é para a linguagem. É essa dupla distância, presente também como dois interesses e dois estratos na letra de Foucault, que garante que o louco das ciências do homem não seja mais do que um "estatuto" de objeto contingente; e é também essa dupla distância, do louco para a ciência e da desrazão para a linguagem, o que insinua que ele, na modernidade, como outrora no Renascimento, talvez mereça outro *status*.

Na conferência Loucura, Literatura e Sociedade, Foucault retoma um argumento já trabalhado em *História da Loucura*:

De um lado, há um grupo de personagens que dominam sua vontade, mas não conhecem a verdade. Do outro, há o louco que lhes conta a verdade, mas não governa sua vontade e nem mesmo tem o domínio do fato de que conta a verdade. Essa assimetria entre a vontade e a verdade, ou seja, entre a verdade desapossada da vontade e a vontade que ainda não conhece a verdade, não é nada mais que a diferença entre os loucos e os que não são loucos.[100]

Grosso modo, não somente "portador da verdade" para o Renascimento, o louco é aquele que, em nossa época, abriu as portas de "outra dimensão". Se ele retorna a algum lugar, não se trata mais de um começo primitivo, de um retrocesso às origens do desenvolvimento psíquico. "Portador da verdade" no Renascimento e objeto da razão científica no classicismo desse "fim de século XVIII", é preciso esclarecer qual é a sua posição arquetípica na modernidade. Se há um regresso na loucura, em vez de corresponder a uma etapa primitiva da civilização, o seu retorno agora será à fonte da linguagem, onde há o risco de rompimento do liame com a razão.

O que transparece através do louco, e que seria também uma experiência de linguagem paradigmática para a modernidade, é a autoria desprovida de intenção, de absoluto controle consciente. Mas ela não é toda caracterizada pela falta, pois provoca uma experiência inesperada, a qual pode ser, como outrora, implicada na "verdade". O louco não é apenas alguém que conta a verdade porque rompe a barreira moral na qual todos os outros estão encerrados. A barreira moral sobre ele se impõe de fora e posteriormente, uma vez que ele já fala essa estranha verdade atendendo à dimensão mais profunda da linguagem:

Então, e somente então, poderá aparecer o domínio no qual o homem de loucura e o homem de razão, separando-se, não estão ainda separados e, em uma linguagem muito originária, muito tosca, bem mais matinal do que a ciência, iniciem o diálogo de sua ruptura, o que testemunha de um modo fugidio que eles se falam ainda. Ali, loucura e não loucura, razão e não razão estão confusamente implicadas: inseparáveis, já que não existem ainda, e existindo uma para a outra, uma em relação à outra, na troca que as separa.[101]

No prefácio escrito para *Folie et déraison*, a primeira versão de *História da Loucura*, encontramos o que é capaz de unir o

---

100 *DEI*, p.239.
101 Ibidem, p. 153.

homem de razão ao homem de loucura como uma linguagem matinal – um início que tem o esplendor de uma aurora, que é puro porque o que corrompe a sociedade ainda não corrompeu as suas promessas. Ainda que não se trate de confundi-los, de dizer que o homem de razão é também um homem de loucura, a "linguagem matinal" para a qual o homem de loucura retorna aponta também um caminho de retorno para o homem de razão. Quando, na linguagem, o homem de razão estabelece com o homem de loucura outro diálogo – quando não se trata de um "monólogo da razão sobre a loucura" –, toda a corrupção moral da razão é desperta, como num ritual de purificação, para outra obra. Portanto, o louco não apenas revela, por sua diferença, o que é a normalidade sob o ponto de vista ético da razão; não apenas revela o que é a própria razão segundo aquilo que ela produz, tal como na análise do classicismo de *História da Loucura*. Ele agora revelará também qual é a natureza das produções extraordinárias dos homens na modernidade e o propósito de suas autorias. Se o homem do classicismo vai à história para encontrar o processo da natureza, o homem moderno avança seu olhar sobre a história mergulhando cada vez mais profundamente, esperançoso de se perder na experiência de sua aurora. Mesmo que o louco não seja o seu próprio soberano, mesmo que não tenha a intenção de fazê-lo, Foucault sugere que ele tem acesso a uma linguagem que nos precede e que nos excede. Ele mostra, finalmente, que sermos assim envoltos pela linguagem é o melhor que podemos esperar de nós mesmos.

A Função Autor

Em *Surveiller et punir* (*Vigiar e Punir*), há importantes referências ao tema da autoria, direcionado à autoria de um crime. Para que se conheça as suas motivações, a técnica punitiva apropriada e a melhor forma de reeducar o criminoso, é preciso tornar seus atos – e seus discursos – razoáveis. É preciso desvendar o seu íntimo. As questões postas já não estabelecem diretamente uma relação com os mistérios da linguagem, mas retomam o arcabouço teórico positivo que vimos formulado em *Maladie mentale et personnalité*.

Em *Vigiar e Punir*, encontramos: "Como citar o processo causal que o produziu? Onde estará, no próprio autor, a origem do crime? Instinto, inconsciente, meio ambiente, hereditariedade?"[102] O que o sistema jurídico precisa identificar, visto que não se trata mais de julgar os atos, e sim a "periculosidade" de um criminoso, não é somente o que ele fez, mas principalmente aquilo que ele pode vir a executar. É necessário que se faça o seu retrato psíquico, compondo todos os elementos que se encontram disponíveis: "instinto", "inconsciente", "meio ambiente" e "hereditariedade"; história pessoal e conjuntural; fisiologia e "estruturas de personalidade". Foucault identifica no sistema penal um procedimento que ele próprio um dia investigou, mas, se agora o renega, não é a favor de uma nova experiência de linguagem. O que se passa quando o retrato do criminoso nos conduz a um resultado contrário, que atesta a ausência de razoabilidade em seus atos? Lê-se em *Vigiar e Punir*:

> Um fato significativo: a maneira como a questão da loucura evoluiu na prática penal. De acordo com o código francês de 1810, ela só era abordada no final do artigo 64. Este prevê que não há crime nem delito, se o infrator estava em estado de demência no momento do ato. A possibilidade de invocar a loucura excluía, pois, a qualificação de um ato como crime: na alegação de o autor ter ficado louco, não era a gravidade de seu gesto que se modificava, nem a sua pena que devia ser atenuada: mas o próprio crime desaparecia. Impossível, pois, declarar alguém ao mesmo tempo culpado e louco; o diagnóstico de loucura uma vez declarado não podia ser integrado no juízo; ele interrompia o processo e retirava o poder da justiça sobre o autor do ato.[103]

Na hipótese de um ato irracional, de uma ação sem autoria, perde-se a pertinência de levar adiante uma ação judicial. Destarte, adiantando-nos assim na obra foucaultiana, reencontraremos a análise da autoria e de seu vínculo com a loucura sobre outras bases. O que nos permite proceder por essa rota alternativa é o critério do *status*.

Agora retornemos ao início da década de 1960 para que a discrepância que queremos demonstrar fique mais clara quanto às suas raízes conceituais. No prefácio de *Folie et déraison*, o

---

102 *VP*, p. 20.
103 Ibidem, p. 21.

mesmo no qual encontramos tão bem elaborado o vínculo de *História da Loucura* com a questão da linguagem, somos induzidos a pensar que é possível proceder com a gênese de uma ética da doença mental e da autoria pelo critério apenas do *status*. Ele afirma: "Não pode haver em nossa sociedade razão sem loucura, mesmo quando o conhecimento racional que tomamos da loucura a reduza e a desarme, conferindo-lhe o frágil *status* de acidente patológico."[104] Este caso específico, e especialmente interessante, legitima duas diferentes compreensões, segundo as quais não pode haver, em nossa sociedade, razão sem loucura porque a loucura qualifica as práticas da razão; e não pode haver, em nossa sociedade, razão sem loucura porque ambas estão ligadas por um vínculo originário na linguagem.

Atendo-nos ao plano de *História da Loucura*, nas análises que se dedicam também ao universo jurídico, vemos que não há crime que mereça punição mais severa, frente aos próprios atos, do que o de ser louco. Foucault afirma, a respeito do século XVIII, que "estamos no extremo oposto dessa regra fundamental do direito segundo a qual 'a verdadeira loucura tudo desculpa'"[105]. Conforme nos aproximamos das análises das práticas de exclusão, do trabalho ético da razão sobre a loucura e da diferença de *status*, mais fácil se torna relacionar tais proposições àquelas que surgirão na virada para os anos de 1970. No entanto, o texto não nos permite ir muito longe da temática da linguagem. Enquanto ela ganha corpo ao longo dos trabalhos da década de 1960, todos os esforços são dirigidos à tentativa de combater a soberania do autor e a atribuição de que nele se encontra a verdade da obra e dos atos. Mesmo a obra como ato criminoso não lhe escapa, sendo convertida àquela da criação literária. Então, autoria e loucura quase se confundem, ao ponto em que a ideia de criminalidade seja também incorporada a essa trama da linguagem. É o que se vê, por exemplo, na Introdução que Foucault escreveu para a edição de *Rousseau, juge de Jean--Jacques: Dialogues (Rousseau, Juiz de Jean-Jacques: Diálogos)*:

Jean-Jacques Rousseau, o autor de seus livros, viu-se recriminar pelos franceses por ter escrito livros criminosos (condenação de Emílio e do

104 *DEI*, p. 157.
105 *HLIC*, p. 138.

Contrato), ou então acusado por não os ter feito (contestação a propósito do Devin du village [Profeta da Aldeia]), ou ainda suspeito de ter escrito panfletos: de qualquer forma, ele se tornava, através de seus livros, e por causa deles, o autor de crimes sem nome.[106]

A tarefa da linguagem é torcer as hegemonias da razão, inclusive o *status* que deveria delimitar a distância entre autoria e loucura, mesmo quando se trata de analisar crimes. Resta, se queremos encontrar essa relação em sua forma também livre da trama da linguagem, nos adiantarmos ao plano em que ela, ao menos aparentemente, dará lugar a outra trama, podendo reconhecer, assim, até que ponto são conduzidos por Foucault os vínculos e os cortes da loucura com a autoria.

Em 1969, um ano de grande ruptura em seu pensamento, o mesmo em que é lançado *A Arqueologia do Saber*, encontramos na conferência "O Que É um Autor?" algumas respostas acerca dos marcos de investigação: "Na escrita, não se trata da manifestação ou da exaltação do gesto de escrever; não se trata da amarração de um sujeito em uma linguagem; trata-se da abertura de um espaço onde o sujeito que escreve não para de desaparecer."[107] Esse exórdio de um novo trabalho não só é autorreferente, pois se trata também para ele, Foucault, de poder desaparecer como o autor de seus trabalhos passados, enquanto alguém a quem se exige justificá-los e incorporá-los coerentemente aos futuros, mas se trata ainda de demonstrar que tal ruptura em sua própria autoria é a do desatar dos nós com a temática explícita da linguagem, porque agora ele terá como tema a definição de um espaço alternativo.

À frente veremos a medida da distância tomada. Por ora, devemos questionar: se não é na linguagem que o sujeito desaparece, se não é a ela se amarrando e por ela se entregando que ele desaparece, em que é? Em que ele há de se amarrar? Que outra trama, no lugar da linguagem, vem envolvê-lo? Que outro espaço? Adiantemo-nos, novamente, dizendo que será a trama política, na qual a cultura tem suas implicações sociais em vez de precedê-las. Ele o diz: "O que seria preciso fazer é localizar o espaço assim deixado vago pela desaparição do autor, seguir

---

106 *DE1*, p. 173.
107 *DE3*, p. 268.

atentamente a repartição das lacunas e das falhas e espreitar os locais, as funções livres que essa desaparição faz aparecer."[108]

Em vez de substituir o autor pela linguagem, é preciso verificar o que comparece no espaço deixado vago. O que comparece será o próprio autor, não em sua intenção e nas raízes pessoais de sua vida, que o teriam levado a produzir isso ou aquilo, tampouco em uma dependência da linguagem, que faria dele o seu porta-voz escolhido, mas unicamente o *status*, ou seja, a força que é socialmente conferida aos seus discursos por parte dos outros seres razoáveis. Poderiam eles estar fora da linguagem? O problema é omitido. Podemos ver, contudo, que não há espaço vago; toda desaparição das intenções do autor fará aparecer uma função autor. Todos os espaços são preenchidos pelas relações entre uns seres de razão e outros.

O autor ocupa, dessa forma, uma função no discurso. Na verdade, ele é essa função para aqueles que dele precisam como referência na articulação de seus próprios discursos. Há discursos que surgem ao amparo de outro, que os legitima. O autor é aquele que, oferecendo amparo – *status* –, possibilita aos outros que o reclamam, se não de se tornarem também autores, ao menos de situarem os seus discursos nas atividades às quais se dedicam com legitimidade, sem pertencerem meramente ao *status quo*. Essencialmente, o que distingue a função autor é ter um *status* diferenciado do *status quo*, levando consigo outros para fora desse espaço, imediato e retrógrado, de falsa segurança.

O fato de haver um nome de autor, o fato de que se possa dizer "isso foi escrito por tal pessoa" ou "tal pessoa é o autor disso", indica que esse discurso não é uma palavra cotidiana, indiferente, uma palavra que se afasta, que flutua e passa, uma palavra imediatamente consumível, mas que se trata de uma palavra que deve ser recebida de uma certa maneira e que deve, em uma dada cultura, receber um status.[109]

Freud e Marx, que fundaram duas disciplinas às quais muitos discursos irão somar-se, são tomados como exemplo por Foucault, que afirma: eles "abriram o espaço para outra coisa diferente deles e que, no entanto, pertence ao que eles

---

108 Ibidem, p. 271.
109 Ibidem, p. 274.

fundaram"[110]. Assim, eles formam em torno de si não só uma rede composta por seus próprios discursos, o que chamamos de obra, como também fazem com que essa rede incorpore discursos que a eles se relacionam: os comentários.

Na ocasião da conferência de 1969 no Collège de France, houve, ao final, um tempo dedicado ao debate, quando muitos interlocutores demonstraram uma má compreensão das ideias apresentadas. Disseram que Foucault "atacou não mais o homem, mas o autor" e que concluíra a sua exposição "na perspectiva da supressão do autor"[111]. A estes, Foucault replica o seguinte: "Não disse que o autor não existia; eu não o disse e estou surpreso que meu discurso tenha sido usado para tal contrassenso."[112] De fato, o filósofo parte de uma crítica à ideia de criação autônoma e absolutamente original, como é próprio a muitos trabalhos da primeira metade do século XX – e não é outra a relevância da dedicação às condições de possibilidade históricas do saber, a tarefa da arqueologia. Porém, autonomia e autoria deixam de ser o mesmo em sua análise. A pergunta "que importa quem fala?", que norteia "O Que É um Autor?", não nos leva a concluir que, para Foucault, não haja nada que interesse acerca do autor; que seja necessário suprimi-lo nas análises filosóficas. Leva-nos a questionar de que forma o discurso está implicado, não em origens etéreas, inconfessáveis pelo sujeito virtuoso que o teria trazido ao mundo, mas a uma prática mundana, histórica, e que por uma espécie de consenso, provocado pela busca de sentido e justificação para o mundo, seleciona o que deve ser preservado e distribuído na sociedade. O seu foco é o jogo, o conjunto dos casos e das práticas em que o autor é uma função dos discursos disseminados, conferindo aos mesmos algum *status*: "Sem dúvida, a esse ser de razão, tenta-se dar um *status* realista."[113]

Retornemos à *História da Loucura*, livro que termina com uma discussão a respeito da relação entre autores que flertaram com a loucura. Com relação àqueles do classicismo, o momento do maior deslumbramento com a razão, Foucault afirmara: "A

---

110 Ibidem, p. 281.
111 Ibidem, p. 289.
112 Ibidem, p. 294.
113 Ibidem, p. 276.

loucura de Tasse, a melancolia de Swift e o delírio de Rousseau pertencem a suas obras, assim como essas mesmas obras lhes pertencem. [...] a obra e a loucura eram, na experiência clássica, ligadas mais profundamente e num outro nível: paradoxalmente, ali onde uma limitava a outra."[114]

O classicismo é o lugar dos grandes paradoxos, onde as pretensões da razão engendram a desrazão. A esse paradoxo, situado num recorte histórico, se dirige *História da Loucura* como diagnóstico do quanto o processo da razão teria sido maculado por suas contradições, jogando os espólios novamente no colo da linguagem. O paradoxo entre razão e desrazão faz também com que linguagem e delírio, obra e loucura se entrelacem, mas sem se fundirem. O que, essencialmente, Foucault propõe na aproximação dos contrários é determinar que haverá um ponto em que eles hão de limitar-se, em que hão de distinguir-se, e que, assim, embora a obra chame o tempo todo a loucura ao diálogo, o que caracteriza a loucura venha a ser precisamente a ausência de obra. O que determina a diferença entre uma e outra, razão e loucura, não é senão a obra que se dedica à desrazão e assim revela o que é a razão, mas obra que não é feita de loucura nem é pura e etérea linguagem. Obra que, por mais que seja imaginativa, criativa e sensível, inclinada às origens da linguagem (como se vê em *História da Loucura)*, ou a despeito dessa trama (como se vê em "O Que É um Autor?"), retorna sempre aos limites provisórios da razão.

O argumento visto em "O Que É um Autor?", de que é preciso ver o que comparece na ausência de sua figura porque só assim revela-se a sua relevância, é semelhante ao que se encontra no fim de *História da Loucura*: "Pela loucura que a interrompe, uma obra abre um vazio, um tempo de silêncio, uma questão sem resposta, provoca um dilaceramento sem reconciliação onde o mundo é obrigado a interrogar-se."[115] Da mesma forma como Foucault sugere hipoteticamente, em 1969, que se analise a suspensão da autoria para encontrar a função autor, em *História da Loucura* a suspensão da autoria decorre da irrupção da loucura quando já não há mais produção de obra. Quando um autor como Nietzsche, que tanto se dedicou à crítica da

---

114 HLIC, p. 528.
115 Ibidem, p. 529.

razão, é acometido pela loucura, toda a obra que ele deixa atrás de si, que era produção da razão sobre a desrazão, que assumia "uma tarefa de reconhecimento, de reparação; obrigado à tarefa de dar a razão desse desatino, para esse desatino"[116], ao mesmo tempo coloca em suspenso o mundo que por ele víamos de um modo muito particularmente revelado, e de outro revela-nos a experiência de sua indefinição. O autor calou-se e legou-nos um mundo que, antes conduzido por seu *status*, retorna à sua abertura.

A expressão "*status* realista", encontrada em "O Que É um Autor?" para esclarecer a "função autor", é curiosa. Atribuímos ao autor um *status* realista, pedindo que ele nos empreste, em sua obra, uma realidade que não encontramos no mundo, porque reconhecemos uma falta no mundo; porque, em nossa angústia, reconhecemos nossas carências. A expressão sugere a ideia de que determinado discurso possui maior valor do que outro, na medida em que é proferido por alguém que é mais sujeito, que tem mais realidade do que outrem. Ter *status* significa ser reconhecido em seu discurso, e adquirir, assim, realidade sobre um mundo que não se justifica e que pede pela sua razão de ser. Na falta do autor, deve haver um lastro. Ele não pode se ausentar porque cumpre, ao menos em nossa sociedade, uma função necessária, função já atribuída à linguagem, que é a de delimitar o espaço, de justificar o mundo no qual nos alienamos e, finalmente, nos justificar a nós mesmos.

---

116 Ibidem, p. 584.

2. Linguagem e Discurso: A Dupla Forma

HÖLDERLIN, O EGO E O ECO

Hölderlin e a Linguagem

É comum que estudos sobre o período romântico na Alemanha atribuam significativa importância à constituição, em 1797, do grupo formado por Schleiermarcher, Novalis, Tieck, Schelling, entre outros, em torno da obra de Fichte. No mesmo ano, Friedrich Hölderlin publica o primeiro livro *Hyperion oder Der Eremit in Griechenland* (Hipérion ou o Eremita na Grécia), cujo prólogo é aberto com as seguintes palavras: "Gostaria que este livro recebesse o amor dos alemães."[1] À maneira de *Wilhelm Meisters Lehrjahre* (Os Anos de Aprendizagem de Wilhelm Meister, 1795), de Goethe, Hölderlin tem em vista oferecer-lhes, em prosa poética, um novo romance de formação, embora o formato organizado por cartas assemelhe o texto mais à obra *Die Leiden des jungen Werthers* (Os Sofrimentos do Jovem Werther, 1774).

Para os românticos, a natureza é um refúgio que resguarda promessas de serenidade e bem-aventurança. Entretanto, em

---

1 F. Hölderlin, *Hipérion ou o Eremita na Grécia*, p. 11.

Hölderlin, não se trata somente de um deslocamento geográfico, de escapar dos hábitos urbanos que corrompem o coração dos homens. Se, pela voz de Werther, Goethe exalta os arredores de uma cidadezinha campestre, Hölderlin, provavelmente influenciado pelas ideias de Winckelmann, situa Hipérion como um "eremita na Grécia".

O livro reúne as reflexões, exemplarmente tomadas por sentimentos de tempestade e ímpeto, de um guerreiro grego que participa da insurreição contra o Império Otomano e envia um conjunto de cartas a Belarmino, seu amigo, que falam de seu encontro com Diotima, sua amada, das aventuras com o companheiro Alabanda e da elevação de sua intimidade com a natureza – intimidade esquecida e que se ergue das ruínas dos antigos, entre as ruínas dos modernos.

"Oh natureza com seus deuses", pensei, "sonhei até o fim o sonho das coisas humanas e digo que só você vive e o que os homens sem paz obtiveram à força e imaginaram derreteu-se como pérolas de cera, desaparecendo em suas chamas! Há quanto tempo eles sentem a sua falta? Oh, há quanto tempo que sua multidão a repreende, insultando a você e a seus deuses, que vivem serenos e bem-aventurados! Os homens caem de você como frutas podres, oh, deixe-os sucumbir, pois assim retornarão à sua raiz, e que eu, oh, árvore da vida, que eu possa verdejar novamente com você e envolver com o meu alento os seus cumes e todos os seus galhos e brotos, em paz e intimidade, pois todos nós crescemos da mesma semente dourada! Oh, fontes da terra! Oh, flores! Oh, florestas e águias e você luz fraternal! Como é antigo e novo o nosso amor!"[2]

As exclamações de Hipérion não exortam somente a natureza intocada, mas, cheias de nostalgia, também a sabedoria de seus ancestrais: "a grandiosa frase de Heráclito *hèn diaphéron reautôi* [o uno diferente em si mesmo] só poderia ser encontrada por um grego, pois é a essência da beleza e, antes de ter sido encontrada, não havia filosofia alguma"[3].

O estranho sítio de uma Alemanha grega, sob o ideal de unidade para um povo em busca de uma identidade, é para onde são endereçadas as cartas de Hipérion, o eremita – alcunha não

2   Ibidem, p. 165-166.
3   Ibidem, p. 85.

só geográfica, pois significa também intempestividade. Essa Grécia já não existe, mas ela também não os deixou. Nessa duplicidade reside a fundação mais remota, se não de uma cultura revigorada e de um homem mais altivo, como se pretendia, certamente da compreensão moderna de linguagem que herdamos na filosofia continental. Hölderlin é o poeta que retirou o tempo e o espaço das condições *a priori* da intuição, que, para Kant, qualificam a experiência na forma da percepção, e os transferiu para o campo da linguagem, onde somos aqueles que salvaguardam o melhor do tempo e do espaço. Hölderlin é a primeira expressão desse paradigma, dessa outra forma de experiência, que se refere ao modo como nos voltamos de nós mesmos, devotados à linguagem. Cotejaremos algumas passagens de *Hipérion* com outras de *Fausto*, de Goethe, dois arquétipos da encruzilhada moderna, a fim de explicitá--la. Em suas diferenças encontramos indícios da formação de uma tradição teórica que privilegiará a poesia de Hölderlin e que contraria aquela que os seus colegas de Iena conduziram, na forma do idealismo absoluto, ao seu maior esplendor, bem como, possivelmente, ao seu esgotamento.

Hipérion afirma: "A linguagem é um grande excesso. O melhor, porém, sempre permanece para si e descansa em suas profundezas como a pérola no fundo do mar."[4] E, como visto, ele exclama também: "o que os homens sem paz obtiveram à força e imaginaram derreteu-se como pérolas de cera, desaparecendo em suas chamas!" Vemos a contraposição de dois achados, dentre os quais aquele que se tornou acessível à força deve perecer. A ambição das luzes, de se antecipar à natureza, de forçá-la a responder aos inquéritos da razão, de sujeitá-la, e tudo mais que o excesso de luz produziu, desaparecem em chamas. As pérolas dos empreendimentos humanos, todas as construções às quais Fausto se dedicou com afinco e pelas quais empenhou sua alma eram de cera, condenadas à ruína. A crítica romântica dirige-se às pretensões exacerbadas da razão científica e de suas edificações e, em seu lugar, sobretudo em Hölderlin, cunha a ideia de que é preciso encontrar outros acessos à natureza; é preciso lhe dedicar não a nossa capacidade

4 Ibidem, p. 123.

de transformá-la, mas a nossa atenção, a nossa escuta, uma entrega – um renovado amor.

Na geração anterior, ainda envolta pela atmosfera do classicismo, Fausto já suspeita: "Mas mata-me o prazer no peito;/ Não julgo algo saber direito,/ Que leve aos homens uma luz que seja/ Edificante ou benfazeja."[5] Descrente da efetividade do conhecimento erudito, Fausto empenha-se na ação. Assim, ele se transforma no maior arquétipo de um significativo evento: na medida em que o projeto de pôr a natureza à disposição para a exploração e o controle se torna dominante, desafiado, é o homem quem passa a pertencer ao desafio, a submeter-se a essa única forma de relação. Sem encontrar a linguagem que descansa para si em suas profundezas, resta ao homem engajar-se nos meios, cujos fins estão para além das luzes, confiando que o progresso é a lei da natureza e que, como tal, ele se encarregará de redimi-lo.

No *Hipérion*, uma nova relação com a natureza é estabelecida ou retirada do esquecimento, como um "amor antigo". A sua tarefa é encontrar o que "descansa em suas profundezas como a [verdadeira] pérola no fundo do mar". O que se interpõe e interdita esse encontro é caracterizado como "um grande excesso". Hipérion diz: "As pessoas gostam de falar, tagarelam como os pássaros, enquanto o mundo sopra em todos, como o ar de maio. Mas entre o meio dia e o entardecer, tudo pode mudar e, no final, o que foi perdido?"[6] Enquanto os homens lidam com a linguagem como um falatório, abusando do seu excesso, do seu potencial ilimitado e transbordante, o mundo sopra em todos como o ar de maio, um ambiente facilitado. Hipérion desqualifica o uso vigente dos potenciais da linguagem como demasiado restrito; a própria concepção instrumental da linguagem como um abuso sobre o que está facilitado. O que alguns descobrirão perdido? Gastar o excesso da linguagem com palavrório – "tagarelando como os pássaros" – é um desperdício ou, mais que isso, a perda daquilo que nos deve ser mais caro. Quanto mais o homem se engaja a tagarelar; quanto mais admite a linguagem como convenção social e ferramenta de comunicação à serviço das representações da consciência, mais a desperdiça.

5   J.W. Goethe, *Fausto*, p. 41.
6   F. Hölderlin, op. cit., p. 123.

Os poetas são aqueles que não a desperdiçam, nem mesmo para dizer o inefável. Diferem-se, entretanto, quanto à atribuição das fontes de onde são hauridos os versos que proferem. No *Fausto*, de Goethe, encontramos:

FAUSTO
Ele, do todo o abrangedor,
O universal sustentador,
Não abrange e não sustém ele
A ti, a mim, como a si próprio?
Lá no alto não se arqueia o céu?
Não jaz a terra aqui embaixo, firme?
E em brilho suave não se elevam
Perenes astros para o alto?
Não fita o meu olhar o teu,
E não penetra tudo
Ao coração e ao juízo teu,
E a obra invisível, em mistério eterno,
Visivelmente ao lado teu?
Disso enche o coração, até o extremo.
E quando transbordar de um êxtase supremo,
Então nomeia-o como queiras,
Ventura! amor! coração! Deus!
Não tenho nome para tal!
O sentimento é tudo;
Nome é vapor e som,
Nublando ardor celeste.

MARGARIDA
Tudo isso há de ser belo e bom;
Diz nosso padre quase o que disseste,
Tão só de modo algo diverso.

FAUSTO
É o que dizem no universo
Todos os corações sob a etérea paragem,
Cada qual em sua linguagem;
Por que na minha, eu, não?[7]

Fausto evoca o melhor entre os excessos da linguagem: "Ventura! Amor! Coração! Deus!" Mas se Margarida identifica a sua busca ao sermão de todos os dias do "nosso padre", àquilo já

---

7   J.W. Goethe, op. cit., 158-159.

apreendido e autorizado, então é preciso que Fausto reclame, com o seu devotado afeto, que o que diz o padre, entre tudo o que se diz afora, não é o mesmo que ele diz. Como parte de uma cultura que passou pela Reforma, ele busca a sua linguagem. É assim que ele falaria da pérola nas profundezas, pelo fôlego, impulso e entusiasmo de seu mergulho: "Aquilo que é dado a toda a humanidade, quero gozar no próprio Eu." Sutil e irreparável diferença: a linguagem é sua. Criá-la, como transformar a natureza, é a única salvação para a alma. E os anjos consentem: "Quem aspirar, lutando, ao alvo,/ À redenção traremos." A pérola de Fausto, e de Goethe, não está resguardada no fundo do mar; ela é aquilo que ele mesmo se encarrega de produzir.

Hipérion almeja menos, mas aponta um alvo além. Ele diz à natureza: se "os homens caem de você como frutas podres, oh, deixe-os sucumbir" e, assim, não espera que nenhum homem possa atribuir a si mesmo os méritos da criação; não espera que nenhum homem possa produzir de si mesmo a salvação. Com Hölderlin, os homens sucumbem; a aspiração, a intenção, a exacerbação da vontade. A exploração e o controle fracassam, e assim eles despertam novamente para a fonte a partir da qual lhes caberá – "fielmente" – encontrar uma resposta a dar.

De resto, esse século se me afigura como o tonel eternamente vazio das danaides, e minha alma jorrou esbanjando amor para preencher todas as lacunas. Então não vi mais nenhuma lacuna, e o tédio da vida não mais me oprimiu. Nunca mais disse então à flor, "você é minha irmã!", e às fontes, "somos da mesma espécie!". Fielmente, como um eco, dei a cada coisa o seu nome.[8]

Hölderlin utiliza uma referência a outro mito grego para caracterizar o olhar de seu século, a crise de seu século. As danaides, filhas de Dânaos, foram castigadas pelos deuses por assassinarem seus esposos na noite de núpcias. A condenação consiste em passar a eternidade em suplício, enchendo com jarros de água um tonel de fundo vazado. Hölderlin contrapõe esta imagem – a imagem do século, do empreendedorismo fáustico – à de uma alma que jorra esbanjando amor e, assim, preenche "todas as lacunas". A visão transfigurada pelo amor

8   Ibidem, p. 46-47.

se distingue do que se afigura aos olhos do século. Com olhos amorosos, novos contornos são descobertos no mundo e, assim, a vida é desembaraçada do tédio que levou Fausto a Mefistófeles, o tédio que, de lacuna em lacuna, a oprimia.

Comovido com as formas temporais da flor e da fonte, ele se desvencilha do tédio de seu tempo, do tempo de seu tempo, mas as lacunas retornam enquanto não encontrar o seu modo de ser. Buscar a natureza não significa, afinal, identificar-se a ela. Que o amor à natureza transborde sobre as faltas do mundo, esse é um desafio que jamais será vencido pela mera naturalização do homem ou pela *hybris* das danaides. É preciso aprender a amar aquilo que antes parecia lacunar. Como nos fala Blanchot, em sua leitura de Hölderlin: "o poeta deve tomar a seu cargo o peso da dupla infidelidade e manter assim distintas as duas esferas, vivendo puramente a separação, sendo a vida pura da própria separação, pois esse lugar vazio e puro que distingue esferas, é aí que está o sagrado"[9].

As passagens analisadas falam da experiência hölderliana com a linguagem, experiência de transformação do espaço lacunar na verdadeira morada do homem, na medida em que ele realiza ali o que lhe é mais próprio: a nomeação. No mundo lacunar, o homem nomeia e, assim, ele conquista, entre o fluxo e o ciclo, o seu tempo; ele submete o acaso à nomeação e, contra o castigo da eternidade, ele renomeia. Essa atividade, de acordo com o próprio poeta, tem, portanto, uma especificidade, enigmática fora do amor, pois nomear é, como um eco, dar fielmente a cada coisa o seu nome.

Le Non du Père

Em 1962, Foucault escreve um artigo intitulado "O Não do Pai", em alusão a Lacan e, indiretamente, a Freud, problematizando a leitura psicanalítica de grandes escritores e suas obras literárias ou poéticas. O texto é também uma resposta à publicação no ano anterior do psicanalista Jean Laplanche, cuja tese sobre Hölderlin, à luz de Lacan, adquirira grande fama. Foucault não

9   M. Blanchot, *O Espaço Literário*, p. 300.

confrontará os caminhos tomados pelo psicanalista, até lhe rendendo prestígio, mas conduzirá o debate para a questão de saber até que ponto é possível compreender uma obra por meio de uma leitura biográfica e psicológica.

O caso mais emblemático é o artigo "Dostoiévski e o Parricídio", no qual Freud detrata o escritor russo com a ideia de que a sua obra se resume a uma estrutura neurótica oriunda de seu temor ao pai; de que *Os Irmãos Karamázov* seria uma confissão da inclinação parricida cujo grande sintoma seria o seu vício pelo jogo, uma compulsão à "autopunição".[10] Também Foucault em seu artigo, nos rastros de Laplanche, analisa a referência de Hölderlin às figuras que teriam ocupado o lugar deixado pela morte prematura de seu progenitor, principalmente depois do encontro com Schiller. Há uma atenção especial aos conceitos lacanianos, mas o trabalho de Foucault não será uma mera aplicação. A função paterna, tal como proposta pela psicanálise, oferece a oportunidade de problematizar os limites entre vida e obra, assim como entre obra e loucura e entre obra e linguagem.

> Melanie Klein e depois Lacan mostraram que o pai, como terceira pessoa na situação edipiana, não é apenas o rival odiado e ameaçador, mas aquele cuja presença limita a relação ilimitada da mãe para com a criança, a qual o fantasma da devoração dá a primeira forma angustiada. O pai é aquele que separa, quer dizer, que protege quando, pronunciando a Lei, enlaça em uma experiência maior o espaço, a regra e a linguagem. [...] O não através do qual se abre essa hiância não indica que o nome do pai permaneceu sem titular real, mas que o pai jamais alcançou a nominação, e que esse lugar do significante pelo qual o pai se nomeia e pelo qual, segundo a Lei, ele nomeia permaneceu vazio. É na direção desse 'não' que infalivelmente se dirige a linha reta da psicose quando, arrojando-se para o abismo de seu sentido, ela faz surgir sob as formas do delírio ou do fantasma, e no desastre do significante, a ausência devastadora do pai.[11]

Para Freud, a figura paterna é ambivalente: é admirada e é ameaçadora, como se vê no caso do "Pequeno Hans", que transfere a uma fobia de mordida de cavalos o receio de que seu pai

---

10   S. Freud, *ESB*, v. 21, p. 220: "Quando o sentimento de culpa dele ficava satisfeito pelos castigos que se havia infligido, a inibição incidente sobre seu trabalho se tornava menos grave e ele se permitia dar alguns passos ao longo da estrada do sucesso."

11   *DE1*, p. 197.

lhe puna por disputar com ele o amor de sua mãe. Em Lacan, é ressaltado que a figura paterna é responsável por permitir à criança desvincular-se de sua mãe, constituindo, dentro de uma relação plural com o mundo, uma identidade própria. Como afirma o psicanalista francês, "É no *nome do pai* que se deve reconhecer o suporte da função simbólica que, desde o limiar dos tempos históricos, identifica sua pessoa com a imagem da lei."[12] Por meio de um jogo fonético – e lógico – entre as palavras francesas *non* (não) e *nom* (nome), Lacan reforça no pai o tradicional símbolo da lei, frente a qual todo indivíduo é convocado a responsabilizar-se. Se o "não" é o primeiro contato com a instituição da lei, em sua falta, com a perda do que na formação de um indivíduo representa a ordem e o limite, este pode ser levado também a perder a capacidade de distinguir os limites mais gerais da realidade. Na perpétua identificação simbiótica à figura materna, deixa-se de se estruturar a si mesmo pela diferenciação espacial com o mundo, pois se toma o mundo como extensão de si, podendo acarretar a psicose e a produção de delírios. Nisto consistiria a "ausência devastadora do pai", e essa forma do "não", ou seja, da ausência mais do que do interdito, é o foco desse artigo de 1962.

O filósofo faz menção a leituras de Hölderlin – subentendendo-se principalmente Laplanche – que seguiriam a direção psicologizante da obra: "Charlotte von Kalb anuncia, evidentemente, Diotima e Susette Gontard; o apego extático a Schiller que, de longe, vigia, protege e, do alto de sua reserva, diz a lei, desenha do exterior e na ordem dos acontecimentos essa terrível presença dos deuses infiéis."[13]

Foucault retoma a visão de que, na distância imposta a Fichte e aos grandes colegas de Iena, como Hegel e Schelling, há uma semelhança com aquela distância caracterizada por Hölderling como a do afastamento dos deuses. Essa experiência seria decorrente do seu próprio afastamento, e o mais significativo seria o referido a Schiller, a figura paterna. É preciso recordar, porém, que foi Hölderlin quem se afastou e, ao afastar-se, não abandonou a sua obra. Ao contrário, foi então que escreveu o *Der Tod des Empedokles* (A Morte de Empédocles)

12 J. Lacan, Função e Campo da Fala e da Linguagem, *Escritos*, p. 279.
13 *DEI*, p. 187.

e o *Hipérion*. Que se identifique uma dinâmica semelhante, a do afastamento, não significa que haja uma correspondência imediata entre os ocorridos na vida, o que se lê na obra e os símbolos da cultura. Se a ausência do pai pode ser tão devastadora para a razão, saber tomar distância, ao menos conforme o exemplo de Hölderlin, parece ser igualmente necessário para a produção de uma obra.

Foucault questiona o que é esse "mesmo" entre a vida e a obra: "Qual é essa obstinação em um 'idêntico' sempre reposto em jogo, que assegura, sem problema aparente, a passagem entre a obra e o que não é ela?"[14] Contra uma apropriação exorbitante da obra pelas leituras biográficas e psicológicas, é preciso conservar a reflexão sobre as suas diferenças.

Afora casos como "Dostoiévski e o Parricídio", a psicanálise nos ajuda a conservar a crítica, a distinguir o que é obra e o que não é. Lacan afirma que estamos inseridos no universo simbólico que herdamos, a linguagem, mas isso não significa que o discurso seja um retrato nítido do autor. Os símbolos não revelam diretamente o sujeito, mas revelam que o sujeito está na linguagem. Vê-lo fazer menção ao símbolo não deve ser o mesmo que considerá-lo o autor da lei, porém pela menção que faz à lei se verá se ele a admite e como a admite. Os símbolos pertencentes à cultura e que o sujeito assume em sua formação podem não estar claros a ele mesmo, de modo que, ao ver como ele se porta diante deles, o psicanalista que os conhece descobre um atalho aos desejos inconscientes e às implicações do sujeito com os símbolos. Fundamentalmente, é pelo modo como o sujeito se reporta aos símbolos em seu discurso que o encontramos desarmado.

Os símbolos são herdados, e é nesse sentido que cabe decifrá-los pelas convenções da tradição, porém o discurso, embora se utilize dos símbolos, não é ele mesmo um sinal transparente do que somos. O sujeito se revela em seu discurso, mas não se conclui disso que ele seja idêntico ao modo como se apresenta. É preciso, em vez disso, que a fala seja traída para que ele se revele. Como afirma Lacan: "Nesse trabalho que faz de reconstruí-la *para um outro*, ele reencontra a alienação fundamental que o

---

14 Ibidem, p. 193.

fez construí-la *como um outro*, e que sempre a destinou a lhe ser furtada *por um outro*."[15] Enquanto a interpretação dos símbolos se dirige às suas raízes históricas, as quais nos envolvem na forma da linguagem, a interpretação da fala, do discurso, pode perder-se no infinito até "obter uma confissão"[16]. Se não se pode esperar de um discurso que seja uma revelação direta do sujeito, não se há de esperar também de uma obra que seja uma imediata confissão ou que o discurso remeta a uma só determinação. Afinal, se o discurso é remetido pela psicanálise à sua alienação frente à lei, as obras de arte são irredutíveis à leitura psicanalítica porque remetem a lei a uma nova legislação.

"Há aí um muro de linguagem que se opõe à fala, e as precauções contra o verbalismo, que são um tema do discurso do homem 'normal' de nossa cultura, só fazem reforçar-lhe a espessura", propõe Lacan[17]. A precaução contra o verbalismo da confissão, contra a traição de si mesmo, é a referência para a interpretação do analista. Quando a fala se bate contra o muro da linguagem, ou seja, contra o conjunto de símbolos da tradição que têm força de lei, se produz um indício do sujeito; vê-se como ele se posiciona diante dela. É contra o muro que a interpretação será lançada na espera de encontrar o sujeito que frente a ele se bate e, quanto mais o analisando se encarrega de precaver-se contra a verbalização, mais espesso, quer dizer, mais consolidado e nítido torna-se o muro que circunscreve a sua figura. Porém, a obra não pode ser compreendida como verbalismo de precaução contra confissões, e é isso que é problemático no texto de Freud sobre Dostoiévski. Uma grande obra não esconde o sujeito da cultura, mas revela e até mesmo instaura as leis da cultura.

A questão posta por Foucault sobre os limites entre obra e loucura vai ao encontro da importância reconhecida por Lacan na lei para a constituição do sujeito e reconhece o mal que é a sua não circunscrição quando falta a baliza da lei-limite-muro, personificada pelo pai. Esta é a questão do "limite", tal como problematizada no texto de Foucault sobre Hölderlin, no qual se constata que "a obra e o *outro que não a obra* não falam da *mesma* coisa e na *mesma* linguagem, senão a partir do limite

---

15   J. Lacan, Função e Campo da Fala e da Linguagem, op. cit., p. 251.
16   Ibidem, p. 249.
17   Ibidem, p. 283.

da obra"[18]. O que interessa a Foucault, na relação entre loucura e obra, é o fato de que, como ocorre na loucura por uma ausência constitutiva, as obras modernas, o que também pode querer dizer o que elas são para a modernidade, dirigem-se a essa falta, buscam a ruptura.

O que há de particular no pensamento de Foucault sobre Hölderlin, na verdade conforme uma sugestão de Blanchot, é querer ver no limite, que desde Kant delimita a razão, não só a imposição de um "ou", a obra ou a loucura, mas um ponto de encontro, a origem de uma linguagem resguardada no "e" da loucura e da obra. Foucault vê em uma obra resvalada para a loucura o cumprimento de uma busca, o rompimento dos limites de uma linguagem em que os símbolos já estão dados, em que tudo já foi nomeado por aqueles que o pai personifica, sem que, contudo, se conquiste outra necessária nomeação. O custo dessa ruptura é a perda das referências que balizam a razão; é o risco do delírio, como Foucault constata em Nietzsche, Artaud, Roussel, além do próprio Hölderlin[19]. Se, para Lacan, o louco está na linguagem, pois partilha dos símbolos da cultura, mas não está no discurso, ou seja, não se dirige a um outro e, por isso, não tem como questão as traições da "verbalização", para Foucault a ruptura com a lei é condição para a produção da obra literária. Ambos admitem a presença da linguagem para além da submissão à razão compartilhada, pois da linguagem não se pode escapar, porém onde Lacan reconhece a perda do discurso, Foucault enxerga o passo de uma obra que precisa ser ruptura, subversão. Se Lacan ergue os muros da linguagem que permitem que toda fala ressoe a um outro, para Foucault o espaço da linguagem é intra e extramuros da cidade que aprisiona os loucos e que normatiza os discursos; e legislar para a cidade será prerrogativa daqueles que são capazes de deixá-la.

Finalmente, esse texto é responsável por revelar as concepções de linguagem e de obra que Foucault possui nesse momento de sua trajetória: a linguagem "vinda de alhures,

---

18 *DEI*, p. 196.
19 Ibidem, p. 199: "A curva desenhada pelo voo dos deuses e aquela, inversa, dos homens retornando à sua terra paterna não fazem senão uma mesma coisa com essa linha reta desapiedada que dirige Hölderlin na direção da ausência do pai, sua linguagem em direção à hiância fundamental do significante, seu lirismo em direção ao delírio, sua obra em direção à ausência de obra."

de lá onde ninguém fala"; e a obra como o seu deslocamento a outro espaço. O filósofo, então, revela que não só Hölderlin será tomado como um exemplo que esclarece tal concepção de linguagem, mas também que esta deve a ele. É Hölderlin o pai desta (não) lei.

Mais do que nossa afetividade pelo medo do nada, é em nossa linguagem que a morte de Deus ressoou profundamente, pelo silêncio que ela colocou em seu princípio, e que nenhuma obra, a não ser que ela seja pura loquacidade, pode recobrir. A linguagem então tomou uma estatura soberana; ela surge como vinda de alhures, de lá onde ninguém fala; mas só existe obra se, remontando seu próprio discurso, ela fala na direção dessa ausência.[20]

Hölderlin foi quem afastou os deuses e liberou a linguagem. "Os deuses evadiram-se" será um tema reconhecido em sua enorme força de elucidação de nosso tempo na proclamação nietzschiana da morte de Deus, e para Foucault ele engendra o estatuto soberano da linguagem. Vivemos em um tempo cujo símbolo primeiro do "não" atesta não só o interdito, a lei, mas sobretudo a sua falta, a ausência do interdito. As obras empenham-se em incorporar a falta, em produzi-la para aqueles que a ignoram; admitem construir sobre um terreno arenoso para que possam impor suas próprias delimitações. Se nenhuma obra pode recobrir toda a linguagem é porque esta surge "vinda de alhures", ultrapassando os muros da cidade e as paredes da clínica.

O não do pai e a nomeação do pai não se confundem com os ecos da linguagem. "Lá onde ninguém fala", onde o pai não impôs suas leis e onde todo falatório cotidiano silencia, é possível ouvir os pensadores radicais; é possível encontrá-los em seus próprios espaços. É essa a tarefa árdua do poeta, de recompor uma nomeação, de suprir essa ausência, esse espaço lacunar, na interlocução com vozes distantes que possam ser mais uma vez acolhidas e confrontadas. Essa é a experiência que Hölderlin revela em sua vida, em sua obra, em sua distância de Schiller e sobretudo na experiência de linguagem que nos lega[21].

20 Ibidem, p. 200.
21 Ibidem, p. 201: "Hölderlin ocupa um lugar único e exemplar: ele enlaçou e manifestou a ligação entre a obra e a ausência de obra, entre o desvio dos deuses e a perdição da linguagem."

Interpreta-se Hölderlin com Lacan, denuncia-se a sua falta da figura paterna, cuja denúncia se dirige a todos nós, órfãos do Pai. Mas poderíamos nos questionar se não é Hölderlin quem encontramos nas formulações sobre a linguagem no próprio Lacan. Em "Função e Campo da Fala e da Linguagem", o psicanalista afirma: "Ei-nos, pois, acuados contra o muro, contra o muro da linguagem. Estamos em nosso lugar, isto é, do mesmo lado que o paciente, e é nesse muro, que é o mesmo para ele e para nós, que tentaremos responder ao eco de sua fala."[22] A linguagem contra a qual se bate a fala resguarda as promessas de revelação da estrutura do sujeito, a sua formação perante o que a própria linguagem tem a lhe oferecer; e revela para o sujeito a chance de confrontar, para além do falatório impessoal; para além do não e da nomeação do pai; e também, para além dos ecos de pensadores radicais, um silêncio mais profundo que se lhe afigure como o real.

Se Freud anuncia que o homem já não é mais o senhor em sua própria casa, Lacan reconhece, com Heidegger, e ambos com Hölderlin, que "a linguagem é a casa do ser"[23]. O mistério é lidar com essa – fortuita – semelhança linguística: a linguagem é o *eco* do ser.

Para quantas direções o eco ressoa ou se dissipa? Hipérion busca refugiar-se na natureza, de acordo com a experiência grega, mas esse refúgio talvez já nos falte, de modo que somos forçados a nos ater à linguagem mesma. Racional, simbólica, poética, um campo aberto de seus lastros e perdas? Campo e tempo de autorreferência? Ainda é a resposta que lhe damos o que nos qualifica: "Foi ele [Hölderlin] quem permitiu que, sobre as encostas desse impossível topo ao qual ele chegara e que desenhava o limite, nós outros, quadrúpedes positivos, ruminássemos a psicologia dos poetas."[24]

A Saga do Dizer

Entre Hölderlin e Foucault, além de Laplanche e Blanchot, há os ensaios de Heidegger sobre a linguagem, onde encontramos: "Falamos da linguagem dando sempre a impressão de estarmos

---

22 J. Lacan, Função e Campo da Fala e da Linguagem, *Escritos*, p. 317.
23 M. Heidegger, *Sobre o Humanismo*, p. 149.
24 DE1, p. 201.

falando sobre a linguagem quando, na verdade, é a partir da linguagem que falamos."[25] E ainda: "Fazer uma experiência com a linguagem significa, portanto: deixar-nos tocar propriamente pela reivindicação da linguagem, a ela nos entregando e a ela nos harmonizando."[26] Todas as caracterizações com as quais nos deparamos de uma experiência na forma de uma "reivindicação da linguagem" e uma "harmonização" consideram que, fundamentalmente, a linguagem nos precede – em nossas consciências, em nossas escolhas, em nossa autarquia. Se isto não parece natural, é porque ainda confiamos em outra experiência de pensamento, clássica, que submete a linguagem ao sujeito e às suas ambições de controle, de modo que a linguagem, por essa via, tornou-se predominantemente um instrumento subjetivo. Como tal, ela não mais "ressoa".

Harmonizar-se, tornar-se um eco, atender ao "chamado" e ter com as palavras uma relação que "ressoa". Heidegger acolhe na filosofia a experiência de linguagem hölderliana. Tais conceitos de cunho poético o atestam. É pela escuta que pode haver harmonia; é pela escuta que se acessa os ecos do passado, e o pensador e o poeta tornam-se, então, eles também, integrados ao eco: "Quando os mortais levam à plenitude uma escuta verdadeira, há decerto um envio sábio."[27] A sabedoria é uma meditação sobre o eco, é um recolhimento na linguagem de forma a desfazer-se do seu aspecto instrumental em favor de uma dedicação à sua história. O pensamento meditativo é, portanto, o caminho para uma nomeação em que o homem dá fielmente a cada coisa o seu nome, o que significa, no pensamento heideggeriano, restituir a coisa, o "ente", à sua história.

Quando o homem abdica de um suposto poder de controle, que pressupõe que as coisas não possuem nenhuma propriedade histórica, permitindo-lhe tornar-se o seu proprietário; quando, em vez de atribuir um nome qualquer, ele busca atender à implicação entre ser e dizer dada pela historicidade dessa relação, pelo fato de que dizer sabiamente requer que se atenda ao já dito sobre a coisa, o ente, então ele se torna "ouvinte", ele participa desse envio histórico.

---

25 M. Heidegger, *A Caminho da Linguagem*, p. 148.
26 Ibidem, p. 121.
27 Idem, *Ensaios e Conferências*, p. 192.

A temporalidade da linguagem é chamada por Heidegger "saga"[28]. Quando o signo, em vez de ser resultado de uma nomeação arbitrária, pertence à saga, ou seja, quando é devolvido à sua história, quando é mostrado em seu caminho, quando há uma escuta e responde-se a esse eco, o signo nomeado tem vigor. Portanto, a experiência extraordinária da linguagem, a experiência de seu vigor, é aquela na qual há pertencimento, harmonização – eco, esse estranho nó do tempo e do espaço.

Fundamentalmente, não haverá jamais uma linguagem que seja de todo "minha". Se, no âmbito criador da linguagem, o homem encontra respostas, é porque em primeiro lugar ele soube escutar; ele pôde "retornar à raiz". Destarte, a cada vez se pode encontrar um lugar próprio nessa saga, o que não significa romper com a história, negar o envio no qual se está incluído, isolar-se nos confins do mundo para brincar de reinventá-lo ou buscar redenção nas leis do progresso, mas levar adiante o que já foi pensado, abrir um novo caminho que aproxime mais uma vez e de outra forma todas as coisas que estão em uma relação de eco, de mútua influência, e entre as quais está o próprio homem. Conforme esta citação, que Heidegger oferece de um texto tardio de Goethe:

> Muito se pode ainda designar
> Do que se está por temer e desejar,
> Mas porque na gratidão se apropria
> É a vida digna de apreço e alegria.[29]

Quanto mais ávido o homem se entrega ao desafio de ter tudo sob controle, mais urgente se torna a redescoberta da experiência de nomeação. Nomear, designar, é produzir com base em um eco, em uma mútua influência com o que a própria linguagem nos dá a pensar, quando temos gratidão.

Para Foucault, em *As Palavras e as Coisas*, a busca de um caminho livre contra as determinações do classicismo, que tomam a linguagem como expressão de representações subjetivas, teria conduzido Hölderlin, Nietzsche e Heidegger a buscarem uma origem extraordinária e a supostamente

---

28 Dem Grossherzog Karl August zu Neujahr (O Grão-Duque Carlos Augusto no Ano-Novo, 1828), apud M. Heidegger, *A Caminho da Linguagem*, p. 202: "*Sagan*, a saga do dizer significa: mostrar. Deixar aparecer, deixar ver e ouvir."
29 Ibidem, p. 208.

encontrá-la, sobretudo entre os gregos, como uma dimensão poética da linguagem. O âmbito referido ao que está além do sujeito é estabelecido por meio de um retorno à origem, por um "condizer" com o tesouro da linguagem. A distância de Foucault desses mestres corresponderá à distância da origem não de onde eles partem, mas da origem que eles buscam.

Em oposição a esse retorno que ainda que não seja feliz é perfeito, delineia-se a experiência de Hölderlin, de Nietzsche e de Heidegger, em que o retorno só se dá no extremo recuo da origem – lá onde os deuses se evadiram, onde cresce o deserto, onde a *tékhnê* instalou a denominação de sua vontade; de maneira que não se trata aí de um fechamento nem de uma curva, mas antes dessa brecha incessante que libera a origem na medida mesma de seu recuo; o extremo é então o mais próximo.[30]

O modelo do "condizer", da harmonização, do eco, que, segundo Foucault, faz da origem o extremo simultaneamente mais próximo, modelo no qual se subtrai a linguagem do império subjetivo, encontra, em *As Palavras e as Coisas*, uma expressão polêmica: "o homem não é o mais velho problema nem o mais constante que se tenha colocado ao saber humano. [...] O homem é uma invenção cuja recente data a arqueologia de nosso pensamento mostra facilmente. E talvez o fim próximo"[31]. O fim do homem, sugerido como possibilidade em *As Palavras e as Coisas*, se insinua no campo da diferença entre a autonomia do homem, sua soberania e estatura, e o compromisso moderno com o ser da linguagem. A esse momento, a filosofia, a psicanálise e a poesia já haviam se encontrado no reconhecimento de que, para além do ego, não escapamos da linguagem que, em seu ser, é pensada desde Hölderlin como eco.

O OLHAR DA CLÍNICA E A REVISÃO

O Primado da História

A articulação entre história, filosofia e medicina é um dos interesses constantes de Foucault, sendo *O Nascimento da Clínica*, de

---

30 PC, p. 461.
31 Ibidem, p. 536.

1963, uma obra emblemática para a compreensão das estruturas formais de seu pensamento. Uma questão posta por C. Dumas, autor desconhecido dentro do cânone filosófico, exprime uma indagação do próprio Foucault: "Por que separar a ciência dos médicos da dos filósofos? Por que distinguir dois estudos que se confundem por uma origem e um destino comuns?"[32]

Desde 1954, em *Maladie mentale et personnalité*, Foucault contrariava a crença na existência de "metapatologias". O mistério do mal essencial, anterior a todo sintoma, inferido com base nos fenômenos efetivos, é recusado em favor do primado da empiria. Na outra ponta de sua trajetória, em *A Hermenêutica do Sujeito*, de 1982, Foucault ainda se dedica à relação entre medicina e filosofia. Há uma tentativa constante de demonstrar rupturas históricas que sugerem o "nascimento" de uma experiência e, comparando os seus diferentes estudos, somos levados a reconhecer que se trata de subtrair da filosofia o seu primado sobre outros saberes.

Lemos na obra de 1982: "A própria prática de si, tal como a filosofia a define, designa e prescreve, é concebida como uma operação médica. No centro, certamente, encontra-se a noção fundamental de *therapeúein*."[33] Enquanto em *A Hermenêutica do Sujeito* está em questão o modo como teria predominado na filosofia, antes da investigação epistemológica, um saber prático, terapêutico, oriundo do saber médico, em *O Nascimento da Clínica* se trata do modo como, a partir de Hipócrates, nota-se uma subordinação inversa, da medicina à filosofia: "Depois que Hipócrates reduziu a medicina a sistema, a observação foi abandonada e a filosofia nela se introduziu."[34]

Em *O Nascimento da Clínica*, Foucault considera que a clínica resgata um procedimento anterior à sistematização filosófica, privilegiando mais uma vez a observação, e esse procedimento seria ao mesmo tempo a origem de características da modernidade que nos permitiriam – por critérios e objetivos distintos daqueles analisados em *A Hermenêutica do Sujeito*, mas por um procedimento formalmente semelhante – falar de descontinuidades. O "nascimento da clínica" possui valor

32 NCl, p. 115.
33 HSU, p. 120.
34 NCl, p. 59.

de signo para a explanação da origem de uma experiência de conhecimento sensualista e experimental, na qual estaria inserida a própria filosofia. Se ao introduzir a filosofia na medicina Hipócrates transformara o saber médico, agora seria a clínica que, ao introduzir-se, ou ao reintroduzir-se como raiz e paradigma, transforma a filosofia.

No jogo entre a filosofia e a medicina, é possível reconhecer, portanto, a tentativa de demonstrar não só descontinuidades, mas torções de influência. Posicionando a cada vez limites uma frente a outra, elas acabam por estabelecer também modelos para a transformação da outra. Nesse jogo entre as duas disciplinas, mais do que à medicina, o primado é reivindicado para a história. Todavia, isto não elimina o desafio de compreender que modo é esse de investigação filosófica da história, e se nessa aparente coesão histórica há também uma efetiva coerência filosófica.

A Clínica e o Outro

Se, em 1982, a terapia é caracterizada como uma prática de si, um "cuidar-se, ser seu próprio servidor e prestar um culto a si mesmo", o modelo da clínica a servir de paradigma para a filosofia, tal como analisado em 1963, não diz respeito a uma volta do sujeito sobre si, mas a um direcionamento ao outro. A clínica é uma prática sobre o outro, não só pelo modo como se domina um acontecimento que nele se dá sem que ele possa compreendê-lo; também pelo modo como é encontrado no outro um meio de objetivar a si próprio. Os temas do lirismo e da antropologia, comuns a uma experiência poética e à medicina, a Hölderlin e a Bichat[35], não significam, portanto, que o homem encontra em si, individualmente, a resposta às suas perguntas, o seu princípio e o seu fim; não quer dizer que cada um se baste em sua realidade íntima. Significa, ao contrário, que o homem se torna objeto e se coloca em questão por meio dos outros.

---

35 Ibidem, p. 218: "A importância de Bichat, de Jackson e de Freud na cultura europeia não prova que eles eram tanto filósofos quanto médicos, mas que nessa cultura o pensamento médico implica de pleno direito o estatuto filosófico do homem. Essa experiência médica está por isso mesmo aparentada com uma experiência lírica que procurou sua linguagem de Hölderlin a Rilke."

História da Loucura analisara uma prática sobre o outro sem reciprocidade e retorno: o médico, na época clássica, não se reconhece no louco e não há nada que este possa lhe ensinar a seu respeito. É exatamente a inversão dessa regra no procedimento de Foucault o que torna aquele trabalho tão original e moderno, pois ele há de propor que, onde não se via uma reciprocidade, é preciso vê-la; é preciso retratar a razão com base nas supostas extrapolações da loucura. O que havia até então era a concepção de que a loucura, ao menos na época clássica, é ausência de sanidade e não uma funcionalidade prejudicada. Há, portanto, entre a época clássica e a modernidade, essa diferença de atitude e de postura, com a qual, primeiramente, toma-se a si mesmo como modelo de compreensão do outro e, posteriormente, no modelo moderno, o inverso: toma-se o outro como maneira de compreender a si mesmo. A clínica do organismo parece situar-se além das fronteiras determinadas para a época clássica, quando a razão, na busca de objetivação do outro, engendrou tragicamente sua própria alienação.

A diferença entre esses dois modelos é evidenciada quando aproximamos as duas obras, de 1961 e de 1963. A doença para o saber da clínica não é ausência de funcionalidade, mas perda na qualidade de uma funcionalidade, ao ponto em que a funcionalidade mesma só se revela na perda de sua qualidade. Enquanto o paciente estiver vivo, o médico terá a percepção simultaneamente de uma função ativa e prejudicada. A doença do organismo é para o médico um retrato que possibilita deduzir o que é a saúde: "Reconhece-se a vida na doença."[36] Como jamais a razão teria admitido reconhecer-se na loucura.

A existência de uma condição comum entre o médico e o paciente não elimina, todavia, o problemático aspecto moral dessa relação. Em *História da Loucura*, há uma apropriação da alteridade conforme o modo como a loucura submete-se à norma instituída por aquele mesmo que se detém a analisá-la, julgando o outro com base em seu próprio comportamento ou com base na marcha cosmopolita do progresso ao qual acredita integrar. Em *O Nascimento da Clínica*, o problema moral se baseia nos abusos da identificação com o outro, no fato de

---

36 Ibidem, p. 6.

que é possível utilizar-se do organismo do outro para o favorecimento do seu próprio organismo.

O problema moral mais importante que a ideia clínica suscitava era: com que direito se podia transformar em objeto de observação clínica um doente que a pobreza obrigava a vir pedir assistência no hospital? Ele requisitava uma ajuda de que era sujeito absoluto, na medida em que esta havia sido concebida para ele, e ele é agora requisitado para um olhar, de que é o objeto, e objeto relativo, pois o que nele se decifra é destinado a melhor conhecer os outros.[37]

O que Foucault apresenta em *O Nascimento da Clínica* é a sugestão de que houve, nas bases da filosofia moderna, a influência do conhecimento médico – o olhar da clínica como outra forma de racionalidade; a percepção do outro como experiência de implicação e de comunhão, que prenuncia o desaparecimento moderno do sujeito ou, conforme a expressão de *As Palavras e as Coisas*, o "fim do homem". Prenuncia, como veremos, a substituição do sujeito autocrático pelo primado da linguagem. Com *O Nascimento da Clínica*, Foucault realiza também um diagnóstico do nosso tempo, menos por meio de alicerces do que por contrastes, revelando o pensamento filosófico moderno sem a mesma concepção tradicional de que a filosofia estabelece os princípios dos demais saberes. Ele reconhece nas reviravoltas da medicina o "nascimento" de intuições filosóficas. Porém, isso implica uma série de problemas, entre os quais a dificuldade de se estabelecer qual é a filosofia que vemos ali nascer, se é que há de fato uma filosofia hegemônica na modernidade. E, como se isso não bastasse, a dificuldade de compreensão desse trabalho é agravada pelas alterações posteriores empreendidas sobre o texto original, dando a entender que não se trata somente de uma convergência entre caminhos distintos da filosofia, mas de a cada versão de *O Nascimento da Clínica* privilegiar uma filosofia, sempre pretendendo respeitar o vínculo com a mesma medicina. Na medicina haveria raízes de uma experiência filosófica que, contudo, é passível de reformulação. A relação sutil, com diferenças tênues, entre realizar um diagnóstico dos fundamentos filosóficos e servir-se desses mesmos fundamentos

---

37 Ibidem, p. 91.

se torna ainda mais obscura quando, sobre um mesmo texto, cujas marcas não poderão ser todas apagadas, surgem outras que falam de diferentes diagnósticos e de seus vínculos com uma nova filosofia.

Antes de empreendermos um exame da revisão de Foucault de seu próprio trabalho, comparando não diferentes estudos, mas duas versões do mesmo estudo, atenhamo-nos brevemente ao que ficou inalterado.

A Singularidade da Epidemia

Em *História da Loucura*, Foucault busca desmitificar as descobertas que tratam a doença mental como se elas atingissem uma verdade naturalmente dada. O que as ciências descobrem acerca desses fenômenos é o que uma conjuntura histórica permite. A doença não escapa, portanto, de uma referência ao corpo social. "Quanto mais complexo se torna o espaço social em que está situada, mais ela se *desnaturaliza*."[38] O único lugar natural da doença é aquele de seu *habitat*, onde se instalou, onde costuma tornar-se visível. A família, que em *História da Loucura* fora reconhecida como o critério da normalidade, é apresentada em *O Nascimento da Clínica* como o espaço em que a doença é, antes de qualquer outro, admitida e assistida: "O lugar natural da doença é o lugar natural da vida – a família; a doçura dos cuidados espontâneos, testemunho do afeto, desejo comum de cura, tudo entra em cumplicidade para ajudar a natureza que luta contra o mal."[39]

O conhecimento do mal não pode ser separado das condições em que está inserido. É preciso, da mesma forma como *História da Loucura* analisa práticas de exclusão, compreender como a sociedade, na época clássica, interagiu com a doença, como lidou com suas ameaças, e perceber também se desde então a doença comporta potenciais que podem se reverter em benefícios. Afinal, recuperar a saúde significa recuperar força de trabalho, e encontrar cuidado em instituições suportadas pelo

---

38 Ibidem, p. 16.
39 Ibidem, p. 18.

Estado retira o ônus da família, permitindo aos demais membros trabalharem. Acima de tudo, identifica-se uma enorme vantagem na coletivização social dos fenômenos patológicos que atingem os indivíduos à medida que a análise de "casos" amplia a produção de conhecimentos sobre a doença que potencialmente pode acometer todos, seja qual for a classe social a que pertencem. A criação de instituições que oferecem tratamento médico mantido à base de impostos dá a impressão de que a sociedade se torna mais generosa e altruísta, quando, na verdade, ela organiza um sistema recíproco de ganhos.

Do mesmo modo como a prática social de exclusão do louco encontrou em *História da Loucura* uma referência inicial no tratamento da lepra, em *O Nascimento da Clínica* há um tipo de acontecimento patológico que impõe à sociedade uma abordagem coletiva da doença: a epidemia. Tendo-a em vista, não se trata de ganhos na ordem da probabilidade para os indivíduos que pagam seus impostos e veem o dinheiro que depositam ser convertido em benefício imediato a outro, ou de ganhos para o Estado, que é fortalecido pela saúde da mão de obra necessária ao seu desenvolvimento. A epidemia é a constatação de uma realidade que atinge ou ameaça a todos e que, por isso, exige uma solução para todos. Todavia, há também uma diferença em relação à doença individual, uma espécie de mecanismo inverso, pois, se a doença individual deve ser abstraída do doente para que se produza um conhecimento que sirva a todos, a epidemia terá, ao menos no século XVIII, a atenção de uma análise singular. Ela terá o privilégio da particularidade que o olhar não concede aos indivíduos: ela "tece em todos os doentes uma trama comum, mas singular, em um momento no tempo e em determinado lugar do espaço".[40] Esse privilégio não se baseia em uma distinção moral, na ideia de que é preciso dar a um grupo um tratamento especial que nenhum indivíduo isolado é digno de ter. A razão da distinção é eminentemente da ordem do conhecimento, porque se acredita que a epidemia surge de um contexto específico: "A essência da epidemia não é a peste ou o catarro; é Marselha em 1721, é Bicêtre em 1780; é Rouen em 1769."[41] Portanto, mais do

40 Ibidem, p. 25.
41 Ibidem, p. 23-24.

que identificar as características da doença, quais são os seus sintomas ou quais relações de semelhança definem a sua classe, para evitar o surgimento da epidemia ou para tratá-la é preciso cuidar das condições espaço-temporais nas quais vivem os homens: "O fundamento essencial é definido pelo momento, pelo lugar, por este 'ar vivo, picante, sutil, penetrante', que é Nîmes durante o inverno, por outro, pegajoso, espesso, pútrido que se conhece em Paris, quando o verão é longo e pesado."[42] Conhecimentos que resistem à sistematização e confirmam um primado empírico no exame da história, mas que atestam a existência de critérios espaço-temporais que visam explicar e impedir que se cumpra uma recorrente ameaça de extinção.

O Nascimento da Anatomoclínica

Para além da análise de um contexto social, em *O Nascimento da Clínica*, há múltiplas cartografias do corpo, diferentes "atlas anatômicos", com foco nos seus fenômenos patológicos. O livro privilegia três abordagens gerais: a medicina classificatória e duas experiências da clínica, uma dedicada aos sintomas de superfície, e outra, a anatomoclínica, que desvenda no interior dos cadáveres as lesões dos tecidos.

A respeito da primeira, a medicina classificatória, Foucault afirma que "antes de ser tomada na espessura do corpo, a doença recebe uma hierarquização em famílias, gêneros e espécies"[43]. O saber médico empreende, a esse momento, a formação de um "quadro nosológico" que reproduz, dentro de um quadro mais amplo, a classificação natural dos seres segundo um método comparativo, dependente do olhar. Desde cedo sabemos, então, que o saber da clínica, quando acompanharmos seu nascimento, não poderá diferenciar-se meramente por privilegiar o olhar. Será preciso discernir em cada um desses saberes como o novo tipo de olhar é caracterizado.

A medicina classificatória se sustenta sobre "um jogo de envolvimentos, subordinações, divisões e semelhanças",

---

42 Ibidem, p. 24.
43 Ibidem, p. 2.

sobretudo semelhanças: "na ordem dos derrames, o catarro está para a garganta assim como a disenteria está para o intestino"[44]. No fim do século XVIII, a analogia e o discernimento se encontram em um mesmo procedimento comparativo, de sobreposição espacial e em busca de simetrias. O que caracteriza a medicina classificatória são as correspondências. "É um espaço em que as analogias definem as essências."[45] Em suma, se o saber da medicina classificatória detém-se em tal análise comparativa, é por um grau de adensamento que se desvendará a essência de uma doença: "Quando se tornam bastante densas, essas analogias ultrapassam o limiar do simples parentesco e acedem à unidade de essência."[46] Não uma cisão entre semelhanças visíveis e a essência abstrata e única da representação. É por um processo de comparação sucessiva que a medicina deduz as essências, e o quadro nosológico, que corresponde no plano inteligível às afinidades sensíveis, confirma as relações de parentesco pela organização das semelhanças em famílias, gêneros e espécies.

Entretanto, é preciso reconhecer também os problemas decorrentes desse procedimento. O médico deverá abstrair o doente para ver a doença e, acima do médico, comandando-o e fazendo dele os seus olhos vivos, a medicina dará, novamente por um espaço de analogia, os tratamentos que convém ao paciente. "O olhar do médico não se dirige inicialmente ao corpo concreto, ao conjunto visível, à plenitude positiva que está diante dele – o doente."[47] O médico dirige-se, antes de tudo, ao modelo com o qual ele poderá ler os fenômenos. Mas como vencer essas distâncias? Como resolver a diferença entre o lugar abstrato em família e a sede no organismo presente? Ou ainda, como se livrar das prescrições dadas pelas relações de família para encontrar, no caso particular, uma solução precisa? Será dessa maneira que o olhar que converge as essências com os dados concretos se abrirá a uma tarefa infinita de interpretação. "Percepção sutil das qualidades, das diferenças de um caso a outro, fina percepção das variantes – é preciso toda uma

---

44   Ibidem, p. 3.
45   Ibidem, p. 5.
46   Ibidem.
47   Ibidem, p. 7.

hermenêutica do fato patológico a partir de uma experiência modulada e colorida; medem-se variações, equilíbrios, excessos ou defeitos."[48]

Será desse segundo aspecto, que é o privilégio do particular sobre a família, que surgirá uma clínica sem os anteriores compromissos, em favor de "uma aguda percepção do singular, liberada das estruturas médicas coletivas, livre de qualquer olhar de grupo e da própria experiência hospitalar"[49]. Mas sobre qual inteligibilidade, então, se sustentará a clínica? Não mais um procedimento que aproxima os indícios de parentesco recusando as diferenças, a clínica toma como elemento de sua nova lógica o "sintoma", a ideia de que um significado oculto a ser decifrado está velado sob as manifestações visíveis do significante. O eixo de análise torna-se exponencial, pois essa ideia implica não a participação no gênero, mas uma clínica da progressão invisível: "Os sintomas deixam *transparecer* a figura invariável, um pouco em recato, visível e invisível, da doença."[50] Se há algo de invisível na doença, não se trata mais de uma essência metapatológica, como não se trata ainda daquilo que está oculto sob a pele, entre as vísceras, mas da forma temporal da doença. O eixo exponencial é a sua linearidade progressiva, e decifrar o sintoma será compreender qual é o processo equivalente ao signo que está diante dos olhos: "O signo anuncia: prognostica o que vai se passar; faz a anamnese do que se passou; diagnostica o que ocorre atualmente."[51] Enfim, a realidade não revelada só está oculta porque ainda não se manifestou, e os sintomas são indícios de uma totalidade que poderá a um momento se manifestar no espaço do corpo, a morte.

O que se encontra oculto não possui, portanto, outra realidade, metafísica; não está escondido em outro lugar: "Para a clínica, toda a verdade é verdade sensível."[52] O invisível é somente o que ainda não encontrou o seu momento; a doença não é senão um conjunto de sintomas; e a tarefa do médico é ver no sintoma o signo de uma história que pode se repetir em outro corpo.

---

[48] Ibidem, p. 13.
[49] Ibidem, p. 15.
[50] Ibidem, p. 98.
[51] Ibidem.
[52] Ibidem, p. 133.

Como, porém, delimitar o campo de visão? Se a doença interage com o organismo, e suas causas e seus efeitos irradiam-se, como evitar que o diagnóstico não seja também ilimitado? Sintomatologia é também interpretação? Porque a visão da doença com base em sintomas acarreta um jogo ilimitado entre os signos, o fato de que um significante sempre pode evocar outro sem fugir e sem esgotar o significado da doença e de seu oposto, a saúde, lidamos ainda com um modelo hermenêutico. Sem um quadro nosológico ou uma identidade essencial que delimite o trabalho, a tarefa de decifração pode, por princípio, estender-se em uma interpretação infinita: "A medicina não tem mais que ver o verdadeiro essencial sob a individualidade sensível; está diante da tarefa de perceber, e infinitamente, os acontecimentos de um domínio aberto. A clínica é isso."[53]

Depois da clínica dos sintomas, surgirá, não por uma constatação das limitações internas de tal sistema, mas por condições sociais que o permitem, um novo paradigma médico. Antes espaço proibido, a morte deixa de representar meramente a derrota para se tornar oportunidade de descobertas. Os cadáveres, "antes miserável presa dos vermes, tornaram-se a fonte fecunda das mais úteis verdades"[54]. No momento em que a clínica investe nas profundezas do corpo, seguindo a orientação de Bichat – "abram alguns cadáveres"[55] –, nasce a experiência anatomoclínica, a terceira forma de experiência médica, correspondente a uma terceira espacialidade da experiência em geral. Foucault diz que o próprio Bichat garante a duas dessas experiências clínicas um fator comum – "O olho de Bichat é um olho de clínico, porque concede um absoluto privilégio epistemológico ao *olhar de superfície*"[56] –, mas os dois modelos de clínica não devem ser reduzidos a uma identidade que faça esquecer suas diferentes superfícies, a da pele que recobre todo o corpo e as dos tecidos que formam cada órgão. Não mais atividade de interpretação, a percepção encontrou o seu necessário limite: "A análise tissular, que era originariamente genérica, tomou rapidamente o valor de uma regra de localização."[57]

53 Ibidem, p. 106.
54 Ibidem, p. 137.
55 Ibidem, p. 162.
56 Ibidem, p. 142.
57 Ibidem, p. 155.

Há, em cada uma, ganhos a se oferecer e também limitações: "Relatando apenas o visível, e na forma simples, final e abstrata de sua coexistência espacial, a anatomia não pode dizer o que é encadeamento, processo e texto legível na ordem do tempo. Uma clínica dos sintomas procura o corpo vivo da doença; a anatomia só lhe oferece o cadáver."[58] Os sintomas apontam para um processo que se irradia e atrai a clínica para uma tarefa de intepretação infinita, portanto, sem precisão local. A anatomia, por outro lado, investiga um ponto determinado, a "sede" de uma "lesão", mas não pode sozinha deduzir o encadeamento que, de uma lesão a outra, forma a totalidade da doença. Ambas, clínica e anatomia, não reduzidas uma a outra, são então justapostas, na forma da anatomoclínica. O livro de Foucault tem por objeto principal o nascimento da "anatomoclínica": "Na experiência anatomoclínica, o olho do médico deve ver o mal se expor e dispor diante dele à medida que penetra no corpo, avança por entre seus volumes, contorna ou levanta as massas e desce em sua profundidade."[59]

Aquém de toda metapatologia, Foucault conclui: "A doença nada mais é do que um movimento complexo dos tecidos em reação a uma causa irritante: aí está toda a essência do patológico, pois não mais existem nem doenças essenciais nem essências das doenças."[60] Do mesmo modo como não há mais verdades e saberes essenciais, mas resultados de tramas sociais e configurações históricas que sustentam concepções adequadas embora provisórias, também a doença, que é objeto desse saber, não possui uma essência; ela é resultado de uma "causa irritante" que altera a configuração que tinha até então o organismo.

Determinar a "causa irritante" requer, contudo, que toda a pluralidade da análise, em seus aspectos fisiológicos, como também sociais, históricos e culturais sejam reconhecidos como parte do conhecimento sobre a doença. Afinal, a linguagem não é apenas uma maneira de comunicar o que se apresenta ao olhar, mas algo que permite ao olhar reconhecer o que ele tem à sua frente.

---

58   Ibidem, p. 147.
59   Ibidem, p. 150.
60   Ibidem, p. 209.

Anatomia de uma Revisão

Em *História da Loucura*, *O Nascimento da Clínica* e *As Palavras e as Coisas*, encontramos um padrão nos prefácios. Apesar de, geralmente, as partes paratextuais de uma obra serem tomadas como complementos, em Foucault elas ocupam uma posição de destaque. Não é possível abordá-las como conjuntos de informações que poderiam ficar à margem da trama conceitual.

História da Loucura reúne registros de práticas de exclusão daqueles considerados alienados e, em seu prefácio, que foi posteriormente suprimido, encontramos grande densidade do teor conceitualmente filosófico do trabalho: a relação razão-desrazão na história frente ao pano de fundo, ou ao horizonte, da linguagem. A posterior supressão do prefácio libera a obra para que um novo foco filosófico possa ali se deter ou mesmo para que a filosofia não seja assumida como foco principal. Não é por acaso que os três prefácios referidos se dedicam ao tema da linguagem, pois a linguagem é o problema em comum entre as diferentes obras arqueológicas. Seguir a história dos prefácios é um caminho consistente para compreender as transformações no pensamento desse autor, pois neles encontramos os pontos mais sensíveis e em construção.

Na primeira linha de *O Nascimento da Clínica*, Foucault afirma: "Este livro trata do espaço, da linguagem e da morte; trata do olhar."[61] O que nele encontramos é o espaço da linguagem e o espaço da morte ou será o espaço, a linguagem e a morte como diferentes instâncias? O olhar é algo que deve destacar-se no compêndio desses assuntos ou é aquilo que os reúne? A reunião do olhar e da morte revela a natureza da referida espacialidade?

A respeito de Bayle, que é uma entre muitas personagens pouco conhecidas para a filosofia e que participam do "nascimento da clínica", que é também um renascimento para a filosofia, Foucault afirma que a sua palavra, "em sua precisão qualitativa, guia nosso olhar por um mundo de constante visibilidade, enquanto o texto precedente nos fala a linguagem, sem suporte perceptivo, das fantasias"[62]. Surge uma nova linguagem

---

61 Ibidem, p. vii.
62 Ibidem, p. viii.

que respeita a visibilidade, que permanece sobre o "suporte perceptivo" e que se opõe a uma velha linguagem, que nos guiava para a fantasia, pois ela mesma provinha da fantasia. Porém, de onde surgiu a decisão em detrimento da fantasia e a favor do suporte perceptivo senão de um conflito já decidido na própria linguagem? O que estabeleceu para o olhar o seu primado? É-nos ou não permitido ver e dizer a forma que está diante de nós, segundo o modo como somos guiados pela linguagem; e se ela não nos retém à percepção da forma que víamos, então a própria linguagem liberou o nosso olhar para algo que antes ele não via. Portanto, não se trata apenas do surgimento do primado do olhar, mas também do surgimento de uma nova experiência de linguagem.

Não se trata mais de correlacionar um setor perceptivo e um elemento semântico, mas de dirigir a linguagem para a região em que o percebido corre o risco de escapar, em sua singularidade, à forma da palavra e de tornar-se finalmente imperceptível por não poder ser dito. De modo que descobrir não será mais, finalmente, ler, sob uma desordem, uma coerência essencial, mas prolongar a linha de espuma da linguagem, fazê-la atingir a região de areia que ainda está aberta à clareza da percepção, mas não mais à palavra familiar. Introduzir a linguagem na penumbra em que o olhar não tem mais palavras. Trabalho duro e tênue; trabalho que faz ver.[63]

O Nascimento da Clínica trata de um momento em que o saber médico assume a fidelidade ao suporte perceptivo não porque os homens se cansaram das fantasias, mas porque há mais a perceber, quantitativa e qualitativamente. Os corpos foram abertos e há instrumentos, como o microscópio, que levam a visão para além de seu alcance anterior. Uma renovação na sociedade, em sua moral, em suas práticas e em suas técnicas, certamente pertence ao campo dessas condições de possibilidade, assim como todo o campo de interlocuções semânticas dentro do qual esses eventos estão em jogo. Embora concretas, tais condições não podem ser completamente discernidas e mapeadas, pois não se pode determinar o que suporíamos ser uma rede de causalidades. Diz-se, então, que: "O que mudou foi a configuração surda em

63 Ibidem, p. 187-188.

que a linguagem se apoia, a relação de situação e de postura entre o que fala e aquilo de que fala."[64]

Tão profundos são os mistérios que concernem à linguagem que, em seu lugar, a análise dos discursos adquirirá cada vez mais relevância, sobretudo quando a genealogia, um novo procedimento nas investigações do filósofo, discernir nas práticas discursivas as implicações com o poder em uma esfera basilar. O pensamento de Foucault, pelo desafio que assume, é um importante diagnóstico do modo como ainda nos enredamos nesta dupla forma, a linguagem e o discurso, que são o acesso àquilo com que nos ocupamos: a história. A dupla forma que articula linguagem e discurso é o dilema que produz revisões na arqueologia e que o conduz cada vez mais a outra dupla forma: discurso e poder. Veremos agora um recorte dessa reviravolta.

Ao olharmos as referências dessa obra, vemos indicado que ela foi produzida no ano de 1963. Seria correto afirmar isso quando se descobre que a obra que lemos não é integralmente a mesma de 1963? Devemos relevar as alterações como se fossem meramente um capricho estilístico, como se nelas se tratasse de um aperfeiçoamento de clareza, como se o que o autor disse anteriormente não tivesse sido exatamente o que ele quis dizer? Isso seria uma ingenuidade, pois as alterações são conceituais e têm implicações muito significativas.

Na versão de 1972, que hoje encontramos nas livrarias, lê-se:

Falar sobre o pensamento dos outros, procurar dizer o que eles disseram é, tradicionalmente, fazer uma análise do significado. Mas, é necessário que as coisas ditas, por outros e em outros lugares, sejam exclusivamente tratadas segundo o jogo do significante e do significado? Não seria possível fazer uma análise dos discursos que escapasse à fatalidade do comentário, sem supor resto algum ou excesso no que foi dito, mas apenas o fato de seu aparecimento histórico? Seria preciso, então, tratar os fatos de discurso não como núcleos autônomos de significações múltiplas, mas como acontecimentos e segmentos funcionais formando, pouco a pouco, um sistema. O sentido de um enunciado não seria definido pelo tesouro de intenções que contivesse, revelando-o e reservando-o alternadamente, mas pela diferença que o articula com os outros enunciados reais e possíveis, que lhe são contemporâneos ou

---

64 Ibidem, p. IX.

aos quais se opõe na série linear do tempo. Apareceria, então, a história sistemática dos discursos.[65]

Tudo se passa como se Foucault tivesse contextualizado a experiência do comentário para em seguida recusá-la em favor da "história sistemática dos discursos", análise empírica e positiva dos arquivos segundo a raridade e o acúmulo dos enunciados. Mas não foi isso que se passou de início.

Em 1963, em vez de recusar o comentário pelo jogo do significante e do significado, de pressupor, nos significantes, intenções que corresponderiam ao significado original, Foucault o recusa em favor de uma análise estrutural do significado que revele sua adequação originária com o significante, que o tome em sua forma sistemática. No lugar de uma "história sistemática do discurso", o que originalmente encontramos é uma "forma sistemática do significado". A análise estrutural viria, mais uma vez, suprir as fraquezas de um tratamento do comentário que o toma como exercício indeterminado de decifração simbólica[66].

---

65 Ibidem, p. xvi.
66 NC63, p. xiii: "Falar sobre o pensamento dos outros, procurar dizer o que eles disseram é, tradicionalmente, fazer uma análise do significado. Mas é necessário que o significado não seja jamais tratado senão como conteúdo? Como um encadeamento de temas presentes uns aos outros sobre um modo mais ou menos implícito? Não seria possível fazer uma análise estrutural do significado que escapasse à fatalidade do comentário, deixando significado e significante em suas adequações de origem? Seria preciso, então, tratar os elementos semânticos, não como os nós autônomos de significações múltiplas, mas como segmentos funcionais, que passo a passo formam um sistema. O sentido de uma proposição não seria definido pelo tesouro de intenções que ela conteria, de uma vez o resguardando e revelando, mas haveria sentidos possíveis, que sejam contemporâneos ou aos quais ela se opõe na série linear do tempo. Apareceria, então, a forma sistemática do significado". ("Par définition, parler sur la pensée des autres, chercher à dire ce qu'ils ont dit, c'est faire une analyse du signifié. Mais est-il nécessaire que le signifié ne soit jamais traité que comme un contenu? Comme un enchaînement de thèmes présents les uns aux autres sur un mode plus ou moins implicite? N'est-il pas possible de faire une analyse structurale du signifié qui échapperait à la fatalité du commentaire en laissant en leur adéquation d'origine signifié et signifiant? Il faudrait alors traiter les éléments sémantiques, non pas comme les noyaux autonomes de significations multiples, mais comme des segments fonctionnels, formant système de proche en proche. Le sens d'une proposition ne serait pas défini par le trésor d'intentions qu'elle contiendrait, le révélant et le réservant à la foi, mais possibles, qui lui sont contemporains ou auxquels elle s'oppose dans la série linéaire du temps. Alors apparaîtrait la forme systématique du signifié.") E "Quando o comentário se volta sobre textos, ele trata toda linguagem como uma ligação simbólica, ou seja, como uma relação em parte ▶

Fundamentalmente, o que se reprova no modelo em que o comentário tem a pretensão de dizer o que verdadeiramente se passou é que ele repouse sobre as verdadeiras intenções, que seja uma "interpretação psicologista"[67] de um conteúdo determinado no sujeito. Em seu lugar, tampouco a solução seria "esperar que a própria linguagem revelasse um chamado como um *Verbe de Dieu* (Verbo de Deus), possível menção à experiência de linguagem baseada nos ecos de Hölderlin e Heidegger, mas seria preciso empreender uma "análise estrutural".

Hoje, por outro lado, encontramos na versão disponível:

Desejar-se-ia tentar aqui a análise de um tipo de discurso – o da experiência médica – em uma época em que, antes das grandes descobertas do século XIX, ele modificou menos seus materiais do que sua forma sistemática. A clínica é, ao mesmo tempo, um novo recorte das coisas e o princípio de sua articulação em uma linguagem na qual temos o hábito de reconhecer a linguagem de uma "ciência positiva".[68]

> ▷natural e em parte arbitrária, nunca adequada, desequilibrada de cada lado pelo excesso de tudo que pode ser colhido em um mesmo elemento simbólico e pela proliferação de todas as formas que podem simbolizar um só tema". ("Lorsque le commentaire s'adresse à des textes, il traite tout langage comme une liaison symbolique, c'est à dire comme un rapport en partie naturel, en partie arbitraire, jamais adéquat, déséquilibré de chaque côté par l'excès de tout ce qui peut être ramassé en un même élément symbolique et par la prolifération de toutes les formes qui peuvent symboliser un seul thème.")
>
> 67   Ibidem: "O comentário repousa sobre o postulado de que a palavra é ato de 'tradução', que ela possui o perigoso privilégio das imagens de mostrar escondendo, e que ela pode indefinidamente ser substituída por si mesma na série aberta das repetições discursivas; logo, o comentário repousa sobre uma interpretação psicologista da linguagem e que indica o estigma de sua origem histórica: a Exegese, que escuta, por meio dos interditos, os símbolos; as imagens sensíveis, por meio de todo o aparelho da Revelação; o Verbo de Deus, sempre secreto, sempre além de si mesmo. Há anos nós comentamos a linguagem de nossa cultura, desse ponto precisamente esperamos, em vão, durante séculos, a decisão da Palavra". ("Le commentaire repose sur ce postulat que la parole est acte de 'traduction', qu'elle a le privilège dangereux des images de montrer en cachant, et qu'elle peut indéfiniment être substituée à elle-même dans la série ouverte des reprises discursives; bref, il repose sur une interprétation psychologiste du langage qui indique le stigmate de son origine historique: l'Exégèse, qui écoute, à travers les interdits, les symboles, les images sensibles, à travers tout l'appareil de la Révélation, le Verbe de Dieu, toujours secret, toujours au-delà de lui-même. Nous commentons depuis des années le langage de notre culture de ce point précisément où nous avions attendu en vain, pendant des siècles, la décision de la Parole.")
>
> 68   *NCl*, p. XVII.

Encontramos, como nova metodologia de análise para *O Nascimento da Clínica*, a "análise de um tipo de discurso – o da experiência médica". No entanto, o que vemos na versão original é: "uma análise estrutural de um significado – o objeto da experiência médica"[69].

Confrontando as duas versões, observamos que a "análise estrutural do significado" se transforma em "análise de um tipo de discurso". Um "recorte do significado" torna-se um "recorte das coisas". A análise estrutural, que, fundamentalmente, é afim a uma tarefa de decifração não das intenções do sujeito, mas de uma lei de condução dos objetos, torna-se, na versão que hoje conhecemos, uma tarefa de "descrição do discurso". Por fim, a crítica à nossa própria consciência adormecida, que assume uma ciência positiva sem questionar o que a constitui como tal, sem questionar as leis que atuam como condições de possibilidade para a definição de seus objetos e de seus significados, em suma, sem questionar a espacialidade fundamental da linguagem, se transforma em uma tarefa de reunir discursos aparentados entre si – espacialidade discursiva.

Na versão de 1972, encontramos: "Aqui, como em outros lugares, trata-se de um estudo que tenta extrair da espessura do discurso as condições de sua história."[70] Essa passagem seria de grande valia na aproximação de *O Nascimento da Clínica* à *A Arqueologia do Saber*, onde encontraremos o desenvolvimento de tal análise do discurso, favorecendo a ilusão de uma unidade na trajetória arqueológica. Todavia, é preciso notar que a obra em questão foi alterada depois de *A Arqueologia do Saber*. O que encontramos originalmente é: "Aqui, como por

---

69 NC63, p. XIV: "Trata-se de tentar aqui uma análise estrutural de um significado – o objeto da experiência medical – em uma época na qual, antes das grandes descobertas do século XIX, ele modificou menos seus materiais do que sua forma sistemática. A clínica é, de uma só vez, um novo corte do significado, e o princípio de sua articulação em um significante em que temos o costume de reconhecer, em uma consciência adormecida, a linguagem de uma 'ciência positiva'". ["On voudrait essayer ici une analyse structurale d'un signifié – l'objet de l'expérience médicale – à une époque où, avant les grandes découvertes du XIX siècle, il a modifié moins ses matériaux que sa forme systématique. La clinique, c'est à la fois une nouvelle découpe du signifié, et le principe de son articulation dans un signifiant où nous avons coutume de reconnaître, dans une conscience ensommeillé, le langage d'une "science positive."]
70 NCl, p. XVII.

toda parte, trata-se de um estudo estrutural que tenta decifrar na espessura do histórico as condições da história ela mesma."⁷¹

Na versão hoje disponível, existe a seguinte conclusão do prefácio: "O que conta nas coisas ditas pelos homens não é tanto o que teriam pensado aquém ou além delas, mas o que desde o princípio as sistematiza, tornando-as, pelo tempo afora, infinitamente acessíveis a novos discursos e abertas à tarefa de transformá-los."⁷² E na versão de 1963, lemos: "O que conta nos pensamentos dos homens não é tanto o que eles pensaram, mas o não pensado que de partida os sistematiza, tornando-os, pelo tempo que restar, indefinidamente acessíveis à linguagem e abertos à tarefa de pensá-los novamente."⁷³

Com esta última alteração mapeada, torna-se evidente a transformação que se dá em seu pensamento: a questão do acesso à linguagem dá lugar à questão do acesso ao discurso. Entretanto, devemos questionar se todos os rastros do procedimento estruturalista foram realmente apagados e se não é possível proceder com esse método para melhor compreender os discursos do filósofo.

O Nascimento da Clínica, de 1963, é publicado um ano depois da revisão de *Doença Mental e Psicologia*, em que encontramos também uma revisão, na qual surge a sentença: "Será preciso um dia tentar fazer um estudo da loucura como estrutura global – da loucura liberada e desalienada, restituída de certo modo à sua linguagem de origem."⁷⁴ Portanto, na revisão para a versão *Doença Mental e Psicologia*, Foucault insere a ideia de que seria preciso fazer algum dia uma análise estruturalista da loucura que a remetesse à linguagem, o que, na verdade, ele já realizou em *História da Loucura*. Tudo se passa como se em 1954 ele adiantasse um projeto que viria a ser escrito em 1961, quando, escrevendo a nova versão do texto em 1962, ele já

---

71 NC63, p. XV: "Ici, comme ailleurs, il s'agit d'une étude structurale qui essaie de déchiffrer dans l'épaisseur de l'historique les conditions de l'histoire elle-même."
72 NCl, p. XVII.
73 NC63, p. XV: "Ce qui compte dans les pensées des hommes, ce n'est pas tellement ce qu'ils ont pensée, mais ce non-pensé qui d'entrée de jeu les systématise, les rendant pour le reste du temps, indéfiniment accessibles au langage et ouverts à la tâche de les penser encore."
74 DMP, p. 87.

cumpriu com esse projeto. Na versão de 1972 da obra de 1963, *O Nascimento da Clínica*, é rejeitado exatamente tal projeto de articulação do estruturalismo com a linguagem – projeto que, originalmente, não se deu em 1954, mas que esteve presente na obra de 1961 e também na revisão feita em 1962. Se fosse possível estabelecer a devida coerência entre as obras, apagando todos os rastros do trabalho sobre o estruturalismo e a linguagem, em favor de um novo modelo de trabalho baseado na descrição dos discursos, seria preciso não apenas subtrair o prefácio de *História da Loucura* e fazer todas essas revisões em *O Nascimento da Clínica*, como também fazer uma revisão da revisão de 1962. Foucault julgou mais oportuno, então, tentar impedir que o livro fosse reimpresso.

No primeiro momento, que a linguagem seja implicada em tantos elementos condicionantes, estruturadores, a ponto de se prolongar até uma "linha de espuma", é simultaneamente o que faz dela ser visível e invisível, o que faz da relação entre significante e significado uma relação certamente não arbitrária, mas que nos inflige o trabalho "duro" e "tênue" de *fazer ver*. Trabalho semelhante àquele de *História da Loucura*, de escutar uma arqueologia do silêncio, um trabalho na linguagem.

O que Foucault enxergou originalmente na relação entre a clínica e a filosofia, em suas homologias, é algo que o estruturalismo lhe emprestou. Fazer uma análise do significado representava restituir a linguagem a uma experiência de muitas maneiras estruturada, por uma reorganização institucional dos hospitais, por uma nova forma de lidar com as epidemias, por novos procedimentos clínicos, como o sintoma e a anatomia do cadáver, e pelos dados sensíveis da percepção nos corpos então cartografados. No entanto, os elementos condicionantes para Foucault são tão diversos que o próprio pensamento estruturalista é por ele conduzido, em seu exercício, ao esgotamento, de modo que o limite para o estruturalismo é a dedicação possível à constelação de elementos empíricos e singulares, os quais serão à frente encontrados na análise positiva das formações discursivas.

Sem analisar comparativamente as obras e suas versões, seria difícil reconhecer, nas análises históricas de Foucault, estruturas que organizam a sua própria inteligibilidade, e esta se apresentaria mais lacunar. A despeito do que o filósofo afirma nas revisões e defesas que posteriormente realiza do seu trabalho, este em si mesmo nos ensina a, em vez de optar por um ou outro procedimento, manter ambos em vista – a inteligibilidade das estruturas da linguagem e o olhar sobre as positividades do discurso.

A ENCICLOPÉDIA CHINESA

A Enciclopédia Chinesa

A frase que abre *As Palavras e as Coisas* evoca uma ideia de natalidade e parentesco: "Este livro nasceu de um texto de Borges. Do riso que, com sua leitura, perturba todas as familiaridades do pensamento."[75] O que ele deve ao texto de Borges não é um aparato teórico; é uma estranheza, a perturbação de tramas originárias nas quais ainda nos enredamos. A filosofia é reconduzida da tarefa de uma contínua exegese da tradição para a experiência fundamental do espanto, e foi Borges o filho pródigo que reencontrou o caminho. Foucault assumirá daquele texto literário, do riso subversivo que ele provoca, uma ironia contra a pátria do Ocidente, nossa grande filiação; contra a "nossa prática milenar do Mesmo e do Outro", tudo isso contra o que ele já abrira outros caminhos pela investigação dos fenômenos patológicos, fossem eles psíquicos ou orgânicos. O que nasce do texto de Borges é um caminho para uma nova experiência-limite – desta vez o próprio homem.

Em Borges, encontramos "certa enciclopédia chinesa", assim descrita:

Os animais se dividem em: a. pertencentes ao imperador, b. embalsamados, c. domesticados, d. leitões, e. sereias, f. fabulosos, g. cães em liberdade, h. incluídos na presente classificação, i. que se agitam como loucos, j. inumeráveis, k. desenhados com um pincel muito fino de pelo de camelo, l. et cetera, m. que acabam de quebrar a bilha, n. que de longe parecem moscas.[76]

O que captura a atenção de Foucault, a razão detrás do seu riso, é "a impossibilidade patente de pensar isso". E, mais do

75 *PC*, p. IX.
76 Ibidem.

que tal impossibilidade, o fato de que ela tenha sido expressa. "Que coisa, pois, é impossível pensar, e de que impossibilidade se trata?"[77] Esse será o encaminhamento filosófico proposto por Foucault para o texto de Borges e, para além dessa intertextualidade, é a questão a ser respondida em *As Palavras e as Coisas*.

A impossibilidade não reside nos elementos singulares da "enciclopédia chinesa", no caráter "fabuloso" das sereias, metalinguístico dos animais "incluídos na presente classificação" ou abrupto daqueles "que acabam de quebrar a bilha" – embora "et cetera" seja um elemento especialmente assombroso dentro de qualquer enciclopédia. O que, para Foucault, parece mais absurdo é a tentativa de reuni-los atendendo a um critério qualquer de coerência, pois os que porventura emprestemos fracassarão. O problema está na implicação de formas assim dispersas, na "coexistência" desses seres mais ou menos animados – como os "cães em liberdade", os "que se agitam como loucos" e os "embalsamados". Em suma, não só um caso de impossibilidade, "a monstruosidade que Borges faz circular na sua enumeração consiste em que o próprio espaço comum dos encontros está arruinado"[78].

O "espaço impensável", o impossível e o monstruoso, vemo-los alcançados por uma linguagem de subterfúgio, linguagem fora dos limites ordinários, linguagem de um "não lugar". Descobrimos em *As Palavras e as Coisas*, sem a mediação de outras disciplinas, a relação entre as experiências-limite e a linguagem do espaço. Afinal, como experiência-limite, os seres foram reunidos por uma estratégia que não suspeitávamos existir, fora de nosso aparato habitual de pensamento, fora "do solo mudo onde os seres podem justapor-se"[79], mas vemo-los alcançados pela linguagem, e esta, assim, instituir espaços utópicos, heterotópicos e atópicos.

Nessa obra, não encontramos uma só definição, um conceito ou sequer uma experiência essencial de linguagem. Não há um acesso à verdadeira linguagem, ao ser da linguagem que encaminharia discretamente a verdade de todas as outras coisas. A unidade se perde, submetida, a cada vez, a uma diferente geografia ou topologia. Enquanto em obras anteriores os estudos

---

77 Ibidem.
78 Ibidem, p. XI.
79 Ibidem, p. XII.

epistemológicos deviam retornar à linguagem que mais profundamente os atravessa, aqui, finalmente, a linguagem se submete a diferentes quadros sem se ater a um saber específico, fazendo proliferar múltiplas experiências, até mesmo essa inicial, que é a experiência além dos quadros de pensamento que conhecemos. Não se escapa da linguagem, mas a implicamos, em vez de nos surpreendermos com a revelação de sua mais profunda e hegemônica forma, com a forma secundária que ela adquire conforme as configurações históricas dos espaços que albergam os seres. Não poderemos mais designar linguagem o espaço fundamental de organização, pois a existência de múltiplos espaços impõe, a rigor, dizer que em *As Palavras e as Coisas* há, junto à análise "dos seres tal como foram percebidos" e das "trocas tais como foram praticadas"[80], uma enciclopédia de linguagens.

Em *História da Loucura* há uma experiência da razão que estabelece limites com a loucura e há a sugestão de que, antes de tal repartição, uma linguagem matinal, *topos* verdadeiramente hegemônico, resguardaria um momento anterior à partilha razão-desrazão – momento do qual se aproveita a literatura. Em *O Nascimento da Clínica*, nos deparamos com uma diversidade de tratamentos da linguagem conforme o quadro de saber onde se insere a medicina. Haverá a linguagem do quadro nosológico para a medicina classificatória, a linguagem para a hermenêutica dos sintomas e, finalmente, a linguagem que, para a anatomoclínica, tem como desafio dizer o ainda não dito, tarefa de "fazer ver". Assim, não se pode concluir que as obras de Foucault, em suas diversas articulações espaciais, tenham apresentado uma só definição de linguagem, mas a diferença com relação a *As Palavras e as Coisas* é que, a despeito daquela multiplicidade de tratamentos, agora Foucault oferece a hipótese de que é possível encontrar outro modo de nomear o espaço fundamental onde os seres se articulam. O homossemantismo da linguagem e do espaço se perde. A cada quadro histórico, é configurada uma "ordem". Há a linguagem na ordem, e há a linguagem na transcendência da ordem, na sua exterioridade. A literatura de Borges explora o fato dessa experiência não se ater à literatura.

---

80 Ibidem, p. xviii.

Se, ao falar do espaço, Foucault não põe em questão as montanhas e os vales, os oceanos e os desertos, as fronteiras dos países, as estradas que ligam uma cidade a outra, estâncias naturais e artificiais, é porque não é efetivamente às terras de onde nos esquivamos ou para onde nos espalhamos que ele se volta, mas àquilo que nos permite reconhecer na diversidade dos objetos uma marca que os reúne. É, portanto, do espaço de reunião e de distinção que se trata – o espaço dos conjuntos.

A topologia da linguagem, além de suas distintas configurações históricas, é apresentada agora conforme uma tripla categorização espacial: utopia, heterotopia e atopia.

As utopias consolam: é que, se elas não têm lugar real, desabrocham, contudo, num espaço maravilhoso e liso; abrem cidades com vastas avenidas, jardins bem plantados, regiões fáceis, ainda que o acesso a elas seja quimérico. As heterotopias inquietam, sem dúvida porque solapam secretamente a linguagem, porque impedem de nomear isto e aquilo, porque fracionam os nomes comuns ou os emaranham, porque arruínam de antemão a "sintaxe", e não somente aquela que constrói as frases – aquela, menos manifesta, que autoriza "manter juntos" (ao lado e em frente umas das outras) as palavras e as coisas. Eis porque as utopias permitem as fábulas e os discursos: situam-se na linha reta da linguagem; na dimensão fundamental da fábula; as heterotopias (encontradas tão frequentemente em Borges) dessecam o propósito, estancam as palavras nelas próprias, contestam, desde a raiz, toda possibilidade de gramática; desfazem os mitos e imprimem esterilidade ao lirismo das frases.[81]

A Grécia de que falam os poetas é uma utopia. Como tal, ela traz promessas; ela nos consola; ela abre espaços maravilhosos que permitem toda sorte de esperanças, mas o seu acesso é "quimérico". Ela permite as fábulas e os discursos; ela situa-se "na linha reta da linguagem", onde todas as coisas que precisam ser aproximadas encontram coerência. Lá, os ecos funcionam, se multiplicam, criam uma grande rede, na qual buscamos ainda amparo.

De que modo, entretanto, se pode confrontar a imagem de uma Grécia, que é o berço da nossa pátria ocidental, com a experiência absurda da enciclopédia chinesa? A China de Borges, contra a Grécia de Hölderlin, é o melhor exemplo de heterotopia. A enciclopédia apresentada por Borges fala de um

---

81 Ibidem, p. xiii.

pensamento que arruína a "sintaxe" e o "propósito", que fragmenta e dispersa o pensamento, ainda que outra civilização a tomasse a sério. Mas a China de Borges não é a China de Foucault. No imaginário de Foucault, ela será o lugar das utopias, porque "A China, em nosso sonho, não é justamente o lugar privilegiado do espaço?"[82] Não as ilhotas minúsculas de uma Grécia que prosperou no comércio, nas trocas, e cuja prosperidade avançará pelos séculos nas marcas deixadas em nossa cultura, nas trocas que se perpetuam – um pequeno alfabeto para ilimitadas expressões. A China, toda espaço, é o *topos* modelo, a utopia de um pensamento sem distinções de época, como um império unificado.

Se já falamos dessas duas lógicas distintas, uma que nos é familiar, e a outra, que nos é estranha; uma que perseguimos e a partir da qual edificamos nossa cultura e, a outra, sedutora por sua diferença e exotismo, é preciso ver ainda uma terceira modalidade: a atopia. Essa não se refere ao que seria um modo outro de organizar os seres, algo em que reconhecemos existir uma diferença, mas com a qual mantemos uma espécie de respeito multiculturalista. A atopia é a incapacidade, entre os ocidentais, dentro da família, de proceder como se procede. É um modo semelhante à heterotopia, porém tomado como modo desvirtuado, incapacitado e patológico de pensar como, entre nós, se pensa. Marcadas pela diferença perante as utopias que movem nossos pensamentos, embora aparentadas entre si, heterotopia e atopia se distinguem, finalmente, porque, enquanto a primeira permite reunir todas as diversidades, a segunda é incapaz de reconhecer as relações que nos são mais familiares.

O doente reúne e separa, amontoa similitudes diversas, destrói as mais evidentes, dispersa as identidades, superpõe critérios diferentes, agita-se, recomeça, inquieta-se e chega finalmente à beira da angústia. O embaraço que faz rir quando se lê Borges é por certo aparentado ao profundo mal-estar daqueles cuja linguagem está arruinada: ter perdido o "comum" do lugar e do nome. Atopia, afasia.[83]

Os três *topoi* remetem às organizações do pensamento dentro de uma cultura; concernem à própria linguagem, que ensina

---

82 Ibidem, p. XIV.
83 Ibidem.

o que se deve buscar, o que se deve respeitar em sua diferença e aquilo que, apenas como ruído, se revela um propósito fracassado. Porém, como antecipado, não será mais pela linguagem que Foucault formulará a questão. Em *As Palavras e as Coisas*, ela será sustentada sobre um novo conceito: a "ordem"; "A ordem é ao mesmo tempo aquilo que se oferece nas coisas como sua lei interior, a rede secreta segundo a qual elas se olham de algum modo umas às outras e aquilo que só existe através do crivo de um olhar, de uma atenção, de uma linguagem"[84], aqui tomada em sentido linguístico, enunciativo. Não mais a linguagem, agora a "ordem" é "a rede secreta", a trama dos ecos onde as coisas silenciosamente se reconhecem e, por isso, a ordem deverá ser descoberta por seus efeitos, por aquilo que ela condiciona, ou seja, por meio de "um olhar", "uma atenção", "uma linguagem".

Ao nos recordarmos de que *História da Loucura* propõe uma "arqueologia do silêncio" para abordar a experiência com a linguagem anterior à cisão entre razão e desrazão, compreendemos a relevância do aparecimento de um novo termo para se referir ao que é anterior ao olhar, à atenção e, num sentido distinto, à linguagem. Foucault agora distingue a linguagem como a rede de relações que, secretamente, articula os sentidos possíveis em uma época, dessa outra concepção de linguagem, como enunciação ou prática linguística. A polissemia da linguagem, como constituição de sentido e como enunciação de sentido, se desfaz no surgimento do novo termo – a ordem –, mas não compromete a proposta de uma arqueologia desses condicionamentos silenciosos. A ordem herda o primeiro significado, nomeando o objeto da arqueologia, e deixa o uso do termo à mera dimensão da prática linguística. O que a linguagem é em sua dimensão linguística, equivalente à dimensão do olhar e da atenção, contudo, permanece subordinado àquela dimensão mais fundamental, que fora antes designada de linguagem e à qual ele passa a se referir como uma "experiência nua da ordem" e uma "ordem muda".

Parece estranho ver ainda como Foucault afirma que a ordem, responsável por sustentar as leis do pensamento a

---

84 Ibidem, p. xvi.

partir das quais há a profusão da percepção, das práticas e da própria linguagem, deve ser assumida como "solo positivo", quando a todo tempo ele se refere a ela não como um campo de expressão e sim como o campo que condiciona e dirige as diversas formas de reconhecimento e expressão. Qual é, então, o estatuto positivo da ordem? Embora se trate de uma "ordem muda", o seu estatuto positivo consiste em não se poder buscar uma experiência mais fundamental, não se poder buscar uma dimensão mais profunda do que a da ordem; que ela imponha o limite do que será possível pensar, falar e perceber – limite histórico, "*a priori* histórico". Desse encaminhamento surge o propósito objetivo desse livro:

Tal análise, como se vê, não compete à história das ideias ou das ciências: é antes um estudo que se esforça por encontrar a partir de que foram possíveis conhecimentos e teorias; segundo qual espaço de ordem se constituiu o saber; na base de qual *a priori* histórico e no elemento de qual positividade puderam aparecer ideias, constituir-se ciências, refletir-se experiências em filosofias, formar-se racionalidades, para talvez se desarticularem e logo desvanecerem. [...] neste relato, o que deve aparecer são, no espaço do saber, as configurações que deram lugar às formas diversas do conhecimento empírico. Mais que de uma história no sentido tradicional da palavra, trata-se de uma "arqueologia".[85]

Encontramos uma série de referências no prefácio à noção de "código": "códigos ordenadores", "códigos fundamentais" e "códigos primários". Trata-se de decifrá-los, uma vez que é com base neles que se proliferam todas as manifestações que formam o conjunto de uma cultura: "o conhecimento empírico", "conhecimentos e teorias", o "saber", "ciências" e "filosofias" – "racionalidades". Conhecer os códigos é abrir as entranhas do grande organismo, é compreender o funcionamento de uma cultura. Com eles, investiga-se "segundo qual espaço de ordem se constituiu o saber". Não basta, então, se ater a uma superfície e descrever as manifestações tardias dos códigos, pois se deve reuni-los, em sua ampla esfera, a *epistémê*, desde seus mais recônditos recantos – as palavras e as coisas.

---

85 Ibidem, p. xviii-xix.

O Renascimento

O capítulo II, intitulado "A Prosa do Mundo", trata predominantemente da ordem do Renascimento – a "*epistémê* do século XVI" –, da forma como a linguagem se manifesta nessa configuração e do que é o "saber da semelhança": "O mundo enrolava-se sobre si mesmo: a terra repetindo o céu, os rostos mirando-se nas estrelas e a erva envolvendo nas suas hastes os segredos que serviam aos homens."[86] *Convenientia, aemulatio, analogia e sympathia* são as quatro formas pelas quais as figuras do mundo se ligam umas às outras, se repetem e se completam. O saber do Renascimento consiste na decifração das marcas de uma em outra, dos sinais sugeridos em uma parte e a resposta velada para cobrir as faltas de outra. "Para saber que o acônito cura nossas doenças dos olhos ou que a noz esmagada com o álcool sana as dores de cabeça, é preciso uma marca que no-la advirta: sem o que este segredo permaneceria indefinidamente adormecido."[87] Portanto, o saber do Renascimento se funda sobre uma atividade de decifração, o que, nesse contexto, significa nutrir tanto pela percepção quanto pela erudição as similitudes[88].

Se Foucault fez questão no prefácio de distinguir o campo da linguagem do que seria a "ordem muda", com base na qual a própria linguagem receberia historicamente a sua forma, o Renascimento é o momento em que essas duas coisas se encontram. Não é que elas estejam imbricadas por uma necessidade universal, mas a ordem em que a linguagem tem tal primazia que a faz confundir-se com a própria ordem é o Renascimento. Não cabe estabelecer o ser da linguagem como a condição muda a partir da qual o saber se expressará, mas reconhecer que o saber especificamente no Renascimento assume um modelo no qual a linguagem estabelece comunhões.

No seu ser bruto e histórico do século XVI, a linguagem não é um sistema arbitrário; está depositada no mundo e dele faz parte porque, ao mesmo tempo, as próprias coisas escondem e manifestam seu enigma

---

86 Ibidem, p. 23.
87 Ibidem, p. 35.
88 Ibidem, p. 36: "O saber das similitudes funda-se na súmula de suas assinalações e na sua decifração."

como uma linguagem e porque as palavras se propõem aos homens como coisas a decifrar."[89]

Embora Foucault busque distinguir o lugar da linguagem como secundário na análise das condições de possibilidade para a produção de uma configuração histórica, na análise do Renascimento ele não pode escapar de reconduzi-la a uma posição central. Isso é o mesmo que afirmar que o lastro de seu pensamento anterior não desaparece, mas desemboca em uma articulação específica, pois ele precisa encontrar lugar para outra experiência de linguagem, do classicismo. Subtrai-se a linguagem de uma experiência fundamental para que não se atribua universalmente a ela uma configuração histórica específica, no caso a do Renascimento.

A linguagem e a ordem muda, ao menos no que condiz com o Renascimento, se assemelham, pois é a linguagem o espaço que permite a relação entre os seres. Entretanto, se é preciso manter o plano traçado no prefácio, no qual à linguagem é atribuída uma posição tardia perante os "códigos primários", poderíamos encontrar também um tratamento conferido a tal sentido estrito? Quais seriam as consequências, no campo estrito da linguagem, da implicação fundamental da *epistémê* do Renascimento com a linguagem em sentido amplo? A questão nos orienta para a caracterização do tipo de discurso que é então promovido.

O discurso não possui ainda um âmbito e um estatuto próprios. Ele requer a caracterização de uma modalidade expressiva capaz de atender às semelhanças descobertas e colhidas. Por isso, ele apenas serve como base para um termo que pode expressar melhor do que ele o seu sentido: o comentário. O discurso é carregado pela precisão de significado do comentário: "o comentário [...] faz nascer, por sob o discurso existente, um outro discurso, mais fundamental e como que 'mais primeiro', cuja restituição ele se propõe como tarefa"[90]. Uma vez que é da natureza do comentário ser potencialmente um desdobramento ilimitado, que traspassa a diferença da linguagem com a natureza, constituindo nelas uma unidade, é ele que melhor corresponde à

---

89 Ibidem, p. 47.
90 Ibidem, p. 56.

similitude, a ordem do Renascimento. É essa característica formal do comentário, afim à generalidade da linguagem, que usurpa ao discurso uma especificidade a esse momento.

Chegará o dia em que a interdependência entre a linguagem e o mundo será rompida. Não se poderá mais querer compreender o mundo pela decifração de suas marcas dispersas, como uma grande família reunida. No século XVII, a ordem primeira das coisas imporá um novo desafio, que não consistirá em resumir uma coisa à outra, adicionando-as umas sobre as outras como uma enciclopédia sem fim e de onde sempre se pode retirar a confirmação de uma afinidade original. O espaço se compartimentalizará, afastando as coisas até que cada uma assuma unicamente o seu lugar na representação.

A Época Clássica

Paul Veyne afirma que, para Foucault, o discurso, considerado "qualquer coisa de muito simples", é "a mais próxima formação histórica em sua nudez"[91]. Contudo, no contexto de *As Palavras e as Coisas*, o discurso não o pode ser assim considerado, pois há a primazia de outra "experiência nua". Foucault dissera: "entre o uso do que se poderia chamar os códigos ordenadores e as reflexões sobre a ordem, há a experiência nua da ordem e de seus modos de ser"[92]. Portanto, *As Palavras e as Coisas* não é um livro amparado na análise discursiva, mas um livro que investiga a ordem que condiciona os discursos no classicismo e, antes dos discursos, os comentários no Renascimento. Ambos são formas manifestas com base em códigos fundamentais da *epistémê*. Devemos, assim, analisar essas diferenças conforme cada descontinuidade[93].

Na época clássica, a linguagem é assumida como problema epistemológico, perdendo o seu âmbito próprio e passando a

---

91 *Foucault: Sa pensée, sa personne*, p. 15. No original: "quelque chose de fort simple", é "la plus serrée d'une formation historique en sa nudité".
92 PC, p. XVIII.
93 Ibidem, p. XIX: "Ora, esta investigação arqueológica mostrou duas grandes descontinuidades na *epistémê* da cultura ocidental: aquela que inaugura a idade clássica (por volta dos meados do século XVII) e aquela que, no início do século XIX, marca o limiar da nossa modernidade."

estar condicionada ao conhecimento, mais especificamente ao crivo de um procedimento abstrato de distinção que produz representações mentais. Antes da linguagem, é preciso, então, definir claramente em que consiste esse sistema de conhecimento. Foucault se refere à crítica cartesiana ao modelo antigo para esclarecer a nova vigência, pois Descartes reconhece que "quando se descobre algumas semelhanças entre duas coisas, se costuma atribuir tanto a uma quanto à outra – mesmo sobre os pontos em que elas são na realidade diferentes – aquilo que se reconheceu verdadeiro para apenas uma delas"[94]. Foucault cita também, entre outros, Bacon: "O espírito humano é naturalmente levado a supor que há nas coisas mais ordem e semelhança do que possuem; e, enquanto a natureza é plena de exceções e de diferenças, por toda a parte o espírito vê harmonia, acordo e similitude."[95] O pensamento do século XVII instaura, assim, uma cisão perante a ordem das semelhanças: "conhecer é discernir"[96].

A perda do valor da semelhança não significa, entretanto, o desprezo pela análise comparada. Se a semelhança é um primeiro "solo movediço", será preciso deixar de caminhar a esmo, errante, sabendo distinguir onde estão os amparos espaçados, mas seguros. Sobretudo, o que há de substancial na distinção entre os dois modelos é que o tratamento da semelhança na época anterior a conduzia a um exercício de decifração infinita, que permitia traçar um caminho caminhando, pois, uma semelhança tratada meramente sob os critérios de *convenientia*, *aemulatio*, *analogia* e *sympathia* sempre poderia ensejar outra, enquanto, no segundo modelo, uma limitação na atividade comparativa é imposta. As confusões decorrentes da multiplicidade de objetos imanentes encontram limites e dão lugar à unidade estanque da representação. Portanto, a similitude não desaparece no classicismo, mas ela perde o seu *status*, então atribuído à representação, sendo assimilada não ao campo da produção de conhecimentos, que é campo da atividade de representar, mas a uma etapa inicial, precária e incompleta. Ela é alocada na esfera da imaginação: "a semelhança se situa do lado da imaginação ou, mais exatamente, ela só aparece em

---

94 Ibidem, p. 70.
95 Ibidem, p. 71.
96 Ibidem, p. 76.

virtude da imaginação, e a imaginação, em troca, só se exerce apoiando-se nela"[97].

Dois procedimentos de representação são analisados por Foucault: a *máthêsis* e a *taxinomia* – procedimentos que parecem amparados na distinção cartesiana das ideias simples e complexas.

Quando se trata de ordenar as naturezas simples, recorre-se a uma máthêsis, cujo método universal é a Álgebra. Quando se trata de pôr em ordem naturezas complexas (as representações em geral, tais como são dadas na experiência), é necessário constituir uma taxinomia e, para tanto, instaurar um sistema de signos.[98]

A *máthêsis* é um modo calculador de organização de noções que o espírito toma como evidentes, enquanto a *taxinomia* é um modo classificador dos objetos complexos que nos são dados "na experiência", entendida aqui como percepção sensível. Embora Foucault se refira à álgebra para esclarecer o que entende por *máthêsis*, seu sentido é mais amplo do que isso, não bastando compreender *máthêsis* e *taxinomia* como dimensões quantitativas e qualitativas do conhecimento por representações. A *máthêsis* é "a ciência das igualdades, portanto, das atribuições e dos juízos; é a ciência da verdade". A *taxinomia* é "a ciência das articulações e das classes; é o saber dos seres"[99].

Uma vez exposto em linhas gerais o tipo de conhecimento que prevalece na época clássica, retomemos o nosso problema central, o lugar da linguagem. Como já dissemos, ela perde ali a sua soberania; ela deixa de fundar o conhecimento para servir-lhe: "O signo não espera silenciosamente a vinda daquele que pode reconhecê-lo: ele só se constitui por um ato de conhecimento."[100] Não mais solo silencioso e condicionante, a linguagem é reduzida a uma acepção instrumental. Ela não possui mais uma realidade em si mesma; ela serve a outra realidade: "A linguagem se retira do meio dos seres para entrar na sua era de transparência e de neutralidade."[101] Foucault encarrega-se de

---

97 Ibidem, p. 95.
98 Ibidem, p. 99.
99 Ibidem, p. 102.
100 Ibidem, p. 81.
101 Ibidem, p. 77.

diminui-la ao ponto em que não restará nenhum traço próprio, então ela haverá de confundir-se com outras noções, do mesmo modo como já se confundiu com a noção de "ordem". Essa miscelânea conceitual, que aloca a "ordem" onde havia a linguagem, justamente prepara o terreno para uma análise em que ela possa desaparecer, seja por uma "neutralidade" e uma "transparência", seja incorporada por termos que viriam expressar de modo mais preciso o seu papel na época clássica: a própria "representação", o "discurso" e o "nome".

"Uma vez elidida a existência da linguagem, subsiste na representação apenas seu funcionamento: sua natureza e suas virtudes de discurso."[102] Desfeita a experiência primordial da linguagem, que é a de sua relação direta com os seres, o que fazia com que ela nos precedesse, ela agora é assumida, se insistimos em lhe garantir uma presença, por meio de seu "funcionamento". Ela é, enfim, assimilada como discurso. Portanto, ao menos no contexto de *As Palavras e as Coisas*, ao contrário do que disse Paul Veyne, o discurso não é "a mais próxima formação histórica em sua nudez". Em primeiro lugar porque a mais próxima formação histórica é ao mesmo tempo a mais obscura, a "ordem" – a "experiência nua da ordem". E, quanto ao discurso, pelo contrário, ele é a modalidade que escapa à história na medida em que o seu trabalho consistirá precisamente em expressar a universalidade das representações, por natureza abstratas.

Portanto, é agora ao discurso que devemos nos referir. É a ele que a época clássica se dedica quando distingue os seres, por requerer um meio de partilhar a sua organização da realidade, dada nas representações abstratas do espírito. A gramática geral surge para conferir rigor a esse processo. Após introduzir formulações de Condillac e dos autores de Port-Royal, que teriam se utilizado expressamente do termo "discurso", Foucault conclui: "Gramática geral é o estudo da ordem verbal na sua relação com a simultaneidade que ela é encarregada de representar. Por objeto próprio, ela não tem, pois, nem o pensamento e nem a língua: mas o discurso entendido como sequência de signos verbais."[103]

---

102 Ibidem, p. 112.
103 Ibidem, p. 115.

A gramática geral surge no classicismo como o conjunto de regras que regem o discurso, que definem a sua função de organizar linearmente, sequencialmente, as representações, as quais no espírito se dão de forma simultânea segundo um modelo espacial. Como teria afirmado Condillac: "Se o espírito tivesse poder de pronunciar as ideias como as percebe, não há nenhuma dúvida de que as pronunciaria todas ao mesmo tempo."[104] Portanto, são as representações e não os discursos o interesse primeiro dos gramáticos da época clássica, aliás, das distintas positividades da época, do saber que nela vigora, mas se as representações são mediadas por procedimentos do conhecimento – a *máthêsis* e a *taxinomia* –, que não só subtraem os seres de seu meio como alteram a sua forma, o discurso torna-se necessário para trazê-los de volta, apresentando-os a outrem ou recebendo-os de outrem. Como afirma o filósofo inglês Locke, caracterizando o discurso como o meio pelo qual expressamos as representações: "É das ideias daquele que fala que as palavras são signos, e ninguém as pode imediatamente aplicar como signos a outra coisa senão às ideias que ele próprio tem no espírito."[105]

Quando a realidade, outrora no Renascimento compartilhada, torna-se compartimentalizada e encontra sua morada na representação, surge como desafio a reaproximação dos espíritos, o que por meio de uma análise do signo representa a diferença entre o significante e o significado. Se anteriormente essa diferença submetia-se à égide da "conjuntura", ou seja, daquilo que provocava *convenientia, aemulatio, analogia* e *sympathia*, ela agora se torna binária, conferindo ao discurso, e não a essas quatro formas imanentes, a importância de fazer com que o uso dos significantes encontre encosto em seus significados apropriados, quer dizer, no acordo entre aqueles que dialogam. Isso faz convergir o discurso para uma função essencialmente de ostentação, de evocar uma coisa para mostrá-la com base em seu nome, e por essa razão o nome ocupará nesse sistema uma posição central: "A tarefa fundamental do 'discurso' clássico consiste em atribuir um nome às coisas e com esse nome

---

104 Ibidem, p. 114.
105 Ibidem, p. 113.

nomear o seu ser."[106] O discurso é um caminho elaborado na relação simples entre a representação da coisa e o seu nome, entre o significante e o significado. Há, portanto, três dimensões: a linguagem – experiência que genericamente faz com que toda representação particular garanta e confirme entre os homens as exigências de universalidade da representação; o discurso – que é a prática efetiva de trocas significativas, de confronto da representação de um espírito com a representação de outro, com base em um conjunto de significantes que devem ser compartilhados; e o nome – que reúne em si a finalidade desse sistema: "O nome é o termo do discurso."[107] Apresentadas as três dimensões, vemo-las assim reunidas:

Na época clássica, o ser bruto da linguagem – essa massa de signos depositados no mundo para aí exercitar nossa interrogação – desvaneceu-se, mas a linguagem estabeleceu com o ser novas relações, mais difíceis de apreender, porquanto é por uma palavra que a linguagem o enuncia e o atinge; do interior de si mesma, ela o afirma; e, contudo, ela não poderia existir como linguagem se essa palavra, por si só, não sustentasse de antemão todo discurso possível.[108]

A Modernidade

Entramos agora na "idade da história": "Modo de ser de tudo o que nos é dado na experiência, a História tornou-se assim o incontornável de nosso pensamento."[109] Ao tomar a história como elemento próprio e específico da modernidade, é preciso recordar Nietzsche, que observou, na "Segunda Consideração Intempestiva", que os gregos não necessitavam em absoluto da história e que somos nós somente que dela fazemos caso:

Este célebre pequeno povo, que pertence a um passado não muito longínquo, quer dizer, os gregos, tinha bravamente preservado, na época de seu maior vigor, um sentido a-histórico; se um de nossos contemporâneos fosse, pela ação de uma varinha mágica, reenviado a este mundo, ele acharia sem dúvida que os gregos eram extremamente "pouco cultos",

106 Ibidem, p. 169.
107 Ibidem, p. 166.
108 Ibidem, p. 132.
109 Ibidem, p. 300.

o que na verdade exporia ao escárnio o segredo tão escrupulosamente guardado da cultura moderna: pois nós modernos não possuímos nada de próprio; somente na medida em que sorvemos e nos impregnamos de épocas, costumes, obras, filosofias, religiões e conhecimentos estranhos é que nos tornamos objetos dignos de interesse, a saber, enciclopédias ambulantes; é exatamente assim que sem dúvida nos veria um antigo Heleno perdido no nosso século.[110]

No Renascimento, a linguagem esteve imbricada às próprias coisas, ela costurava com as bordas infinitas do mundo as suas promessas de salvação. Na época clássica, desfeita essa costura, ela entra em sua era de transparência, quando a metafísica faz novamente reinar a sua dupla estrutura, de uma realidade empírica que é não só finita quanto transitória, precária, e de uma que, contra o risco de nos perdermos em simulacros cada vez mais dispersos e distantes, estabelece outra forma modelar e íntegra, que deve conduzir as decisões que tomamos e as palavras que dirigimos uns aos outros. O que esperar da linguagem na modernidade? Ela ressurge, depois de perdida com o fim do Renascimento, porém não mais como unidade com as coisas, e sim fragmentada em muitas experiências: "A dispersão da linguagem está ligada, com efeito, de um modo fundamental, a esse acontecimento arqueológico que se pode designar pelo desaparecimento do Discurso."[111]

Não mais uma presença imanente entre as coisas e não mais a serviço da representação das coisas, em sua implicação com a história a linguagem tem a marca de uma contingência e ao mesmo tempo de uma necessidade. Ela está ligada ao modo de determinação da experiência que não é dado *a priori*, mas que é resultado de um mundo, tal como o homem o habita, nele transformando essa contingência primeira em um compromisso contra o qual ele não pode virar as costas.

No século XIX, a linguagem vai ter, ao longo de todo o seu percurso e nas suas formas mais complexas, um valor expressivo que é irredutível; nada de arbitrário, nenhuma convenção gramatical pode obliterá--la, pois, se a linguagem exprime, não o faz na medida em que imite e reduplique as coisas, mas na medida em que manifesta e traduz o

---

110 F. Nietzsche, *Escritos Sobre a História*, p. 101-102.
111 PC, p. 423.

querer fundamental daqueles que falam. [...] o espírito do povo que as fez nascer as anima e se pode reconhecer nelas[112].

O querer do qual fala Foucault não é o querer caprichoso que toma as coisas de um modo quando poderia tomar de outro. O "querer fundamental" sempre já se impôs, já se fez, de modo que perdê-lo seria também perder-se, seria não ter pelo que se mobilizar nem com o que se reconhecer. Não determinada pelas coisas mesmas, como no Renascimento, nem pela vontade soberana de um indivíduo, que pode arbitrariamente evocar pelos sinais que lhe convém as representações que todos são forçados a reconhecer por força de uma racionalidade neutra, como na época clássica, a linguagem é o lastro fundamental de um destino comum, por exemplo, a Europa e o Ocidente, ou os gregos e os camponeses que alimentaram a imaginação de Heidegger quando ele pensou ao mesmo tempo nos pastores do ser e na saga da linguagem. É essa experiência de linguagem que Foucault também tem em vista ao descrevê-la na modernidade.

Desde logo, as condições de historicidade da linguagem são modificadas; as mutações não vêm mais do alto (da elite dos sábios, do pequeno grupo de mercadores e viajantes, dos exércitos vitoriosos, da aristocracia de invasão), mas nascem obscuramente de baixo, pois a linguagem não é instrumento, ou um produto morto – um *ergon*, como dizia Humboldt – mas uma incessante atividade – uma *energeia*. Numa língua, quem fala e não cessa de falar, num murmúrio que não se ouve, mas de onde vem, no entanto, todo esplendor, é o povo.[113]

A linguagem não é mais, como em sua abordagem clássica, um instrumento com o qual se possa caprichosamente evocar a realidade, esta, sim, pretensamente universal, das representações. Ela não é um "produto morto", quer dizer, qualquer coisa simplesmente dada e que se possa trocar e manusear como se queira, e até mesmo esquecer de lado em favor de outra. "A linguagem está ligada não mais ao conhecimento das coisas, mas à liberdade dos homens."[114] Não mais uma questão submetida à teoria do conhecimento, ela se torna mais do que uma questão

---
112 Ibidem, p. 401.
113 Ibidem, p. 401-402.
114 Ibidem, p. 402.

ética. A liberdade com a qual é tramada a linguagem significa não se deixar determinar pela natureza, mas pela história. Liberdade para comprometer-se com os outros, para tirar da contingência a afirmação de um compromisso comum, de um *ethos*, uma morada. A gramática não será, então, o exame das regras lógicas que permitem a um indivíduo organizar sequencialmente as ideias que lhe são dadas em seu espírito de modo espacial. Quando se trata não da individualidade, mas do espírito de um povo, a gramática dá lugar à filologia, à compreensão das heranças que estão marcadas nos discursos, ao fato de que sob os discursos há uma linguagem que nos faz compreender melhor quem somos. Surge essa compreensão que Heidegger resume tão claramente com a expressão "saga". Foucault afirma: "Estabelece-se um profundo parentesco entre a linguagem e o livre destino dos homens."[115]

Aqui importa compreender que a linguagem não é mais instrumento; não é expressão de outro elemento ao qual ela se submete; não se sustenta sobre nenhum amparo. Ela possui um vínculo direto com a história e, no entanto, não é possível dizer se é a história que depende da linguagem ou o inverso, porque ambas estão mutuamente comprometidas.

Tornada realidade histórica espessa e consistente, a linguagem constitui o lugar das tradições, dos hábitos mudos do pensamento, do espírito obscuro dos povos; acumula uma memória fatal que não se reconhece nem mesmo como memória. Exprimindo seus pensamentos em palavras de que não são senhores, alojando-as em formas verbais cujas dimensões históricas lhes escapam, os homens, crendo que seus propósitos lhes obedecem, não sabem que são eles que se submetem às suas exigências.[116]

Ao esclarecer que os homens "se submetem às exigências" da linguagem, que eles "não são senhores" de suas palavras e soberanos de seus pensamentos, fica claro não só um corte perante o modelo clássico, como se esclarece também que implicar a linguagem, no lugar do conhecimento, na liberdade não significa mantê-la em um paradigma da autonomia do sujeito. A liberdade consiste em tornar aquilo que é fatal – a contingência – naquilo que pode ser motor de uma vida, quando se toma

115 Ibidem.
116 Ibidem, p. 412.

de sua história, de sua origem, sentidos e propósitos. Que as coisas sejam como são quando poderiam não ser não significa obrigatoriamente que não haja nelas valor intrínseco, pois que tenham se tornado de um modo por tantas liberdades conciliadas constitui um patrimônio para todos. O problema reside em que tal patrimônio não nos seja dado de modo imediato e evidente, que não possamos dele nos apropriar, apreendendo-o ordinariamente – e que, portanto, nos seja infligida uma árdua tarefa de escuta e desvelamento, como de dedicação e entrega. Da dificuldade de encontrar e de incorporar o patrimônio capaz de emprestar sentido ao mundo, que em si mesmo não é conduzido pela força de uma providência divina, ressurgirá, para essa nova experiência de linguagem, uma nova tarefa de exegese. Sacraliza-se, então, o passado a ser redescoberto, um passado que nos fez à sua própria imagem.

Compreende-se, assim, o reflorescimento muito acentuado, no século XIX, de todas as técnicas de exegese. [...] O primeiro livro do Capital é uma exegese do "valor"; Nietzsche inteiro, uma exegese de alguns vocábulos gregos; Freud, a exegese de todas essas frases mudas que sustentam e escavam ao mesmo tempo nossos discursos aparentes, nossos fantasmas, nossos sonhos, nosso corpo.[117]

A experiência de linguagem da modernidade, como as duas outras, também impõe uma tarefa de decifração. Como a um oráculo, buscamos decifrar a linguagem porque os sentidos não estão claros, porque eles estão no inconsciente, porque tendemos à dispersão, sobretudo, porque, embora estejamos amarrados pelos pés como Édipo, fomos tomados pelo esquecimento e por uma sorte de abandono que nos leva, por nós mesmos, à busca de um reencontro.

O Desaparecimento do Sujeito

"Que coisa, pois, é impossível pensar, e de que impossibilidade se trata?"[118] Em *Sobre o Humanismo*, texto claramente influente

---

117 Ibidem, p. 412-413.
118 Ibidem, p. IX.

sobre *As Palavras e as Coisas*, Heidegger propõe que, no lugar de se pensar o homem e o humanismo, se pense o ser e a linguagem. É também contra o humanismo que Foucault formula a sua crítica. Na virada do discurso do que ele chama de idade clássica para a linguagem da modernidade, para uma realidade com a qual nos vemos ao mesmo tempo comprometidos e diante da qual nos vemos, pelo próprio emprego que fazemos habitualmente da razão, alienados, ressurge a dimensão histórica da linguagem, dimensão de larga magnitude. Da diferença entre o humanismo e uma história que em Marx já trava a despedida do idealismo hegeliano, surge a polêmica suspeita de Foucault: "o homem não é o mais velho problema nem o mais constante que se tenha colocado ao saber humano. [...] O homem é uma invenção cuja recente data a arqueologia de nosso pensamento mostra facilmente. E talvez o fim próximo"[119].

Marx, Heidegger e Foucault encontram-se na procura por uma nova concepção de história sem a égide do sujeito soberano[120]. A concepção marxista da história é superior, segundo Heidegger, a toda outra forma de história, porque ela considera a questão da alienação; ela não se ampara no humanismo das vontades e dos fins. A linguagem e o materialismo histórico se encontram no desaparecimento do sujeito autônomo, quando os homens não têm outra liberdade senão para assumir e enfrentar um compromisso colocado. Quanto a Foucault, a polêmica da morte do homem, anunciada em *As Palavras e as Coisas*, surge no campo da diferença entre a autonomia, característica do discurso clássico, e o compromisso moderno com o ser da linguagem; surge, portanto, no questionamento a respeito da soberania, ou ainda, da estatura do homem[121].

Quando a representação deixa de ser o centro dos interesses que compõem o classicismo, dando origem à *epistémê*

---

119 Ibidem, p. 536.
120 M. Heidegger, *Sobre o Humanismo*, p. 162: "Pelo fato de Marx, enquanto experimenta a alienação, atingir uma dimensão essencial da história, a visão marxista da História é superior a qualquer outro tipo de historiografia."
121 PC, p. 467: "Alguma coisa como uma analítica do modo de ser do homem só se tornou possível uma vez dissociada, transferida e invertida a análise do discurso representativo. Com isso, adivinha-se também que ameaça faz pesar sobre o ser do homem, assim definido e colocado, o reaparecimento contemporâneo da linguagem no enigma de sua unidade e de seu ser."

moderna, o discurso, perdendo o elemento em torno do qual ele antes orbitava, torna-se tão vago quanto o seu uso referido ao Renascimento, quando a modalidade fundamental é o comentário. Na modernidade, a historicidade toma o lugar central da universalidade da representação e instaura, na outrora órbita do discurso, uma "analítica da finitude", que dá à linguagem, ao distinguir-se da representação, a marca da temporalidade, o que a situa acima da mortalidade humana e a liberta da sua anterior configuração meramente instrumental. Em outras palavras, a modernidade liberta a linguagem do discurso. Vemos, assim, a razão pela qual, como disse Foucault, "uma analítica do modo de ser do homem só se tornou possível uma vez dissociada, transferida e invertida a análise do discurso representativo".

A analítica do modo de ser do homem significa, na expressão de Foucault, o "duplo empírico-transcendental", algo semelhante àquilo que em *Ser e Tempo*, de Heidegger, encontramos como o estudo das condições ônticas e ontológicas do *Dasein* (ser--aí). O homem é ontologicamente constituído por existenciais, mas sua determinação – ôntica – dá-se em sua existência, ou seja, por uma conjuntura fática e em vista de uma realização própria, pela sua inserção histórica e pelos processos que cada homem inicia. Tal analítica, reconhece Foucault, é o primeiro anúncio de que algo a mais se desenrola, é um passo de uma conclusão mais radical, pois prenuncia o fim do retrato que se fez da autonomia humana. O que Foucault alardeia como uma possibilidade, o desaparecimento do homem, é algo que ele já encontrou no pensamento de Heidegger de 1947. Se a analítica do modo de ser do homem busca determinar um lugar para ele, mas sem abandoná-lo, e não por outra razão o termo fundamental de *Ser e Tempo* é mais o discurso do que a linguagem, nos ensaios da década de 1950 Heidegger já se despediu do homem em favor de uma ênfase no livre desvelamento do próprio ser, enquanto Foucault, como um arqueólogo, em vez de assumir uma proposta direta, volta-se em *As Palavras e as Coisas* para a análise das condições que possibilitariam uma tal despedida, não assumindo que por toda parte ela esteja confirmada. Se Heidegger despede-se do homem para começar a buscar a linguagem, a "casa do ser", Foucault encontra uma enciclopédia da linguagem que sugere o fim do homem.

Encontramos formuladas questões para as quais o filósofo francês já encontrou respostas. Ao fim de *As Palavras e as Coisas*, ele afirma: "Assim se tece sob nossos olhos o destino do homem, mas se tece às avessas; nestes estranhos fusos, é ele reconduzido às formas de seu nascimento, à pátria que o tornou possível. Mas não é essa uma forma de conduzi-lo ao seu fim?"[122] E menos de cem páginas antes ele já dissera: "A única coisa que, por ora, sabemos com toda a certeza é que jamais, na cultura ocidental, o ser do homem e o ser da linguagem puderam coexistir e se articular um com o outro. Sua incompatibilidade foi um dos traços fundamentais de nosso pensamento."[123]

Foucault anuncia o retorno, na modernidade, do ser da linguagem; afirma que jamais o ser da linguagem instaurou-se lado a lado com o homem, mas, antes de admitir que o homem chegou ao fim, assume uma postura prudente.

É possível compreender que, ao formular no prefácio a questão sobre o que seria impossível pensar, Foucault tem em vista o que encontramos na conclusão da obra, a ideia de que jamais o ser da linguagem e o ser do homem puderam ser pensados lado a lado. O homem é a experiência-limite investigada em *As Palavras e as Coisas*, não em seus casos patológicos, mas tal como mais soberanamente foi um dia reconhecido, antes de ser suplantado por um novo advento da linguagem.

---

122 Ibidem, p. 528.
123 Ibidem, p. 468.

3. Discurso e Poder:
A Reforma

O ENUNCIADO E O PODER

Dois Campos da Arqueologia

Deleuze organiza em duas partes os capítulos do seu livro *Foucault*. A primeira se chama "Do Arquivo ao Diagrama", e a segunda, "Topologia: Pensar de Outra Forma". Ambas se voltam ao que vem depois "do arquivo", ao que surge a partir de 1969, com *A Arqueologia do Saber*. Porém, se realizar uma topologia pressupõe "pensar de outra forma", não é preciso estabelecer de início a primeira forma para que se possa compreender o que há de diferente e de novo com o marco que se dá para lá "do arquivo"? Consideramos aqui que não há uma unidade nas investigações arqueológicas de Foucault e que o prisma conceitual capaz de esclarecer suas diferenças é a linguagem, mais especificamente – conforme o termo utilizado pelo próprio Deleuze – por meio de uma "topologia" da linguagem. Estranhamente, Deleuze verá formas de espacialidade, como o "diagrama" e a "cartografia", não antes, mas depois do arquivo. Se ele tivesse retrocedido a sua análise ao momento anterior ao "arquivo", talvez reconhecesse outra modalidade de espaço, relacionada à linguagem.

O primeiro grande quadro do pensamento de Foucault perdura até por volta de 1967, com duas relevantes entrevistas, intituladas "A Filosofia Estruturalista Permite Diagnosticar o Que É a Atualidade" e "Sobre as Maneiras de Escrever a História". Entre as duas, algo muito relevante acontece. Na primeira, ainda admitindo algum laço com o estruturalismo, Foucault afirma:

> O que tentei fazer foi introduzir análises de tipo estruturalista em domínios nos quais elas não haviam penetrado até o presente, ou seja, no domínio da história das ideias, da história dos conhecimentos, da história da teoria. Nessa medida, fui levado a analisar em termos de estrutura o nascimento do próprio estruturalismo.[1]

Na segunda entrevista, algo novo surge. Foucault está discutindo as "maneiras de escrever a história", mas quando esperamos encontrar mais uma vez a referência ao estruturalismo, o que ele diz ao explicar o seu método de trabalho é: "esforcei-me para descrever os enunciados, grupos inteiros de enunciados, fazendo surgir as relações de implicação, de oposição, de exclusão, que podem ligá-los novamente"[2]. Embora essa explicação incida sobre os mesmos trabalhos, e em grande medida com pertinência, ela carrega um novo entendimento metodológico do que foi realizado. Não mais uma tarefa de decifração, de interpretação; o verbo norteador é "descrever". No lugar de "estrutura", surge a expressão "grupos de enunciados". No lugar de uma forma cindida, o que está debaixo e o que está na superfície, o que é condicionante e o que é condicionado, analisa-se agora "relações de implicação, de oposição, de exclusão". É certo que tais relações já existiam na investigação das rupturas entre uma *epistémê* e outra, mas antes se tratava de grandes quadros de pensamento, de ordens mudas e "códigos fundamentais", "códigos ordenadores", "primários", de uma "lei interior" e de uma "rede secreta" – terminologia muito marcante no prefácio de *As Palavras e as Coisas*. No lugar desses códigos obscuros, Foucault anuncia a imanência dos "enunciados" e sugere que analisemos suas raridades e seus acúmulos.

---

1 DE2, p. 59.
2 Ibidem, p. 65.

Meu objeto não é a linguagem, mas o arquivo, ou seja, a existência acumulada dos discursos. A arqueologia, tal como eu a entendo, não é parente nem da geologia (como análise dos subsolos), nem da genealogia (como descrição dos começos e das sucessões); ela é a análise do discurso em sua modalidade de arquivo.[3]

Embora o trabalho que vemos surgir possa ser aplicado ao trabalho anterior, conferindo-lhe uma perspectiva alternativa à que já fora antes empregada pelo próprio autor, trata-se, fundamentalmente, de inaugurar um novo empreendimento. Foucault é radical em suas afirmações sobre seus trabalhos anteriores, refutando o que verdadeiramente havia feito, a fim de abrir terreno para um novo trabalho. As referências teóricas que virão auxiliá-lo agora serão outras. Não mais Hölderlin e Heidegger, Lévi-Strauss e Lacan, Bachelard e Blanchot, toda a abordagem poética, fenomenológica, ontológica e estruturalista da linguagem. Veremos agora outro modo de formalismo, o da filosofia analítica.

Como justificar esse discurso sobre os discursos que eu mantenho? Que estatuto lhe dar? Começam-se, sobretudo do lado dos lógicos, alunos de Russell e de Wittgenstein a se dar conta de que a linguagem apenas poderia ser analisada em suas propriedades formais, desde que se leve em conta seu funcionamento concreto. A língua é um conjunto de estruturas, mas os discursos são unidades de funcionamento, e a análise da linguagem em sua totalidade não pode deixar de fazer face a essa exigência essencial.[4]

Um ano mais tarde, no verão de 1968, um grupo de pensadores reunidos sob a alcunha "O Círculo de Epistemologia" e amparados, sobretudo, em uma questão formulada por Canguilhem com referência à obra *As Palavras e as Coisas*, solicita esclarecimentos a Foucault. Em lugar de defender as teorias presentes na obra de 1966, ele traz ideias e fala de conceitos inteiramente novos, até contrários ao que havia sido dito no primeiro momento. Ao falar do trabalho atual do historiador, ele afirma que "a atenção se deslocou das vastas unidades formando 'época' ou 'século' para os fenômenos de ruptura"[5]. É

3   Ibidem, p. 72.
4   Ibidem, p. 73.
5   Ibidem, p. 84.

certo que as rupturas e descontinuidades já lhe interessavam antes mesmo de *As Palavras e as Coisas*, mas ele considerava importante a diferença entre os séculos e, sobretudo, entre as épocas – o Renascimento, a "época clássica" e a modernidade. A resposta ao círculo de epistemologia apresenta muitas passagens que serão aproveitadas posteriormente, em *A Arqueologia do Saber*. Em 1968, Foucault já pensa com um novo aparato teórico, o qual abrirá um campo de ideias distintas. Uma passagem daquele texto parece particularmente digna da tarefa não só de delimitar esta topologia, que é, segundo Deleuze, "pensar de outra forma". Trata-se de uma passagem que se despede da forma anterior:

> Vê-se igualmente que essa descrição do discurso se opõe à análise do pensamento. [...] A análise do pensamento é sempre alegórica em relação ao discurso que ela utiliza. Sua questão é infalivelmente: o que, afinal, se dizia no que era dito? Mas a análise do discurso tem uma finalidade completamente diferente; trata-se de apreender o enunciado na estreiteza e na singularidade de seu acontecimento.[6]

Duas Tradições

A introdução de *A Arqueologia do Saber* revela posições comuns ao método arqueológico de *As Palavras e as Coisas*, recusando também abordagens tradicionais da história. A primeira recusa incide sobre a visão teleológica que, como se vê tanto em Kant quanto em Hegel, é uma marca da influência da filosofia metafísica sobre a história, do modo como a história foi submetida a um plano conceitual que pretendia dar-lhe um caráter científico, embora subtraindo o aspecto espontâneo e efêmero dos acontecimentos. No lugar da tradição, e como modo de respeitar o que pode haver de abrupto nos descaminhos da história, Foucault propõe que a análise privilegie as rupturas: "A descontinuidade era o estigma da dispersão temporal que o historiador se encarregava de suprimir da história. Ela se tornou, agora, um dos elementos fundamentais da análise histórica."[7] A segunda refe-

6 Ibidem, p. 92.
7 AS, p. 9.

rência, que pode ser compreendida como um desdobramento da primeira, é a crítica à primazia da subjetividade.

A história contínua é o correlato indispensável à função fundadora do sujeito: a garantia de que tudo o que lhe escapou poderá ser devolvido; a certeza de que o tempo nada dispersará sem reconstituí-lo em uma unidade recomposta: a promessa de que o sujeito poderá, um dia – sob a forma da consciência histórica –, se apropriar, novamente, de todas essas coisas mantidas a distância pela diferença, restaurar seu domínio sobre elas e encontrar o que se pode chamar sua morada.[8]

Na tentativa de engendrar um pensamento capaz de contornar tais influências da teleologia e do primado antropológico, Foucault dedicara grande parte de seu trabalho até então à linguagem. Entretanto, será precisamente na supressão do tema da mediação histórica da linguagem que encontraremos uma diferença perante *As Palavras e as Coisas*. A raiz de sua preocupação em evitar o primado do sujeito e de assumir as vicissitudes históricas permanece presente, contudo outro desenvolvimento será traçado. Até aquele momento, havia um modo de reposicionar a história deslocando-a de um amparo na soberania do sujeito, da noção de que voluntariosamente ele guia a sua história, para a constatação de que ele sempre já atende a um apelo da linguagem. Agora a relação tripartida – história, linguagem e homem – parece simplificar-se em uma relação direta entre a história e o sujeito, em favor da primeira e em detrimento do segundo. Em *As Palavras e as Coisas*, a grande impossibilidade de conciliação, o que seria monstruoso pensar, era um encontro do ser da linguagem com o ser do homem, mas agora a relação inconciliável é diretamente entre o homem e a história em sua realidade descontínua.

O pensamento antropológico busca encontrar uma coerência, uma unidade, como meio de salvar o homem da transitoriedade. Se em *As Palavras e as Coisas* o que estava em questão era a possibilidade do fim do homem em favor do ressurgimento do ser da linguagem, em *A Arqueologia do Saber*, Foucault considera que não há espólios recaindo sobre a morada soberana da linguagem, pois o que a história tem a revelar está resguardado nos arquivos.

8   Ibidem, p. 14.

Portanto, há pressupostos comuns: a crítica ao pensamento antropocêntrico, chamado em *As Palavras e as Coisas* de "duplo transcendental-empírico", e a crítica à visão continuísta da história, problemas que são dois estratos de um mesmo. Mas não se fará mais uma enciclopédia da linguagem com base em seus marcos históricos, e cujos limites apontariam que é possível esperar, depois da época clássica, o retorno da linguagem do Renascimento na modernidade. Compreendidos tais pressupostos – fundamentais, pois o que será problematizado aqui é o nosso aprisionamento a uma filosofia que busca na linguagem condições mudas de possibilidade –, devemos partir em direção às especificidades de *A Arqueologia do Saber* e, em especial, à posição que o discurso, profundamente ressignificado, nela ocupa.

Desde o primeiro capítulo da obra de 1969, se tomamos como referência *As Palavras e as Coisas*, notamos que o discurso se desloca, como já havia ocorrido nas entrevistas e conferências desse período, a uma posição de destaque. Em primeiro lugar, o discurso não será mais submetido a uma análise epistemológica; ele não serve mais, como na análise da época clássica em *As Palavras e as Coisas*, às representações. Se naquele momento as representações eram a fonte de clareza, o amparo seguro, o centro e o foco do modelo, duplamente de linguagem e de conhecimento, deixando ao discurso a função de ser meramente o agente transmissor das representações de um espírito para outro, agora ele deve adquirir a plena predominância. Ele não requisitará nenhum amparo, sendo o princípio organizador dos elementos que passam a orbitá-lo.

Falar-se-á, em vez da relação do discurso com a linguagem e o conhecimento, de sua relação com a verdade – e negativamente. Não se pode esperar do discurso a revelação da verdade, na medida em que ele se sustenta sobre uma origem secreta inalcançável[9]. Em *As Palavras e as Coisas*, o *a priori* histórico "define as condições em que se pode sustentar sobre as coisas um discurso reconhecido como verdadeiro".[10] Agora, Foucault

---

9 Ibidem, p. 27: "Jamais seja possível assinalar, na ordem do discurso, a irrupção de um acontecimento verdadeiro; que além de qualquer começo aparente há sempre uma origem secreta – tão secreta e tão originária que dela jamais poderemos nos reapoderar inteiramente."
10 PC, p. 219.

abandona a busca de condições de possibilidade ocultas, de tramas misteriosas e, com elas, verdades ou fundamentos da verdade que deveriam repousar velados. Não se falará mais de investigar a "ordem muda" e a "rede secreta". Sendo "tão secreta e originária", ele afirma, da verdade "jamais poderemos nos reapoderar inteiramente"[11]. Em suma, "um discurso sem corpo, uma voz tão silenciosa quanto um sopro, uma escrita que não é senão o vazio de seu próprio rastro"[12], todo o universo tímido que se buscou antes despertar, equivale aqui a um "jamais dito".

Como respeitar, na nova conjuntura do discurso, o que havia de supostamente positivo no antigo projeto arqueológico, ou seja, a dedicação à existência muda da ordem? Se há qualquer coisa muda para a arqueologia que vemos renovar-se, não se trata de algo que precisa de um substituto que lhe empreste uma voz, mas de algo que está mudo simplesmente porque foi esquecido e que, tão logo redescoberto, começará a falar. Não mais uma decifração, a projeção de uma coisa detrás de outra, a busca de algo extrínseco ao que está acessível, mas simplesmente a recuperação do que foi renegado, a restituição do seu *status* e a tarefa de descrevê-lo: "a história, em nossos dias, se volta para a arqueologia – para a descrição intrínseca do monumento"[13]. E ainda: "É preciso estar pronto para acolher cada momento do discurso em sua irrupção de acontecimentos. [...] Não é preciso remeter o discurso à longínqua presença da origem; é preciso tratá-lo no jogo de sua instância."[14] Portanto, os temas da ordem muda e da origem, que sempre nos escapa quanto mais dela confiamos nos aproximar, são relegados a um campo de análise impossível, que deve ser abandonado em favor da instância mesma do discurso, de sua imanência, de sua positividade.

A preocupação com a dimensão positiva do discurso estabelece uma aproximação com filosofia analítica, sobretudo com a figura de Wittgenstein, a qual vemos bem representada pela seguinte aspiração encontrada em *Investigações Filosóficas*: "Não queremos aprimorar ou completar o sistema de regras para

---

11 AS, p. 27.
12 Ibidem, p. 28.
13 Ibidem, p. 8.
14 Ibidem, p. 28.

o emprego de nossas palavras de maneira exorbitante. Pois a clareza a que aspiramos é, todavia, uma clareza completa. Mas isso significa que os problemas filosóficos devem desaparecer completamente."[15]

A linguagem, segundo Wittgenstein, funciona como um sistema de regras compartilhadas, sustentadas nas práticas existentes em uma comunidade linguística – práticas que ele denomina "jogos de linguagem". Assim, ele afirma: "Pergunta significativamente por uma denominação somente quem já sabe o que fazer com ela."[16]

Para Wittgenstein, a linguagem não é refém da subjetividade, da interioridade de cada um, das representações do espírito. Não importa a representação mental, porque sozinha ela pode se enganar, até que seja posta à prova nas práticas compartilhadas. O que vale é o domínio das regras que regem o uso, o qual só pode ser demonstrado e averiguado no próprio uso. O significado, segundo Wittgenstein, é a regra que rege o uso. Por isso, o uso não pode ser apenas um único caso, que não configuraria uma regra, já que poderia acontecer de haver uma adequação casual. Assim, o uso deve ser compreendido como um hábito, um costume, e as regras surgem da constante averiguação de um uso adequado[17].

A linguagem, para Wittgenstein, obriga uma submissão espontânea dos indivíduos às práticas da comunidade: "Deixe que o uso lhe ensine o significado."[18] Com isso, ela está em uma posição, característica na modernidade, também profundamente oposta a uma noção de soberania nas relações entre os indivíduos e a linguagem – própria da época clássica –, mas nem por isso se falará de uma experiência secreta. Ao contrário, tudo se passará no universo imanente, nas trocas, nos usos, nas "instituições". Portanto, não faz sentido falar em uma linguagem privada ou em significados dominados apenas por uma pessoa. Ele afirma:

15 L. Wittgenstein, *Investigações Filosóficas*, p. 76.
16 Ibidem, p. 32.
17 Ibidem, p. 113: "Não é possível um único homem ter seguido uma regra uma única vez. Não é possível uma única comunicação ter sido feita, uma única ordem ter sido dada ou entendida uma única vez etc. – Seguir uma regra, fazer uma comunicação, dar uma ordem, jogar uma partida de xadrez, são hábitos (usos, instituições)."
18 Ibidem, p. 276.

"Seguir uma regra é análogo a cumprir uma ordem. Treina-se para isso e reage-se à ordem de uma maneira determinada."[19] Ou ainda: "Se sigo a regra, não escolho. Sigo a regra cegamente."[20]

No caso de Foucault, contra um pensamento exorbitante, o que deve desaparecer é a busca de uma origem aquém do discurso, não só quanto à representação, mas também quanto a toda experiência obscura com a linguagem. É o que ele dirá ainda na conferência pronunciada na PUC-Rio, em 1973, *A Verdade e as Formas Jurídicas*:

> Teria então chegado o momento de considerar esses fatos do discurso, não mais simplesmente sob seu aspecto linguístico, mas, de certa forma – e aqui me inspiro nas pesquisas realizadas pelos anglo-americanos – como jogos (*games*), jogos estratégicos de ação e reação, de pergunta e de resposta, de dominação e de esquiva, como também de luta.[21]

O que antes condizia, para o pensamento de Foucault, com a dimensão de mera superficialidade instrumental da linguagem aparece agora sendo não somente privilegiado em suas análises, mas assumido como dimensão única. O fato de que os homens não são senhores dos seus discursos não se dá em detrimento do discurso e em favor da origem secreta da linguagem. Discurso não é mais superfície de uma experiência profunda a ser conquistada; não é trazer à fala o fundamento. Ele é o que torna possível, em lugar de procurar verdades fundadas em um jamais dito, descrever e relacionar o que encontramos manifesto. Mais importante do que se manter no campo das especulações, na busca por tramas ocultas, no pretenso resgate de origens sempre mais distantes conforme delas se aproxime, é descrever o que se manifesta historicamente no discurso.

Essa visão parece oposta à compreensão heideggeriana da linguagem que encontramos nos ensaios da década de 1950 e que marcaram Foucault ao longo da década seguinte. Devemos suspeitar de um rompimento com a visão heideggeriana de linguagem, na medida em que Foucault se coloca próximo agora dessa tradição distinta, principalmente de Wittgenstein.

---

19 Ibidem, p. 114.
20 Ibidem, p. 119.
21 *VFJ*, p. 9.

Em 1984, Foucault concede uma entrevista, posteriormente intitulada "O Retorno da Moral", em que afirma: "Heidegger sempre foi para mim o filósofo essencial. [...] Todo o meu futuro filosófico foi determinado por minha leitura de Heidegger."[22] Não devemos supor, entretanto, que se reproduza um pensamento anteriormente formulado ou que Foucault tenha permanecido sempre próximo ao filósofo alemão. O que comparece é o problema, certamente por abordagens bastante distintas. Se nos voltarmos para *Ser e Tempo*, percebemos que a linguagem e o discurso aparecem imbricados: "O fundamento ontológico--existencial da linguagem é o discurso."[23] Nessa abordagem, a linguagem reside naquilo que o discurso pronuncia, e não em uma autonomia secreta, como a pérola no fundo do mar hölderliano. Para Foucault, em *A Arqueologia do Saber*, linguagem e discurso também parecem comprometer-se, pois, o fundamento da linguagem é o discurso e não o inverso. Porém, há uma diferença significativa em relação àquilo que havia sido proposto por Heidegger, pois para o filósofo alemão, conforme é dito em *Ser e Tempo*, há uma "totalidade significativa" que "se estrutura na articulação do discurso". E essa totalidade significativa é a "compreensão" que sempre já se impõe à nossa presença no mundo; é o prisma por meio do qual questionamos seus significados e que nos abre as possibilidades de nossa existência, em suma, aquilo que nas décadas seguintes suplantará o primado do *Dasein* (ser-aí) em favor da esfera então nomeada linguagem – algo que, na articulação foucaultiana, apareceria como uma ordem secreta com base na qual o discurso se forma –, consideração condizente com o plano de *As Palavras e as Coisas*, mas que fora também abandonada. Se há algo capaz de esclarecer essa ruptura no pensamento de Foucault é que não se poderá mais pressupor nenhuma experiência primitiva que corresponda ao que foi por Heidegger denominado "totalidade significativa". Foucault diz: "Nada seria mais falso do que ver na análise das formações discursivas uma tentativa de periodização totalitária: a partir de certo momento e por certo tempo, todo mundo pensaria da mesma forma, apesar das diferenças de superfície."[24]

22 DE5, p. 259.
23 M. Heidegger, *Ser e Tempo*, p. 219.
24 AS, p. 167.

De fato, Heidegger afirma: "Discurso e escuta se fundam na compreensão. A compreensão não se origina de muitos discursos e nem de muito se ouvir por aí. Somente quem já compreendeu é que poderá escutar."[25] Quando se está em uma *epistémê*, herda-se uma compreensão, o que sugere uma aproximação de Foucault com as formas de eco que caracterizam a linguagem de Hölderlin a Heidegger. De todo modo, a maior aproximação entre os dois pensamentos se dá no diálogo entre as obras das décadas posteriores no trabalho de Heidegger – como o conjunto de conferências reunidas sob o título *Unterwegs zur Sprache* (A Caminho da Linguagem) –, e os estudos da linguagem produzidos até *As Palavras e as Coisas*, de Foucault. Enquanto o pensamento de Heidegger se desenvolve no sentido de distinguir cada vez mais a linguagem do discurso em favor da primeira, o pensamento de Foucault passa a privilegiar a imanência do discurso.

Foucault já não vê melhor alternativa do que descrever minuciosamente o que as manifestações efetivas da linguagem, os enunciados, nos permitem analisar, até que os limites das formações discursivas sejam explicitados. Começa a revelar-se a dignidade do papel do discurso na modernidade. Devemos entender por "acúmulo" nada mais do que a constituição de redes de similitudes, mas se vemos ressurgir o modelo do Renascimento, cumpre respeitar a diferença de que a similitude não incidirá mais sobre as coisas, e sim sobre os enunciados. Se o pensamento de Foucault caminha em direção a uma filosofia da imanência, uma empiria sustentada em arquivos, é preciso reconhecer que se trata de uma imanência no campo do que é dito e não no campo das coisas ou objetos, como pretenderia o modelo do *semainon*, pois os objetos dependem dos discursos que sobre eles são projetados.

Os Modelos de Trabalho

Recordemo-nos da heterotopia de Borges. A "enciclopédia chinesa" é um conjunto de enunciados sobre os seres. Do riso que

---

25 M. Heidegger, *Ser e Tempo*, p. 223.

ela provoca, nasce *As Palavras e as Coisas*, livro no qual Foucault volta sua atenção para o espaço que permite reunir as palavras e as coisas, um espaço pré-existente, tomado como ponto de partida, porque, de acordo com um momento e um lugar determinados, essa reunião será ou não reconhecida – será utópica, heterotópica ou atópica. Mais do que os enunciados, Foucault buscou decifrar esses espaços históricos de acolhida, as condições de possibilidade para a experiência, ou seja, o modo como sobre um mesmo conjunto é possível incidir diferentes familiaridades. Mas agora ele nos diz algo diferente: "Tentei descrever relações entre enunciados."[26] O que há de novo é que o espaço não mais preexiste aos enunciados, não os condiciona, mas será determinado por eles. Não se trata mais da possibilidade de conferir diversas interpretações a um mesmo conjunto, mas de determiná-lo por sua realidade interna, pelo modo como ele mesmo se afirma e com o qual ele nos constrange a aceitá-lo.

Analisadas as relações de *A Arqueologia do Saber* com os estudos anteriores de Foucault e com antigas e novas influências, é preciso retomar a questão: como entender a formação do discurso? Como reunir o seu conjunto? Voltamo-nos não para a sua condição de existência, mas para a sua abordagem. "De modo paradoxal, definir um conjunto de enunciados no que ele tem de individual consistiria em descrever a dispersão desses objetos, apreender todos os interstícios que os separam, medir as distâncias que reinam entre eles – em outras palavras, formular sua lei de repartição."[27]

Não se busca mais reunir, da multiplicidade de abordagens, as disciplinas, as linguagens da ciência e das artes, os séculos ou as épocas, uma constelação de um mesmo objeto, por exemplo, em *História da Loucura*, tudo o que foi dito sobre a loucura. É preciso agora deixar cada coisa em seu lugar: "O objeto que é colocado como seu correlato [da loucura] pelos enunciados médicos dos séculos XVII ou XVIII não é idêntico ao objeto que se delineia através das sentenças jurídicas ou das medidas policiais."[28] No lugar de recompor uma unidade estranha e retratar a razão pelo viés desse estranhamento, inferindo à distância a

---

26 AS, p. 35.
27 Ibidem, p. 37.
28 Ibidem, p. 36.

linguagem, abandona-se a grande constelação e busca-se, em vez disso, uma "lei de repartição".

Teríamos, então, três modelos: o de *História da Loucura*, em que se coloca o objeto como articulador de um espaço múltiplo; o de *As Palavras e as Coisas*, no qual se coloca o espaço como condicionador de investigações sobre uma multiplicidade de objetos; e *A Arqueologia do Saber*, em que se coloca o discurso, um conjunto de enunciados, como delimitador do espaço de um objeto, de modo que é o discurso que pauta as transformações dos objetos e dos espaços, e então se terá, mais do que um objeto em formas múltiplas, distintos objetos em formas específicas.

Em lugar de ordens secretas, os enunciados revelam acúmulos e raridades; regularidades que contrapõem espaços de dispersão. Foucault busca, em suas próprias palavras, "fazer uma história dos objetos discursivos que não os enterre na profundidade comum de um solo originário, mas que desenvolva o nexo das regularidades que regem sua dispersão"[29]. Quando identificamos determinado acúmulo de enunciados aparentados, identificamos a emergência de uma positividade. Não mais um estruturalista, alguém que pressupõe que os enunciados surgem atendendo a uma estrutura previamente existente, um esqueleto formal que se repete com diferentes superfícies, ele agora se declara um positivista, porque, em vez de decifrar estruturas, irá "descrever relações de exterioridade"[30].

Por meio do processo comparativo de densidades, da busca pelos "nexos" na "exterioridade", não reduzimos as relações a igualdades, mas apontamos suas diferenças: "A comparação arqueológica não tem um efeito unificador, mas multiplicador."[31] Se o modelo do Renascimento é insuficiente para esclarecer a relação dos enunciados no elemento do arquivo é porque será privilegiada mais a dispersão, a diferença, do que a semelhança. Em suma, a análise enunciativa, mais do que à corrente de semelhanças ou ao espelhamento das identidades, que formam os

---

29 Ibidem, p. 53.
30 Ibidem, p. 142: "Se substituir a busca das totalidades pela análise da raridade, o tema do fundamento transcendental pela descrição das relações de exterioridade, a busca da origem pela análise dos acúmulos, é ser positivista, pois bem, eu sou um positivista feliz, concordo facilmente."
31 Ibidem, p. 180.

acúmulos, volta-se às raridades. Depois da análise dos objetos e das apropriações hegemônicas; depois da análise das estruturas, das ordens condicionantes, Foucault utilizará, para tratar dos mesmos interesses pelas experiências-limite, um trabalho sobre os discursos: "O termo discurso poderá ser fixado: conjunto de enunciados que se apoia em um mesmo sistema de formação; é assim que poderei falar do discurso clínico, do discurso econômico, do discurso da história natural, do discurso psiquiátrico."[32]

Analisar enunciados não equivale a atender à normatividade gramatical ou aos preceitos lógicos, pois eles não residem nem no nível da frase – o campo semântico – nem no nível da proposição. Do contrário, em favor de aprisioná-los por novas estruturas, perderíamos a diferenciação singular que os constitui. Se determinarmos qualquer condição *a priori* para a formação de um conjunto de enunciados, inviabilizaremos a formação de uma regularidade própria na história. Mas isso não significa que não haja neles características intrínsecas. Em primeiro lugar, não há enunciado que não suponha outros; os enunciados devem associar-se a outros enunciados. Em segundo lugar, o suporte material também é determinante, pois se o suporte se modifica, seja uma conversa ou uma publicação, o enunciado também se modificará.

Embora possamos reconhecer que o enunciado seja o elemento mínimo que possibilita uma análise pela raridade e acúmulo, não se trata a rigor de uma unidade, mas principalmente de uma função em uma série.

Não há razão para espanto por não se ter podido encontrar para o enunciado critérios estruturais de unidade; é que ele não é em si mesmo uma unidade, mas sim uma função que cruza um domínio de estruturas e de unidades possíveis e que faz com que apareçam, com conteúdos concretos, no tempo e no espaço.[33]

Mais do que a unidade formadora de um conjunto, o enunciado é uma função na medida em que ele distingue um conjunto de outro. O que Foucault propõe é que, sob os

---

32   Ibidem, p. 122.
33   Ibidem, p. 98.

discursos, os enunciados não tenham uma realidade previamente condicionada. Torna-se necessário descrevê-los porque não se sabe previamente o que se encontrará, porque não se tem um espaço anterior o qual se possa inferir e no qual possamos inseri-los. Pela descrição, não encontramos a cada vez as mesmas características determinantes, mas a função que ali ocupam uns com os outros. Por isso, o espaço de encontro é o que os qualifica. É preciso considerá-los dentro de suas "séries".

Não há enunciado em geral, enunciado livre, neutro e independente; mas sempre um enunciado fazendo parte de uma série ou de um conjunto, desempenhando um papel no meio dos outros, neles se apoiando e deles se distinguindo: ele se integra sempre em um jogo enunciativo, onde tem sua participação, por ligeira e ínfima que seja.[34]

Como veremos agora, em vez de pensar essa função como uma relação de causalidade, cumpre estabelecer a relação do enunciado e do seu conjunto com as práticas de formação discursiva às quais eles pertencem. É esse jogo das relações dos enunciados entre si e com as suas práticas correspondentes que, finalmente, caracteriza o novo papel da arqueologia, como um trabalho sobre os arquivos: "A arqueologia descreve os discursos como práticas específicas no elemento do arquivo."[35] O novo papel da arqueologia é revelado, então, como o de encontrar nos arquivos os sistemas de enunciados que compõem formações discursivas e, com elas, como ainda veremos, as suas práticas correspondentes.

O Estado Civil da Contradição

Descoberto o que há de próprio na análise dos enunciados, que é a investigação, por novos caminhos, do que estabelece limites, descontinuidades, do que compete a um discurso ou a outro, em suma, de uma espacialidade discursiva, é preciso ver que uma dimensão à qual se conectam os enunciados irá adquirir um novo estatuto. Trata-se da esfera política. Desde *História da Loucura*, a relação do saber e das instituições com a esfera política ocupa

---

34   Ibidem, p. 112.
35   Ibidem, p. 149.

uma parte significativa das análises de Foucault, mas, na medida em que o ser da linguagem corria nos subterrâneos como a experiência fundamental, essa dimensão das decisões práticas, dos conflitos entre os homens, parecia condicionada, subordinada à atmosfera geral da linguagem. É como se os conflitos fossem predestinados a ocorrer por uma conjuntura mais ampla que carregasse a própria racionalidade dos homens.

A relação entre o psiquiatra e o doente mental seria, nesse primeiro imaginário, se não uma herança do destino do Ocidente, da *ratio* ocidental, da idade da técnica, então de uma época, e a batalha contra tudo isso deveria ser travada também lá onde o pensamento recobraria uma experiência distinta dessas formas hegemônicas, na origem, onde recobraria uma alternativa a partir da qual colheríamos politicamente, quem sabe, em uma época distinta, alguns efeitos benéficos. Quando o discurso é alçado para a posição não mais de reflexo instrumental de uma experiência condicionante, mas para a imanência, com ele a dimensão política adquirirá também uma nova envergadura.

A Arqueologia do Saber é a obra de Foucault que instaura a sua abordagem da linguagem na "evidência da linguagem efetiva", e esse evento abrirá para as suas investigações um novo campo: "Assim, o enunciado circula, serve, se esquiva, permite ou impede a realização de um desejo, é dócil ou rebelde a interesses, entra na ordem das contestações e das lutas, torna-se tema de apropriação ou de rivalidade."[36]

É nesse ponto que se torna necessário pensar não só as proximidades de Foucault com a filosofia analítica da linguagem, mas também as suas diferenças. O sistema de Wittgenstein é amparado no esclarecimento de regras que regem o discurso, regras que são explicitadas pelos limites que são revelados nos pontos em que fracassam. O filósofo austríaco afirma:

O fato fundamental é aqui: fixarmos regras, uma técnica, para um jogo, e então, ao seguirmos as regras, as coisas não funcionam tão bem como havíamos suposto; portanto, nós nos enleamos, por assim dizer, em nossas próprias regras. [...] O estado civil da contradição, ou o seu estado no mundo civil: este é o problema filosófico.[37]

---

36 Ibidem, p. 19.
37 L. Wittgenstein, op. cit., p. 74.

Foucault, de sua parte, assumirá não só o trabalho de reconhecimento das regras imanentes ao uso do discurso, como privilegiará também as diferenças, as faltas, a "contradição" ou, em sua terminologia, a "dispersão". Ele confrontará um jogo com outro. Ele reconhecerá as marcas do "estado civil da contradição" sobre o seu próprio discurso, sobre a pressão sofrida por todo escritor, sobretudo na filosofia, para que respeite coerentemente as regras uma vez estabelecidas em suas ideias. Ele defenderá o direito à contradição, à possibilidade de pensar com base em novas regras: "Vários, como eu, sem dúvida, escrevem para não ter mais um rosto. Não me pergunte quem sou e não me diga para permanecer o mesmo: é uma moral de estado civil; ela rege nossos papéis. Que ela nos deixe livres quando se trata de escrever."[38]

O "estado civil da contradição" ao qual se refere Wittgenstein comparece no "estado civil" que "rege nossos papeis", ao qual se refere Foucault. Este reconheceu, já na conferência "O Que É um Autor?", também de 1969, que esse "estado civil" está na base da função autor, a qual existe justamente como meio de garantir as coerências, as regras de enunciados que pertencem a uma mesma formação discursiva. A diferença entre os filósofos consiste em que, embora partindo de uma mesma dimensão de regras imanentes estabelecidas pelos usos que revelam contradições ou dispersões, Wittgenstein não revela particular interesse em analisar, nas práticas correspondentes aos discursos, a atuação do poder sobre as vidas, a transformação das instituições, a razão pela qual uma regra dá lugar a outra, enquanto para Foucault isso se transforma progressivamente no aspecto mais relevante das análises discursivas – o fato de que os discursos não estão sozinhos na imanência e que não basta reconhecer se eles funcionam ou não para o fim de permitir que os homens se compreendam. Há outras razões, que não o domínio das regras que regem o significado e o discurso – outros domínios –, que fazem com que os homens historicamente não se compreendam.

Wittgenstein afirma: "A filosofia não deve, de forma alguma, tocar o uso real da linguagem; o que pode, enfim, é apenas

---

38 AS, p. 20.

descrevê-lo. Pois ela também não pode fundamentá-lo. Ela deixa tudo como é."[39] Para Foucault, a relação com a linguagem de descrição também é fundamental, mas o seu pensamento sobre como as coisas são não tem em vista deixá-las em seu estado, assim perpetuando-o, mas precisamente lembrar as diferenças e permitir que as coisas possam não ser mais como são. O que se interpõe entre os dois filósofos é sobretudo a ocupação com a história, pois, se Wittgenstein se interessa pela clareza da linguagem instituída, Foucault se preocupa em que essa mesma clareza não se naturalize pela força do hábito como a única possível. Wittgenstein afirma:

A filosofia de fato simplesmente expõe tudo e não esclarece, nem deduz nada. Uma vez que tudo se encontra em aberto, não há também nada para esclarecer. Pois, o que porventura está oculto, não nos interessa. Poder-se-ia chamar também "filosofia" o que é possível antes de todas as novas descobertas e invenções.[40]

Se há algo oculto que ainda interessa a Foucault, não é o mesmo que um ocultismo, não significa uma experiência muda; deve aparecer no discurso embora não seja apenas discursivo. Falamos de poder. Ambos compartilham o interesse pela dimensão imanente do discurso, mas Wittgenstein não está preocupado com que as instituições nas quais os discursos se inscrevem possam ser reformadas e dar lugar a novos discursos. Se elas forem reformadas, o próprio uso dos jogos de linguagem revelará como se deve agir. Ele diz que devemos deixar que o uso nos oriente, que nos mostre os significados. "Compreender uma frase significa compreender uma língua. Compreender uma língua significa dominar uma técnica."[41] Seu pensamento se dirige ao esclarecimento de um processo de aprendizagem; a de como podemos dominar as técnicas disponíveis à nossa volta. Foucault, embora não queira prescrever novas técnicas e instituições melhores do que as atuais, espera que nos projetemos criticamente sobre os seus limites. Desse modo, no livro *Em Defesa da Sociedade*, ele afirma que as

---

39 L. Wittgenstein, op. cit., p. 74.
40 Ibidem, p. 75.
41 Ibidem, p. 113.

genealogias atuam "contra os efeitos centralizadores de poder que são vinculados à instituição e ao funcionamento de um discurso científico organizado no interior de uma sociedade como a nossa"[42].

Mais uma vez, encontramos no interior de uma obra foucaultiana uma semente que abrirá ou aprofundará um novo campo de estudos. A temática do poder contraria diretamente o critério adotado para a análise dos discursos até então: a regularidade – na expressão da filosofia analítica da linguagem, as práticas instituídas, compreendidas dentro da dimensão cotidiana. O que subtrai a linguagem de uma emergência espontânea própria e do movimento de sua institucionalização pelo torpor cotidiano é a emergência – ainda não sabemos se tão espontânea – do poder. Onde o poder atua, não há espaço para a regularidade, ou ainda, a regularidade deixa de ser o gênero que reúne raridade e acúmulo. Resta, então, somente raridade e acúmulo segundo emergências de poder.

Assim concebido, o discurso deixa de ser o que é para a atitude exegética: tesouro inesgotável de onde se podem tirar sempre novas riquezas, e a cada vez imprevisíveis; providência que sempre falou antecipadamente e que faz com que se ouça, quando se sabe escutar, oráculos retrospectivos; ele aparece como um bem – finito, limitado, desejável, útil – que tem suas regras de aparecimento e também suas condições de apropriação e de utilização; um bem que coloca, por conseguinte, desde sua existência (e não simplesmente em suas "aplicações práticas") a questão do poder; um bem que é, por natureza, objeto de uma luta, e de uma luta política.[43]

No período que separa as entrevistas e conferências dos anos de 1967 e 1968 e a publicação de *A Arqueologia do Saber*, mais especificamente da reflexão que é revelada, principalmente com base no conceito de *status* em "O Que É um Autor?", surge no pensamento de Foucault, e mais precisamente em seu pensamento dedicado à constituição dos discursos pelos enunciados no jogo da regularidade e da raridade, o primado do poder.

Ao assumir a cátedra no Collège de France em 1970, em sua primeira aula, posteriormente publicada com o título *A Ordem do Discurso*, Foucault sustenta que "o discurso não é

---

42 DS, p. 14.
43 AS, p. 137.

simplesmente aquilo que traduz as lutas ou os sistemas de dominação, mas aquilo pelo que, e com que, se luta, o poder do qual nos queremos apoderar"[44], e isso expressa, de modo tão abrangente quanto possível, o seu projeto para os próximos anos.

A INTERPOSIÇÃO DE NIETZSCHE

Quem Fala?

Em *As Palavras e as Coisas*, Foucault afirma que a linguagem é uma preocupação recente na tradição da filosofia, que ela é haurida das adjacências do pensamento no século XIX por Nietzsche, quando este introduz uma indagação aparentemente simples, mas responsável por desencadear marcos divisores da modernidade. A pergunta é: "quem fala?" Nessa ocasião, Foucault sustenta que, enquanto Nietzsche conduz a questão a si próprio, sendo *Ecce Homo* o apogeu do seu trabalho com a linguagem, ela teria sido apropriada por um poeta conterrâneo, Mallarmé, que então se posicionara como antípoda do filósofo alemão. A linguagem imporia à nossa época a tarefa de nos apagarmos em favor de sua soberania: "o que fala é, em sua solidão, em sua vibração frágil, em seu nada, a própria palavra – não o sentido da palavra, mas seu ser enigmático"[45]. Por não mais do que dois ou três anos, Foucault sustentará que estamos enredados nessa distância e nesse enigma. Depois disso, ele não tentará mais preenchê-la e decifrá-lo, mas se encarregará de resgatar algo que, entre a pergunta de Nietzsche e a resposta de Mallarmé, se perdera.

A conferência "O Que É um Autor?" prenuncia o resgate da resposta nietzschiana. A questão que a orienta é a mesma que fora posta três anos antes, em *As Palavras e as Coisas*. A diferença entre os dois momentos não se baseia, portanto, na formulação de perguntas distintas, mas em que diferentes respostas tenham sido privilegiadas. O autor será reconhecido como função do discurso, alguém que confere um *status* ao que é dito, o que significa que não é mais à pureza da palavra ou

---

44   OD, p. 10.
45   PC, p. 421.

ao ser da linguagem que é preciso dar ouvidos. Não se espera que, nas profundezas de uma experiência inaudita, a linguagem encaminhe as decisões que historicamente os homens somente acolhem – cabendo-lhes a tarefa de salvaguardá-las. A sociedade tem uma predisposição para acolher os discursos de alguns. Para além de uma escuta aguçada, interessa entrever o modo como tais discursos estão tramados em saberes hegemônicos, instituições e práticas disciplinares. A análise do filósofo, empírica e positiva, a partir de então recairá sobre o plano dos arquivos.

No mesmo ano, em *A Arqueologia do Saber*, a questão é também retomada. Para a pergunta "quem fala?", então desdobrada em "Quem é seu titular? [...] Qual é o *status* dos indivíduos que têm – e apenas eles – o direito regulamentar ou tradicional, juridicamente definido ou espontaneamente aceito, de proferir semelhante discurso?"[46]; a todas essas questões que não visam apagá-lo, que não admitem o homem como uma contingência com um possível fim próximo, mas dirigem a análise da linguagem a um "quem", Foucault retoma um já célebre exemplo em seus trabalhos, dando-lhe mais profundo significado: "O *status* do médico compreende critérios de ciência e de saber."[47] Portanto, não é mais nenhum "ser enigmático" quem fala, mas pessoas em posições específicas são ouvidas porque o que dizem se distingue do palavrório ordinário. O estudo das formações discursivas privilegia o desnível entre aqueles que falam, reconhecendo que as regras de uso do discurso não são politicamente as mesmas para todos. No lugar da interposição de Mallarmé, que concedia à poesia a aura de excelência da linguagem, a resposta do próprio Nietzsche será resgatada e alcançará a primazia, refletindo e também produzindo grandes transformações na obra de Foucault.

Já formulada em *As Palavras e as Coisas* e calada pela relevância da formulação de Mallarmé, bem como por sua afinidade implícita com Heidegger, tal resposta se tornará, então, imperativa.

Para Nietzsche, não se tratava de saber o que eram em si mesmos o bem e o mal, mas quem era designado, ou antes, quem falava, quando,

---

46 AS, p. 56.
47 Ibidem.

para designar-se a si próprio se dizia *agathos*, e *deilos* para designar os outros. Pois é aí, naquele que mantém o discurso e mais profundamente detém a palavra, que a linguagem inteira se reúne.[48]

Os estudos renovados de Foucault sobre a linguagem em Nietzsche, e que privilegiarão o tratamento encontrado em *Zur Genealogie der Moral* (Genealogia da Moral), aparecem de modo explícito em *A Ordem do Discurso*, em trecho que convém repetir aqui: "o discurso não é simplesmente aquilo que traduz as lutas ou os sistemas de dominação, mas aquilo por que, pelo que se luta, o poder do qual nos queremos apoderar"[49]. Se podemos encontrar desde *História da Loucura* a dimensão política do discurso, é certo, por outro lado, que Foucault não a privilegiava como a dimensão fundamental de seus estudos, pois ela estava subordinada à investigação da linguagem. O que predominava, como vemos ainda em *As Palavras e as Coisas*, era a promessa para a modernidade da autonomia da linguagem em relação à expressão instrumental do discurso. Agora uma revisão do pensamento de Nietzsche, e mais especificamente um foco em *Genealogia da Moral*, contribui para liberar as análises dos discursos dos códigos fundamentais da *epistémê* – a "ordem muda" –, pois será preciso vê-los não como ocasião de comunhão, de averiguação do domínio das regras que abruptamente irromperiam sobre todos, mas ocasião para averiguar nas regras uma relação de dominação.

Em *As Palavras e as Coisas*, o diagnóstico da modernidade indica que a literatura e o discurso aparecem como opostos. Discurso, a linguagem instrumental, a "função" significante. A literatura – como a poesia em Heidegger –, do "corte profundo", é caracterizada como a manifestação da linguagem autônoma; é o "contradiscurso". A necessidade de um caminho livre contra as determinações da epistemologia da época clássica, ou da técnica na modernidade, que compreendem a linguagem como instrumento de expressão, teria conduzido Hölderlin, Mallarmé, Artaud, e mais tarde Heidegger, a buscarem uma origem extraordinária, anterior a todo problema político ou epistemológico, e a supostamente encontrá-la como dimensão

---

48 PC, p. 421.
49 OD, p. 10.

poética da linguagem, a excelência da linguagem – artifício que, depois de admitido, passa a ser recusado por Foucault.

Ele afirma:

Em oposição a esse retorno que ainda que não seja feliz é perfeito, delineia-se a experiência de Hölderlin, de Nietzsche e de Heidegger, em que o retorno só se dá no extremo recuo da origem – lá onde os deuses se evadiram, onde cresce o deserto, onde a *tekhnē* instalou a denominação de sua vontade; de maneira que não se trata aí de um fechamento nem de uma curva, mas antes dessa brecha incessante que libera a origem na medida mesma de seu recuo; o extremo é então o mais próximo.[50]

Se pensamos nas implicações políticas do discurso, tal como encontramos em *A Ordem do Discurso*, é preciso perceber a diferença em relação ao que lemos acima e estranhar ver Nietzsche e Heidegger identificados como filósofos que se dedicam a uma mesma experiência com a origem.

Na conferência "Nietzsche, Freud e Marx", de 1967, pela segunda vez, é dita alguma coisa muito importante com relação a Nietzsche e que também o será para o próprio Foucault, mas que passa sem consequências, como se lhe escapasse. Foucault está a ponto de reconhecê-la em sua posição central para a análise da linguagem. Ele afirma: "[Nietzsche] fala que as palavras foram sempre inventadas pelas classes superiores; elas não indicam um significado, impõem uma interpretação"[51]. Ainda assim, em lugar de reconhecer que, para Nietzsche, ao menos em *Genealogia da Moral*, há uma experiência limite para a interpretação, a imposição dos homens superiores, Foucault insiste que Nietzsche é um autor que trata a linguagem em seu movimento estritamente autotélico: "uma hermenêutica que se envolve consigo mesma entra no domínio das linguagens que não cessam de implicar a si mesmas, essa região intermediária entre a loucura e a pura linguagem. É ali que reconhecemos Nietzsche"[52].

Buscamos até aqui encontrar uma fronteira entre dois entendimentos foucaultianos de Nietzsche, mas é preciso também levantar suspeitas sobre o que poderia ter motivado cada uma dessas diferentes leituras, bem como o próprio rompimento que

50 PC, p. 461.
51 DE2, p. 48.
52 Ibidem, p. 50.

há entre elas. Em 1983, Foucault revela em uma entrevista o modo como Heidegger e Nietzsche foram importantes para a sua formação, e como, em um primeiro momento, as duas referências se implicavam uma na outra: "É provável que se eu não tivesse lido Heidegger, não teria lido Nietzsche. Tentei ler Nietzsche nos anos 1950, mas Nietzsche sozinho não me dizia nada. Já Nietzsche com Heidegger foi um abalo filosófico."[53] Ao longo de muitos anos, a leitura foucaultiana do filósofo do século XIX foi profundamente marcada pela obra do filósofo do século XX. Em um texto de 1958 intitulado "A Palavra", Heidegger afirmara: "A palavra é o que confere vigência, ou seja, ser, em que algo como ente aparece."[54] A palavra é o que permite ao ente aparecer de uma forma ou de outra; a palavra em si mesma é já uma interpretação e um encaminhamento. Assim, a tarefa do pensamento é pastoril. Cabe-nos encontrar a origem dessa saga e protegê-la. A experiência descrita por Heidegger com a palavra foi, entre 1962 e 1966, vislumbrada por Foucault nas poesias de Hölderlin e Mallarmé. Essa experiência de pensamento sobre a linguagem predomina na filosofia de Foucault até 1967 ou 1968. Nietzsche, embora tenha dado à linguagem o seu grande estatuto filosófico, permanece desprestigiado ao ser identificado àquela experiência de pensamento e, por isso, diferenças importantes tardaram a ser reconhecidas – as quais concernem ao que encontramos em *Genealogia da Moral*.

Reside nesse conflito o motivo pelo qual, em 1971, Foucault escreve "Nietzsche, a Genealogia e a História"[55], uma revisão da sua compreensão daquele que, segundo o seu próprio entendimento, fora o primeiro filósofo da linguagem. Como forma de desvinculá-lo, a investigação foucaultiana será voltada ao esclarecimento das diferentes experiências da origem que encontramos em Nietzsche e o modo como, especificamente, o "Nietzsche genealogista" contraria as demais filosofias da origem. O que Foucault discerne em Nietzsche corresponde aos fundamentos de dois momentos em seu próprio pensamento, nos quais ele privilegia, a cada vez, a poética e enigmática origem soberana da linguagem ou a relação entre poder e discurso.

---

53 *DE5*, p. 259.
54 M. Heidegger, *A Caminho da Linguagem*, p. 180.
55 Cf. *Microfísica do Poder*.

O "Pathos" da Distância

Em 1873, Nietzsche escreve *Über Wahrheit und Lüge im außermoralischen Sinn* (Sobre Verdade e Mentira no Sentido Extramoral), texto em que a linguagem irrompe como tema central para a filosofia. Seria pouco dizer que ela contorna a hegemonia então vigente da teoria do conhecimento, pois ataca diretamente as suas bases. Com efeito, o conhecimento é tratado como um problema de linguagem e, destarte, o interesse que lhe fora antes devotado passa a ser deslocado, nesta e em obras futuras, para os campos da estética e da moral. A linguagem é a abertura e o solo deste horizonte, o qual encontramos assim formulado: "a legislação da linguagem dá as primeiras leis da verdade".

A moral é o campo em que são travadas as posições adequadas à vida em comunidade ou desviadas em atos egoístas. O referencial para distinguir essas atitudes, contudo, não reside na natureza ou em qualquer outra instância metafísica. O mundo que compartilhamos tem seus alicerces em uma instabilidade constitutiva e que faz com que nos orientemos não conforme os dados da realidade efetiva, mas com base na comunhão de metáforas. Para Nietzsche, o conhecimento não garante que tenhamos todos uma mesma via de acesso à realidade. É o respeito às convenções que, então, torna o indivíduo confiável, precisamente porque há a possibilidade de a linguagem, fora do convencionalismo, em sentido extramoral, também funcionar como disfarce. A moral impõe que seja preciso dizer a verdade, isto é, "usar as metáforas usuais [...] mentir conforme uma convenção consolidada, mentir em rebanho num estilo a todos obrigatório"[56].

Em *A Gaia Ciência*, mais precisamente na versão de 1886, a relação entre linguagem e convencionalismo reaparece no aforismo "Do Gênio da Espécie". Porém, não se trata mais da obrigação moral de não dissimular. Nietzsche apresenta novos argumentos que reforçam o seu diagnóstico sobre a ansiedade dos homens de pertencer, de se misturar no "rebanho". Um diferencial importante desse texto com relação àquele de treze anos antes consiste em que ele não vai de encontro ao problema

---

56 F. Nietzsche, *Sobre Verdade e Mentira no Sentido Extra-Moral*, p. 37.

do conhecimento, mas ao encontro do problema da formação da consciência. Essa renovada investigação da linguagem assume como base a relação entre a consciência e a necessidade de comunicação para a preservação contra ameaças do meio. Contrapondo-se à tradição da filosofia da consciência – que a assume como princípio e considera que toda comunicação se dá como consequência de a consciência já haver sido previamente constituída –, Nietzsche afirma que ela se forma como consequência da necessidade de comunicação e a ela permanece imbricada.

O problema da consciência (ou, mais precisamente, do tornar-se consciente) só nos aparece quando começamos a entender em que medida poderíamos passar sem ela. [...] parece-me que a sutileza e a força da consciência estão sempre relacionadas à capacidade de comunicação de uma pessoa (ou animal), e a capacidade de comunicação, por sua vez, à necessidade de comunicação. A consciência desenvolveu-se apenas sob pressão da necessidade de comunicação.[57]

Assumindo o projeto de estabelecer uma primazia entre consciência e capacidade de comunicação, Nietzsche dirá que tomamos consciência daquilo que buscamos comunicar, e comunicamos desde o início por uma necessidade vital, porque disso dependia nossa preservação.

Consciência é, na realidade, apenas uma rede de ligação entre as pessoas: um ser solitário e predatório não necessitaria dela. O fato de nossas ações, pensamentos, sentimentos, mesmo movimentos nos chegarem à consciência – ao menos parte deles –, é consequência de uma terrível obrigação que por longuíssimo tempo governou o ser humano: ele precisava, sendo o animal mais ameaçado, de ajuda, proteção, precisava de seus iguais, tinha de exprimir seu apuro e fazer-se compreensível – e para tudo isso ele necessitava antes de consciência, isto é, saber o que lhe faltava, saber como se sentir, saber o que pensava. Pois, dizendo-o mais uma vez: o ser humano, como toda criatura viva, pensa continuamente, mas não o sabe; o pensar que se torna consciente é apenas a parte menor, a mais superficial, a pior, digamos: – pois apenas esse pensar consciente ocorre em palavras, ou seja, em signos de comunicação, com o que se revela a origem da própria consciência. Em suma, o desenvolvimento da linguagem e o desenvolvimento da consciência

---

57 Idem, *A Gaia Ciência*, p. 247-248.

andam lado a lado. [...] o tomar consciência das impressões de nossos sentidos em nós, a capacidade de fixá-las e como que situá-las fora de nós, cresceu na medida em que aumentou a necessidade de transmiti-las a outros por meio de signos. O homem inventor de signos é, ao mesmo tempo, o homem mais consciente de si; apenas como animal social o homem aprendeu a tomar consciência de si – ele o faz ainda; ele o faz cada vez mais.[58]

O que se acreditava dar a cada um a sua identidade, a sua diferença, a interioridade da consciência, é para Nietzsche algo implicado nas trocas comunicativas, e o que há em cada um de próprio, mesmo uma espécie de pensamento intuitivo, permaneceria inacessível à consciência. *A Gaia Ciência* reforça um elemento central no pensamento nietzschiano, a individualidade como uma experiência mais rara do que a tradição pressupunha, sendo o homem, como animal social, um grande reprodutor do "comportamento de rebanho". Quando Nietzsche se refere ao criador de signos, o que faria suspeitar haver na linguagem uma experiência própria, ele tem em vista o processo de trazer à consciência aquilo que na verdade é gregário, comum, e, portanto, menos uma expressão autoral do que uma simbolização em palavras da experiência social ordinária. Pela linguagem, o homem curva-se à institucionalização das experiências comuns, como já se curvou em sua própria consciência, e isso faz com que não possamos alimentar expectativas de encontrar na linguagem, por ora, uma experiência mais elevada do que a da comunhão.

Encontramos na conclusão do aforismo um elemento ainda fundamental para a compreensão do problema: a utilidade. Afinal, é da diferença entre a utilidade para a maioria e a criação afirmativa de uma experiência própria que surgirá uma nova compreensão da linguagem[59]. A possibilidade mais elevada dos homens não é exercida como uma faculdade; ela precisa ser conquistada. O homem refém das referências instrumentais é

---

58   Ibidem, p. 248-249.
59   Ibidem: "Não temos nenhum órgão para o conhecer, para a 'verdade': nós 'sabemos' (ou cremos, ou imaginamos) exatamente tanto quanto pode ser *útil* ao interesse da grege humana, da espécie: e mesmo o que aqui se chama 'utilidade' é, afinal, apenas uma crença, uma imaginação e, talvez, precisamente a fatídica estupidez da qual um dia pereceremos."

um homem biologicamente ameaçado ou, na melhor das hipóteses, regido pela platitude social. Embora Nietzsche apresente uma suspeita com relação ao problema da utilidade já em *A Gaia Ciência*, é nítido que a sua compreensão tanto da consciência quanto da linguagem está fundada sobre essa base.

Na primeira dissertação de *Genealogia da Moral*, encontramos rigorosas referências a uma experiência de linguagem distinta da utilidade da comunicação – uma experiência que marca não a união, mas a diferença entre os homens. A linguagem não servirá à proteção, não dependerá do consenso entre iguais e, sobretudo, não estará refém da dicotomia entre convenção e dissimulação. Ela comportará um conjunto de atos de individuação explícitos e preservará as marcas de tal conflito.

O direito senhorial de dar nomes vai tão longe, que nos permitiríamos conceber a própria origem da linguagem como expressão de poder dos senhores: eles dizem: "isto é isto", marcam cada coisa e acontecimento com um som, como que se apropriando assim das coisas. Devido a essa providência, já em princípio a palavra "bom" não é ligada necessariamente a ações "não egoístas", como quer a superstição daqueles genealogistas da moral. É somente com um declínio dos juízos de valor aristocráticos que essa oposição "egoísta" e "não egoísta" se impõe mais e mais à consciência humana – é, para utilizar minha linguagem, o instinto de rebanho, que com ela toma finalmente a palavra (e as palavras).[60]

Para os velhos genealogistas da moral, o que estabelecia um critério ao valor "bom" é que se faça o bem ao maior número de pessoas, que uma ação seja útil para a maioria e, portanto, "não egoísta". Segundo o diagnóstico nietzschiano, em um momento arcaico, entretanto, antes do advento dos nossos valores democráticos, "bom" não era sinônimo de "não egoísta", porque bom era aquele capaz de, assumindo as diferenças entre os homens, se apropriar das coisas pelo processo de nomeação, imprimindo em cada uma a sua marca.

A experiência de nomeação acima descrita evoca, enfim, o que há de mais individual e próprio. O que permite a alguém uma tal apropriação, podendo designar algo, dizendo "isto é isto", é, na terminologia nietzschiana, o poder. Essa experiência não é mais referida à capacidade de dissimular, pois o

---

60 Idem, *Genealogia da Moral*, p. 19.

fundamental é que se instaure uma ordem, que se prescreva a outros uma norma. Dá-se da ação prescritiva de alguns até a modelagem da consciência dos outros. A origem da linguagem não é mais compreendida, portanto, como simbolização arbitrária da experiência social ordinária, e sim por meio da ação, respaldada no poder, o qual distingue os homens, elevando alguns a uma condição supranatural, posto que criadora e não mais refém da dependência biológica à grege. Na compreensão nietzschiana que encontramos na *Genealogia da Moral*, é essa experiência de poder que subjaz na linguagem e, em última instância, é a ela que se dirige a vida.

Em *A Gaia Ciência* aparece uma figura semelhante na caracterização de "um ser solitário e predatório", que poderia passar sem a consciência – mas ali entendemos que ele passaria também sem a linguagem, enquanto se trata agora de encontrar uma distinção entre os homens por meio da linguagem. Aquele que se liberta da dependência gregária exige para si uma distinção de valor. No aforismo "O Gênio da Espécie", não foi considerada a relação entre o *pathos* da distância e a linguagem; ao contrário, apenas o que poderíamos chamar de um *pathos* da necessidade de união contra um instinto sem linguagem. Além disso, quando a diferença entre o senhor e a plebe é considerada, a questão da utilidade se torna uma caracterização específica da plebe, mas nem por isso a linguagem deve desaparecer. Ela retorna implicada no exercício de poder dos senhores.

Finalmente, é preciso compreender de que forma o vínculo entre poder e linguagem pode ocorrer não mais pela criação dos nomes, mas na inversão dos valores que lhes correspondem. Afinal, quando ocorre uma inversão de valores, de acordo com uma inversão de posições entre os vencedores e os vencidos, fazendo predominar uma nova experiência entre os homens, o poder deixa a sua nova marca nos nomes, mesmo que os significantes não se alterem. Nomear não é apenas criar para a evocação de sentidos uma composição arbitrária de sons e grafemas, mas reinstalar sobre seus conjuntos estáveis um significado distinto, segundo uma nova experiência de poder. Nietzsche revela que a moral do ressentimento, reativa e coberta de má consciência, pode ser também instauradora de novos valores, os quais ficam marcados em uma nova significação dos nomes. Entre as obras

A Gaia Ciência e *Genealogia da Moral*, a referência à linguagem, antes proveniente da arcaica necessidade de comunicação, deixa de ser um recurso utilitário para se tornar imposição de valor por meio de emergências de poder, discerníveis por meio da análise de "quem fala".

Origem ou Invenção

Dois trabalhos explicitam a marcante presença nietzschiana na genealogia de Foucault: o artigo, de 1971, "Nietzsche, a Genealogia e a História"; e a conferência pronunciada na PUC-Rio em 1973, publicada em *A Verdade e as Formas Jurídicas* (cujas análises foram prenunciadas no curso Lições Sobre a Vontade de Saber). No primeiro, Foucault afirma: "A emergência designa um lugar de confrontação."[61] Tal descrição remete radicalmente ao entendimento que, em *As Palavras e as Coisas*, havia colocado juntos, em um conjunto de pensadores da origem, Nietzsche e Heidegger. Foucault escreve o artigo sobre Nietzsche reformulando o seu tratamento do problema da origem, e podemos ver agora como a caracterização da emergência como um lugar de afrontamento condena a primeira compreensão da linguagem. A emergência não é a origem como *Ursprung*. Ao contrário, nas palavras de Foucault: "[a genealogia] se opõe à pesquisa da 'origem'"[62]. E ainda: "A história ensina também a rir das solenidades da origem."[63]

Em *A Verdade e as Formas Jurídicas*, vemos um exemplo da relação entre a emergência e a linguagem que é especialmente interessante, porque se refere à poesia: "Um dia, alguém teve a ideia bastante curiosa de utilizar certo número de propriedades rítmicas ou musicais da linguagem para falar, para impor suas palavras, para estabelecer por meio de suas palavras certa relação de poder sobre os outros."[64] Essa passagem nos mostra oportunamente a nova composição dos antigos elementos do trabalho de Foucault. Lá encontramos a linguagem, mas não

---

61 DE2, p. 269.
62 Ibidem, p. 261.
63 Ibidem, p. 263.
64 VFJ, p. 15.

como algo velado que nos demandaria redobrado cuidado. Ela é agora um campo de propriedades disponíveis até o dia em que alguém inventa a poesia. Independentemente da ausência de razões que explicariam esse começo abrupto, havia, desde então, uma prática impositiva, de forma que esse começo, que foge à inteligibilidade causal, não pode ser separado da inteligibilidade política. Alguém impôs a sua criação. A poesia e a literatura, outrora o contradiscurso capaz de reencontrar a presumida experiência original com a linguagem, não escapam mais da trama política com a qual toda invenção está tramada.

A invenção – *Erfindung* – para Nietzsche é, por um lado, uma ruptura, por outro, algo que possui um começo baixo, mesquinho, inconfessável. Este é o ponto crucial da *Erfindung*. Foi por obscuras relações de poder que a poesia foi inventada. Foi igualmente por puras obscuras relações de poder que a religião foi inventada. Vilania, portanto, de todos estes começos quando são opostos à solenidade da origem tal como é vista pelos filósofos.[65]

Na base da questão da emergência e da invenção está um estudo proposto por Nietzsche capaz de se contrapor à visão de uma linguagem associada a uma solene experiência originária. Foucault recupera a questão pela primeira vez abraçada em *As Palavras e as Coisas*, mas, no lugar de tomar emprestada a resposta de Mallarmé a "quem fala?", ele agora retorna à resposta nietzschiana: o afrontamento decide quem fala. Nessa conferência, é interessante ver como Foucault avalia as suas primeiras investigações da linguagem. Ao fim do encontro, um professor pede que ele se recorde do problema posto em *As Palavras e as Coisas*, e mais precisamente da implicação entre Mallarmé e Nietzsche, ao que Foucault responde:

O que eu quis dizer sobre Mallarmé e Nietzsche é que houve, na segunda metade do século XIX, um movimento cujos ecos encontramos em disciplinas como a linguística ou em experiências poéticas como as de Mallarmé, toda uma série de movimentos que tendia a perguntar grosso modo: "O que é a linguagem?" Enquanto as pesquisas anteriores tinham, sobretudo, visado saber como nos servíamos da linguagem para transmitir ideias, representar o pensamento, vincular significações; agora,

---

65   Ibidem, p. 16.

ao contrário, a capacidade da linguagem, sua materialidade, tornou-se um problema. Parece-me que temos aí, ao abordar o problema da materialidade da linguagem, uma espécie de volta ao tema da sofística.[66]

Uma vez diferenciados os propósitos dos dois campos de estudo; uma vez cindida a identidade entre Nietzsche e Mallarmé, ou entre Nietzsche e Heidegger, recupera-se a questão inicial em uma posição na qual aquela resposta de *As Palavras e as Coisas* não pode ser endossada. A atual remete menos à literatura e mais ao "tema da sofística". Portanto, não somente na direção das positividades a análise dos discursos nos orienta, mas também – e nisso consiste a presença da linguagem na genealogia foucaultiana – aos mecanismos de saber-poder, às apropriações da verdade, às estratégias sofísticas com base na diferença de posições entre aqueles que se servem do discurso como prática interessada. Naquela ocasião, a referência à sofística é deixada sem grandes desenvolvimentos, mas a encontramos em outras obras desse período. Em *A Ordem do Discurso*, Foucault já afirmara: "Entre Hesíodo e Platão certa divisão se estabeleceu, separando o discurso verdadeiro e o discurso falso; separação nova visto que, doravante, o discurso verdadeiro não é mais o discurso precioso e desejável, visto que não é mais o discurso ligado ao exercício do poder. O sofista é enxotado."[67]

Mais do que o médico, o sofista é a figura por excelência que detém um *status* de saber com base em seu discurso, figura na qual, ao contrário do médico, vemos explicitamente a implicação entre o discurso e o poder e, nas vias de Nietzsche, entre a linguagem e a verdade. O sofista é a principal resposta que devemos reconhecer na antiguidade à pergunta "quem fala?". Todos aqueles que se pronunciam em um contexto político devem dominar, até o platonismo, a arte de persuadir. O sofista foi em seguida desprestigiado, mas Foucault sugere que seria preciso ver como o pensamento da "materialidade da linguagem" o traz de volta com alguns dos méritos perdidos. É o que encontraremos no curso de 1976, publicado como *Em Defesa da Sociedade*. O caminhar na análise das implicações entre discurso e poder abarca, também em Foucault, o elemento da verdade e de suas apropriações: "Não

---

66 Ibidem, p. 157-158.
67 Ibidem, p. 15.

há exercício de poder sem certa economia dos discursos de verdade que funcionam nesse poder, a partir e através dele. Somos submetidos pelo poder à produção da verdade e só podemos exercer o poder mediante a produção da verdade."[68]

Sejam explícitas no caso dos nobres, em Nietzsche, ou implícitas na "volta ao tema da sofística", em Foucault, ambos analisam as relações de poder por meio das diferenças entre aqueles que falam; ambos submetem o enunciado à enunciação. Tais relações só podem transparecer se é respeitada a ordem do discurso, onde a fala se vincula a práticas de diferenciação entre os homens e que implicam também a produção da verdade. A genealogia, como análise histórica, contrapõe-se aos caminhos que nos levam a inferir a existência obscura de uma linguagem apiedada de nossos maus ouvidos, que projeta o que seria útil à maioria ou sussurra aos poetas o caminho da paz.

A ÉTICA DA INFÂMIA

> *Os doutores do Grande Veículo ensinam que o essencial no universo é a vacuidade. Têm inteira razão no que diz respeito à minúscula parte do universo que é o presente livro. Patíbulos e corsários o povoam e a palavra infâmia do título é retumbante, mas por baixo dessa balbúrdia não há nada. Não é mais que aparência, que uma superfície de imagens.*
>
> J.L. BORGES, *História Universal da Infâmia*

Introdução a uma Contra-História

A relação entre discurso e poder, conceitos fundadores da genealogia de Michel Foucault, não é de caráter alegórico. O discurso não é um signo do poder. Como afirma o filósofo no texto "A Vida dos Homens Infames": "Esses discursos realmente atravessaram vidas; essas existências foram efetivamente riscadas e perdidas nessas palavras."[69] O discurso não é uma expressão do poder; não é um acontecimento tardio. Trata-se agora de investigar em que consiste, para o autor de *Vigiar e Punir*, um conjunto de práticas

68 DS, p. 28-29.
69 DE4, p. 207.

que constituem uma ética infame, tecida por meio destes conceitos e diagnosticada em arquivos históricos.

> Não procurei reunir textos que seriam melhores que outros, fiéis à realidade, que merecessem ser guardados por seu valor representativo, mas textos que desempenharam um papel nesse real do qual falam, e que se encontram, em contrapartida, não importa qual seja sua exatidão, sua ênfase ou sua hipocrisia, atravessados por ela: fragmentos de discurso carregando os fragmentos de uma realidade da qual fazem parte.[70]

Nada, portanto, de alegórico. O procedimento arqueológico, que buscava decifrar uma experiência originária de linguagem, subjacente ao saber e às positividades históricas, é invertido. O filósofo agora reconhece na sua metodologia de outrora uma dedicação ao "mesmo", ao suposto obscurantismo de uma linguagem hegemônica. Em *As Palavras e as Coisas*, o povo era uma soma de forças, uma grande unidade alegórica. Se ele estava na origem da linguagem, é somente na medida em que unido produzia, de suas trocas espontâneas, as experiências que emprestariam precisão aos termos. Porém, a análise das formações discursivas dedicada aos enunciados, à miudeza de suas diferenciações – "raridades e acúmulos" –, não trará uma visão do poder centralizadora; não se contentará tampouco com a oposição de classes. Respeitar a positividade dos discursos exige não os sobrecarregar nem com uma pretensa experiência arcaica com a linguagem, nem com unidades de forças, o que conduzirá Foucault a reconhecer posições convergentes, antes não imaginadas, entre o soberano e os seus súditos, assim como a encontrar diferenças e abusos de poder onde todos são iguais na infâmia.

Em *A Arqueologia do Saber*, Foucault renuncia a "ver no discurso um fenômeno de expressão"[71]. A decifração, antes a atividade correspondente à linguagem em sua abordagem alegórica, será reelaborada. Ela não transfigurará as aparências em favor de uma verdade preservada dos conflitos de superfície. Ela recobrará, do esquecimento, os acontecimentos que atravessaram os discursos. O resgate da memória não será mais o resgate do sentido, mas o resgate do acontecimento.

---

70 Ibidem, p. 206.
71 AS, p. 61.

Estes quatro termos, leitura – traço – decifração – memória (qualquer que seja o privilégio que se dê a um ou outro, e qualquer que seja a extensão metafórica que se lhe atribua e que lhe permita reconsiderar os três outros), definem o sistema que permite, usualmente, arrancar o discurso passado de sua inércia e reencontrar, num momento, algo de sua vivacidade perdida.[72]

A decifração não se dirige mais ao símbolo – não é, fundamentalmente, interpretação. Ela se dirige à memória, à sua "vivacidade perdida", que só pode ser reconhecida e demonstrada na esfera do próprio discurso. Também no *Em Defesa da Sociedade*, Foucault apresenta uma nova tarefa de decifração. Aqui se encontrará indícios que sugerem um retrocesso. Ele falará de "máscaras" e "segredos", mas em diferente sentido, porque os discursos foram apropriados por um interesse específico que se autodenomina interesse de todos. O discurso histórico predominante serviu a uma perspectiva, e será preciso deslocar essa apropriação. Revelar os segredos será desnudar o pretexto de neutralidade dos discursos – a verdadeira máscara.

Portanto, o papel da história será o de mostrar que as leis enganam, que os reis se mascaram, que o poder ilude e que os historiadores mentem. Não será, portanto, uma história da continuidade, mas uma história da decifração, da detecção do segredo, da devolução da astúcia, da reapropriação de um saber afastado ou enterrado. Será a decifração de uma verdade selada.[73]

É preciso desapropriar o terreno histórico da historiografia tradicional, porque nela não estão todos contemplados. O trabalho parte da desconstrução de um postulado, "de que a história dos fortes traz consigo a história dos fracos"[74]. Será preciso, em seu lugar, empregar um novo, o da "heterogeneidade". Não está em questão uma nova forma de interpretação, mas encontrar um meio de dar a cada um o que é seu, admitindo a coexistência de uma multiplicidade de vidas oprimidas pela esfera política que deveria representá-las.

Surge, com isso, o interesse que, um ano mais tarde, em 1977, dará origem ao breve e inversamente grandioso trabalho,

72   Ibidem, p. 139.
73   DS, p. 84.
74   Ibidem, p. 81.

já referido, "A Vida dos Homens Infames" – uma nova narrativa, dedicada a uma "contra-história": "Ela vai ser o discurso daqueles que não têm a glória, ou daqueles que a perderam e se encontram agora, por uns tempos talvez, mas por muito tempo decerto, na obscuridade e no silêncio."[75]

Uma Antologia de Existências

O texto "A Vida dos Homens Infames" apresenta arquivos que já teriam sido consultados por Foucault em pesquisas anteriores, mas que não foram diretamente citados. Ele deveria acompanhar, na forma de introdução, uma seleção de fragmentos desses arquivos, plano não inteiramente vingado. Foucault afirma que a publicação em compêndio desse material é um projeto ambicionado desde *História da Loucura*, e ele será retomado dois anos antes de sua morte, com a publicação de *Le Désordre des familles: Lettres de cachet des archives de la Bastille au XVIIIe siècle* (O Desregramento das Famílias: Cartas de Carimbo dos Arquivos da Bastilha no século XVIII). Ao longo do seu trabalho, o exame de documentos históricos, tais como "arquivos de internamento, da polícia, das petições ao rei e das cartas régias com ordem de prisão"[76] ganhou progressivamente importância, contribuindo na tarefa de problematizar abordagens tradicionais da história. Com tudo isso, em "A Vida dos Homens Infames" será dado a esse material um tratamento ainda diferenciado: "Este não é um livro de história. [...] É uma antologia de existências."[77]

> Mathurin Milan, posto no hospital de Charenton no dia 31 de agosto de 1707: "Sua loucura sempre foi a de se esconder de sua família, de levar uma vida obscura no campo, de ter processos, de emprestar com usura e a fundo perdido, de vaguear seu pobre espírito por estradas desconhecidas, e de se acreditar capaz das maiores ocupações".[78]

A "antologia de existências" exige de sua leitura que não se produza categorias, que não se aprisione essas vidas em

---

75 Ibidem, p. 82.
76 *DE4*, p. 211.
77 Ibidem, p. 203.
78 Ibidem, p. 204.

classes. Se *História da Loucura* revelou uma constelação de classes distintas sem qualquer ligação intrínseca – blasfemadores, alquimistas, libertinos, leprosos, vagabundos, prostitutas, entre outros – vemos agora, sob o signo do nome próprio, a denúncia do esforço, do mesmo modo estapafúrdio, de institucionalizar em vagos conceitos um homem que busca "vaguear seu pobre espírito por estradas desconhecidas", de censurar o sonho de alguém que aparenta "se acreditar capaz das maiores ocupações". Esta é a loucura que teria acometido Mathurin Milan. "Jean Antoine Touzard, posto no Chateau de Bicêtre, no dia 21 de abril de 1701: "Recoleto apóstata, sedicioso capaz dos maiores crimes, sodomita, ateu, se é que se pode sê-lo; um verdadeiro monstro de abominação que seria menos inconveniente sufocar do que deixar livre".[79]

A crítica às metodologias tradicionais da historiografia e às teorias dedicadas ao discernimento da história universal sempre mobilizou o pensamento de Foucault, com destaque para as obras *As Palavras e as Coisas* e *A Arqueologia do Saber*, que contrariam não só metodologicamente, mas conceitualmente, as compreensões lineares e teleológicas. Porém, o que ele pretende nesse ponto não é lançar um olhar alternativo sobre a história em geral ou a história de uma instituição e de uma disciplina. É dada atenção às datas mais do que às épocas: 21 de abril de 1701. O que ele pretende é enxergar existências lá onde elas foram censuradas: "apóstata, sedicioso, sodomita, ateu, se é que se pode sê-lo". Na virada para o século XVIII, Jean Antoine Touzard foi preso no Chateau de Bicêtre por sê-lo.

"A Vida dos Homens Infames" é um texto particularmente marcado por uma intervenção pessoal que implica Foucault com essas personagens singulares e que seduz o leitor a se imiscuir também nessa antologia de existências. Sua trama revela mais do que uma inovação metodológica a nos reposicionar como herdeiros de um mundo desconhecido. O que o caracteriza é a atenção dada a experiências singulares. Não se trata de depreender da história uma lição moral ou um novo método de análise, mas de reunir testemunhos e, com uma estranha comoção filosófica, se juntar a eles:

79 Ibidem.

Eu ficaria embaraçado em dizer o que exatamente senti quando li esses fragmentos e muitos outros que lhes eram semelhantes. Sem dúvida, uma dessas impressões das quais se diz que são "físicas", como se pudesse haver outras. E confesso que essas "notícias", surgindo de repente através de dois séculos de silêncio, abalaram mais fibras em mim do que o que comumente chamamos literatura, sem que possa dizer, ainda hoje, se me emocionei mais com a beleza desse estilo clássico, drapeado em algumas frases em torno de personagens sem dúvida miseráveis, ou com os excessos, a mistura de obstinação sombria e perfídia dessas vidas das quais se sentem, sob as palavras lisas como a pedra, a derrota e o afinco.[80]

Homens e mulheres que, na efemeridade de suas vidas, encontraram desprezo e violência são desafortunados também no esquecimento. Sem intervir nos grandes acontecimentos da história, sem alcançar glórias, nada restaria não fossem os pequenos "fragmentos" de arquivos, essas "notícias" que, quase dois séculos mais tarde, receberão na leitura os cuidados que não receberam no momento da escrita. Não uma atenção imparcial, mas um gesto admirado. Isso é o que faz de "A Vida dos Homens Infames" um dos mais belos textos de Foucault – e possivelmente um dos mais ousados.

Recuperemos, como ponto de partida e caracterização desse trabalho, a tensão entre a recorrente ideia de um "acaso" revelador dessas existências e a sugestão do autor de que tal conjunto de relatos formaria um "herbário"[81] – imagem chocante, provocativa, que alude a essas vidas como se fossem uma coleção de vegetais a serviço da taxinomia clássica. Contudo, em vez de revelar critérios que explicitassem a organização do quadro, Foucault apresenta os critérios motivadores apenas do seu interesse. A tensão provocada pelo texto não opõe, afinal, o acaso à ciência. A tensão surge de um encontro mais espantoso, um reconhecimento recusado – revelação cujo esperado refúgio não se pode buscar em parte alguma, pois acontece no confronto da vida consigo mesma, em vidas reveladas em seus atributos miúdos, em atritos de casais, diferenças entre vizinhos, todo o obscuro mundo privado e sem importância capaz de, entre paredes ou no alcance do grito, se multiplicar em casos infinitos e quase idênticos. Vidas reveladas

---

80 Ibidem.
81 Ibidem: "Vidas singulares, tornadas, por não sei quais acasos, estranhos poemas, eis o que eu quis juntar em uma espécie de herbário."

em si mesmas, quiçá a outras vidas que não sabem muito de si. São todas essas coisas sem relevância, do cotidiano que é alheio à passagem do tempo e à tentativa de aprisioná-lo, que de súbito mais interessam aos olhos que se voltam do futuro. Foucault provoca a tensão de uma experiência genuína com o passado, porque o passado assim exposto nos lembra do presente. Mas os critérios da filosofia, os critérios da historiografia, mesmo os da literatura, todas as referências com as quais organizamos a relação do pensamento com o passado, são revistos, são alterados e não nos permitem saber em que posição, então, nos enredamos. Filosofia, história, crítica literária? Foucault oferecerá as regras que organizaram a sua antologia e que esclarecem, a seus próprios olhos, o interesse que o trabalho desperta:

Foi para reencontrar alguma coisa como essas existências-relâmpagos, como esses poemas-vidas que eu me impus um certo número de regras simples:
- que se tratasse de personagens tendo existido realmente;
- que essas existências tivessem sido, ao mesmo tempo, obscuras e desventuradas;
- que fossem contadas em algumas páginas, ou melhor, algumas frases, tão breves quanto possível;
- que esses relatos não constituíssem simplesmente historietas estranhas ou patéticas, mas que de uma maneira ou de outra (porque eram queixas, denúncias, ordens ou relações) tivessem feito parte realmente da história minúscula dessas existências, de sua desgraça, de sua raiva ou de sua incerta loucura;
- e que do choque dessas palavras e dessas vidas nascesse para nós, ainda, um certo efeito misto de beleza e de terror.[82]

"Existências-relâmpagos", "poemas-vida": seriam essas as categorias encontradas por Foucault no quadro de sua própria comoção? "Personagens que tivessem realmente existido", que pertencessem a "uma peça na dramaturgia do real"[83]. E o que é isso, pertencer à "dramaturgia do real", se não ter uma existência "ao mesmo tempo obscura e desventurada"? Que o obscurantismo e o infortúnio da vida estivessem também na forma de seu relato, "tão breve quanto possível", como breve e sem importância

---

82 Ibidem, p. 205-206.
83 Ibidem, p. 206.

foi a própria vida, e como se a vida fosse só o seu breve relato. É imperativo que essa desventura no relato não seja o que, no cotidiano, o alimenta, mas seja o que o decida; e nascido dele, ao acaso, o destrua. O que surge de "queixas, denúncias, ordens" deve "ter feito parte realmente dessas histórias minúsculas dessas existências"; deve ter atravessado, decidido e desviado. Finalmente, Foucault quis, de todas as regras, que permanecesse um elemento desregrado, não reduzido a nenhuma outra: "do choque", "certo efeito misto de beleza e de terror".

O texto "A Vida dos Homens Infames" reúne, de forma particularmente precisa e generosa, conceitos fundamentais para o filósofo: o poder, a história, o discurso, o sujeito – temas por diversos modos já considerados em outras obras, mas que vemos agora implicados na infâmia, como se houvesse uma fábula ou uma ética da infâmia. Para esboçar essa diferença, recorremos à avaliação que ele faz de suas realizações anteriores, de seu próprio discurso precedente, e em referência aos mesmos arquivos já utilizados:

O sonho teria sido o de restituir sua intensidade em uma análise. Na falta do talento necessário, por muito tempo remoí só a análise; tomei os textos em sua aridez; procurei qual tinha sido a sua razão de ser. [...] Mas as intensidades primeiras que me motivaram permaneciam do lado de fora. E uma vez que havia o risco de elas não passarem para a ordem das razões, uma vez que meu discurso era incapaz de levá-las como caberia, o melhor não seria deixá-las na forma mesma que me fizeram senti-la?[84]

Diante da dificuldade de analisar os relatos, Foucault submeteu, em *História da Loucura*, a constelação de tantas classes de personagens excluídas, à análise de alguns conceitos, a razão, a desrazão e a linguagem. Em referência ao projeto de *As Palavras e as Coisas*, ele investigou a ordem por trás dos discursos, como um caminho indireto. Não conceitos universais, mas os conceitos-chaves de cada época. Há, porém, uma distância intransponível entre a "ordem das razões" e as "intensidades primeiras" de tal enfrentamento. No primeiro momento, o mais difícil era "deixá-las na forma mesma que me fizeram senti-la", mas isso não é um

---

84 Ibidem, p. 204-205.

sentimentalismo pueril. Admitindo que há uma instância histórica que atravessa qualquer autoria, trata-se de reconhecer que ela atravessa o nosso próprio discurso. Trata-se da crítica a uma resistência tradicional, que é pôr-se num âmbito de imparcialidade; a dificuldade de incorporar aquilo mesmo de que é falado na teoria ou a respeito dos outros sobre a nossa inserção histórica. O estilo pessoal que carrega esse texto – mesmo os sentimentos nele contidos – não é somente um capricho, um efeito que o torna mais belo, porque denuncia a comum aflição dos autores em escapar à história por meio de um estilo de discurso que os proteja da transitoriedade e da força das circunstâncias, e os coloque em um lugar neutro, mais próximo da verdade segundo tanto a ciência como a vulgata. A intensidade da escrita no texto em questão e a implicação explícita de seus afetos são marcas do compromisso do autor com a alteridade e não com a obra que viria salvá-lo de tudo o que ele vislumbra comprometido. Por paradoxal que essa constatação possa parecer, não é no rigor do formalismo teórico que o discurso encontra a história, mas se comprometendo com ela, mostrando o que dela espera ou como é por ela atingido na medida em que a recebe, e a experiência mais radical será aquela em que ele é capaz de apresentá-la sem ser ele mesmo o porta-voz neutro de sua verdade. A ética da infâmia de alguma forma aponta para uma ética do discurso filosófico quando este se volta à análise da história.

"Status" e Infâmia

A produção anterior foi insinuada como o remoer de uma análise árida, incapaz de apreender o que nos atrai àqueles relatos. No entanto, devemos reparar que não se trata de recusar a análise anterior, de reconhecer um equívoco, mas de uma insuficiência – o critério é a aridez e não o erro. Se teorias foram edificadas, enquanto outras foram combatidas, não seria a hora de não mais interpretar o que não estaria suficientemente claro, mas de simplesmente reunir e apresentar o que está esquecido, como uma atividade de curadoria da história?

Recordemo-nos das análises de Foucault sobre a autoria em "O Que É um Autor?" O foco de seu estudo é o jogo, o conjunto dos casos em que o autor é uma função dos discursos, sobretudo para o fim de conferir aos mesmos um maior *status*: "Sem dúvida, a esse ser de razão, tenta-se dar um *status* realista. Seria, no indivíduo, uma instância 'profunda', um poder 'criador', um 'projeto', o lugar originário da escrita."[85] A expressão "*status* realista" é curiosa. Sugere a ideia de que determinado discurso possui maior valor do que outro, na medida em que é proferido por alguém que é um sujeito mais real do que outrem. Ter *status* significa ser reconhecido em seu discurso, ser origem de uma escrita que deixa de pertencer apenas a si para atingir e transformar outras vidas.

Devemos reconhecer nesse estudo do texto de 1969 uma confluência temática com o texto "A Vida dos Homens Infames", no qual nos deparamos com discursos sem lugar, que não deveriam circular e que por isso mesmo foram esquecidos, mas que, preservados para a consulta dos historiadores, de súbito assumem um valor jamais ambicionado quando foram escritos e arquivados. A diferença essencial consiste em uma espécie de inversão de posições entre quem fala e aquilo de que fala. No texto de 1969, o que é dito – uma obra literária, uma demonstração matemática ou a instituição de uma nova disciplina, como a psicanálise – "carrega" o autor, dá a ele um renome, como Galileu, Freud. Tendo certos discursos sido reconhecidos, outros proferidos pelos mesmos autores ou por quem a eles se vincule deverão compartilhar um *status* semelhante. No texto de 1977, cujo foco é a infâmia, ou seja, o oposto ao *status*, é conferido ou subtraído *status* a um autor anteriormente aos discursos que ele profere. Será ligando-se ao *status* do rei que os ditos infames terão uma chance de serem recuperados séculos mais tarde. No entanto, ao contrário da forma como o discurso dos psicanalistas compartilha o *status* do discurso de Freud, o poder separa os infames do rei. Não há parentesco. As solicitações feitas ao rei visam uma pequena partilha do seu poder, mas o gesto deverá, tão subitamente cumprido, ser apagado, deixando rastros somente nos registros para controle nos órgãos administrativos do Estado.

"Fragmentos de discurso carregando os fragmentos de uma realidade da qual fazem parte" – palavras de Foucault em "A Vida dos Homens Infames" que nos lembram como

---

85 *DE3*, p. 276.

os discursos desses pseudoautores, incorporados à análise do texto de 1969, se relacionam com a realidade. Encontramos, por meio da familiaridade entre a figura do autor e a figura do rei, o reconhecimento de funções que adquirem na história o estatuto de "reais" – no duplo sentido que, em francês, estaria cindido entre o *réel* e o *royal*. Porém, enquanto o *status* é uma forma de autoridade conferida pelos outros e que, portanto, pressupõe reconhecimento atribuído a algo de que se fala, o poder, em vez disso, é uma partilha que serve a disputas alheias ao objeto tratado; ao ser acessado, ele é um subterfúgio gerador de outros interditos e de outras realizações e que distorce para sempre o objeto do relato. Toda memória produzida pelo contato com o poder partilha um *status* conferido anteriormente àquilo que é tratado e é, por ele, distorcida. O acontecimento explícito que aparece no discurso deixa de ser, assim, as ações relatadas para ser primariamente o ato de relatar em seu contexto político. A cada relato recuperado encontramos um caso que, mais do que surgir revelado em sua verdade, revela especificidades de uma prática vinculada a uma ética infame.

O que as arranca da noite em que elas teriam podido, e talvez sempre devido, permanecer é o encontro com o poder: sem esse choque, nenhuma palavra, sem dúvida, estaria mais ali para lembrar seu fugidio trajeto. [...] é, sem dúvida, para sempre impossível recuperá-las nelas próprias, tais como podiam ser "em estado livre.[86]

Tecida por meio dos conceitos de discurso e poder, e inscrita em arquivos históricos, a ética da infâmia subverte a compreensão teórica habitual de poder travado entre diferentes classes ou raças, reconhecendo formas heterogêneas de acordos e desacordos entre grupos em vista da normatização ou da exclusão de indivíduos. Constituída por discursos que revelam pequenos segredos e disputas do cotidiano, ela é composta por uma rede de relações que parte de um apelo vitimado a instâncias supostamente altruístas em nome da salvação de indivíduos perdidos na liberdade que reivindicaram para si próprios.

Se a filosofia é composta de esclarecimentos estáveis com base nos quais discernimos impressões seguras do mundo e, a cada

---

[86] *DE4*, p. 207-208.

vicissitude, confiamos um controle sobre nossas vidas, o pensamento de Michel Foucault dela não faz parte, porque o que está em questão na filosofia para ele não é distinguir e apegar-se ao que é estável e seguro. Às vezes pode ser qualquer coisa de infame.

Discurso e Poder

Como efeito da conjuntura abordada, é preciso observar novas contraposições. Não mais a recôndita excelência da linguagem contra a superfície instrumental do discurso. O texto suscita outras dualidades: as falas toscas e as falas solenes; o campo da linguagem atravessado pela compaixão divina dos escolhidos e pelo repúdio aos hábitos dos miseráveis. Finalmente, o que está em questão no interesse de Foucault na análise desenvolvida nesse trabalho, para além dos elementos já vistos, é o "entrecruzamento" dos discursos e os "mecanismos políticos"[87].

Há dois aspectos que precisam ser analisados: o das consequências dos mecanismos políticos nos discursos, no que diz respeito à sua forma, e o das consequências dos discursos nos mecanismos políticos, portanto, o modo como os mecanismos políticos são exercidos como discurso[88]. O primeiro caso, como já dissemos, pode ser relacionado a uma questão estilística, ao modo como o discurso se ajusta, se conforma à rede política na qual ele surge. Não esperemos encontrar aí somente a solenidade. Para Foucault, há um "efeito cômico" nessa solenidade:

Efeito cômico, sem dúvida; há alguma coisa de irrisório ao se convocar todo o poder das palavras, e através delas a soberania do céu e da terra, em torno de desordens insignificantes ou de desgraças tão comuns: "Abatido sob o peso da mais excessiva dor, Duchesne, funcionário subalterno, ousa, com uma humilde e respeitosa confiança, lançar-se aos pés de vossa majestade para implorar sua justiça contra a mais malvada de

---

87 Ibidem, p. 211: "Mas se o gosto que tenho por eles há anos não foi contradito e se retorno a eles ainda é porque conjecturo um começo; em todo caso, um acontecimento importante em que se cruzaram mecanismos políticos e efeitos de discurso."
88 Ibidem, p. 219-220: "Como o poder seria leve e fácil, sem dúvida, de desmantelar, se ele não fizesse senão vigiar, espreitar, surpreender, interditar e punir; mas ele incita, suscita, produz; ele não é simplesmente orelha e olho; ele faz agir e falar."

todas as mulheres... Que esperança não deve conceber o desventurado que, encontrando-se em estado miserável, recorre hoje à vossa majestade depois de haver esgotado todas as vias de doçura, admoestações e deferência para reconduzir a seu dever uma mulher despojada de qualquer sentimento de religião, de honra, de probidade e mesmo de humanidade? Tal é, sire, o estado do infeliz, que ousa fazer ressoar sua queixosa voz nas orelhas de vossa majestade".[89]

Em segundo lugar, o efeito cômico pode surgir também da exacerbação da solenidade, do modo como por todos os artifícios se buscará adorná-la, mas pelos exemplos em que as tentativas se revelam fracassadas.

Com frequência ocorria que as demandas fossem feitas por pessoas de muito baixa condição, pouco ou não alfabetizadas; elas próprias com seus magros conhecimentos ou, em seu lugar, um escriba mais ou menos hábil compunham, como podiam, as fórmulas e torneios de frase que pensavam requeridos quando alguém se dirige ao rei ou aos grandes, e os misturavam com as palavras maljeitosas e violentas, expressões rudes, através das quais elas pensavam, sem dúvida, dar às suas súplicas mais força e verdade. [...] Assim, fala a mulher de Nicolas Bienfait: ela "toma a liberdade de representar muito humildemente ao sire que o dito Nicolas Bienfait, cocheiro de aluguel, é um homem extremamente devasso que a mata de pancada, e que tudo vende, tendo já causado a morte de suas duas mulheres, das quais a primeira ele lhe matou o filho dentro de seu corpo, e a segunda, depois de tê-la vendido e comido, por seus maus-tratos a fez morrer definhando, até querer estrangulá-la na véspera de sua morte... A terceira, ele quer comer-lhe o coração sobre a grelha, sem muitos outros assassinatos que fez; sire, eu me jogo aos pés de vossa grandeza para implorar que o senhor me faça justiça, pois estando minha vida em risco a todo momento, não cessarei de orar ao Senhor pela conservação de vossa saúde".[90]

Agora é preciso tratar não da conformidade do discurso ao poder, mas da imbricação, do modo como o poder é exercido pelo discursivo em suas múltiplas estratégias. Foucault analisa a passagem da prática religiosa de confissão, com a qual os homens se redimem de seus próprios pecados, para uma série de procedimentos de investigação que pertencem a órgãos administrativos do Estado e que servem à apuração das pequenas

---

89 Ibidem, p. 211.
90 Ibidem, p. 217-218.

verdades do cotidiano. Mas a questão não comparece somente em "A Vida dos Homens Infames".

Em *A Verdade e as Formas Jurídicas*, de 1973, encontramos um primeiro tratamento do problema. Nessa ocasião, lhe interessavam os critérios com os quais verdades são reconhecidas dentro de um processo judicial. Entre essas formas, estariam a prova, o inquérito e o exame – todas elas mecanismos que relacionam "a verdade", em suas "formas jurídicas", ao discurso. Um elemento em especial aproxima a conferência, de 1973, na PUC-Rio, à obra *Vigiar e Punir*, de 1975, e ao texto de 1977 sobre os homens infames. É a referência às *lettres-de-cachet*. Que outro mecanismo mais arcaico de controle e vigilância há, mecanismo (predecessor do totalitarismo) que exige a participação da própria sociedade e de suas trocas discursivas? Foucault afirma em *A Verdade e as Formas Jurídicas*:

A *lettre-de-cachet* se apresenta, sob seu aspecto de instrumento terrível da arbitrariedade real, investida de uma espécie de contra poder, poder que vinha de baixo e que permitia a grupos, comunidades, famílias ou indivíduos exercer um poder sobre alguém. Eram instrumentos de controle, de certa forma espontâneos, controle por baixo, que a sociedade, a comunidade, exercia sobre si mesma.[91]

Em "A Vida dos Homens Infames", encontraremos uma passagem muito semelhante:

As "ordens do rei" não baixavam de improviso, de cima para baixo, como signos da cólera do monarca, senão nos casos mais raros. Na maior parte do tempo elas eram solicitadas contra alguém por seus familiares, seu pai e sua mãe, um de seus parentes, sua família, seus filhos ou filhas, seus vizinhos, às vezes o padre local, ou algum membro representativo. [...] A *lettre-de-cachet* com ordens de prisão, tida como a vontade expressa e particular do rei de fazer encarcerar um de seus súditos, fora das vias da justiça regular, não era senão a resposta a essa demanda vinda de baixo.[92]

O povo, que fora considerado na análise da modernidade em *As Palavras e as Coisas* a fonte da linguagem ainda em seus balbucios radicais e menos discerníveis, agora disperso participa

---

91 VFJ, p. 96-97.
92 DE4, p. 214.

dos mecanismos de poder exercidos por meio do discurso. Ele suplica, e assim adapta a sua fala tosca à fala solene dos nobres, tornando-se sujeito patético, estranho na linguagem, mas ele a serve também de outros modos: ele confessa; ele testemunha; ele denuncia; ele delata.

Apenas um ano antes de "A Vida dos Homens Infames", Foucault publica *Histoire de la sexualité, v. 1: La Volonté de savoir* (História da Sexualidade, v. 1: A Vontade de Saber). Nessa obra, encontramos a análise mais profunda da questão da confissão como experiência primeira de controle sobre a vida pelo discurso, o que será reconhecido como a origem de mecanismos administrativos de averiguação da verdade. Nela, Foucault não trabalha com a hipótese repressiva, do silêncio. Ele repete insistentemente que a história da sexualidade demonstra que a relação com o sexo não foi, ao longo dos últimos séculos, essencialmente repressiva, uma vez que, ao contrário, diversos dispositivos surgiram a partir do século XVIII com o fim de incitar as pessoas a falarem sobre o sexo, a confessarem seus desejos e suas práticas.[93] Porque conscientes de que haveriam de confessá-las, eles se constrangiam a realizá-las. O lugar do discurso em *História da Sexualidade 1* se baseia na análise das formas de como o silêncio sobre o sexo foi transformado em confissão sobre o sexo. A confissão religiosa se transforma em confissão de todas as infrações do cotidiano, revelando-se em nossos dias, finalmente, uma experiência radical para o que somos: "Tanto a ternura mais desarmada quanto os mais sangrentos poderes têm necessidade de confissões. O homem, no Ocidente, tornou-se um animal confidente."[94]

Dessa experiência de revelação do cotidiano surge a noção de "vontade de saber", na verdade já presente em *A Ordem do Discurso*, de 1970, e no primeiro curso de Foucault no Collège

---

[93] HS1, p. 43: "Através de tais discursos multiplicaram-se as condenações judiciárias das perversões menores, anexou-se a irregularidade sexual à doença mental; da infância à velhice foi definida uma norma do desenvolvimento sexual e cuidadosamente caracterizados todos os desvios possíveis; organizaram-se controles pedagógicos e tratamentos médicos, trouxeram à baila todo o vocabulário enfático da abominação: isso não equivaleria a buscar meios de reabsorver em proveito de uma sexualidade centrada na genitalidade tantos prazeres sem fruto?"

[94] Ibidem, p. 68.

de France, "Lições Sobre a Vontade de Saber". O que está por trás do saber produzido pela confissão é uma "vontade" de tudo revelar. A vontade de saber não é uma instância metafísica, mas o conjunto de práticas que tornam público, explícito, o que diz respeito à intimidade, à individualidade, à privacidade. Em 1976, no *Em Defesa da Sociedade*, segundo um mesmo interesse de investigação, Foucault afirma: "Gostaria de passar em revista não só esses discursos, mas ainda a vontade que os conduz e a intenção estratégica que os sustenta."[95] Não há em toda vontade de saber, realizada em estratégias de poder, a busca de revelar toda a infâmia secreta no que há de mais ínfimo na vida cotidiana? Não estaria o arcabouço conceitual de Foucault, antes do estudo da *áskesis* grega, a prática de si, do governo de si, voltado para a tarefa de denunciar a vigência de uma ética da infâmia?

Finalmente, se vimos em "A Vida dos Homens Infames" um importante entrecruzamento, um favorecimento mútuo, uma simbiose entre discurso e poder, devemos também considerar outro caso, não examinado naquele texto, mas considerado em *História da Sexualidade 1*, o qual será muito importante para o desenvolvimento futuro do pensamento de Foucault: a coragem de dizer a verdade, a fala franca – a *pahrresía*. Neste caso, o discurso não se adapta ao poder nem é utilizado por ele, servindo-lhe, mas atua contra o poder; vem confrontá--lo. Esse caso nos permite considerar a iminência de um corte nas reflexões do autor, pois, para Foucault, a esse momento o poder é tanto o polo, a força dominante que o discurso desafia, como a rede em que é travada a guerra contínua entre as forças e onde são decididas as suas sucessivas trocas de posição. Qual é, então, o sentido de se falar de um discurso contra o poder se o poder é sempre uma relação contrária de forças? Aí estaria talvez o problema que marca a passagem do desafio de apenas denunciar a ética da infâmia para o desafio de propor uma outra ética, fundada no resgate da *áskesis* grega. Aí estão também as sementes dos desenvolvimentos futuros da análise do discurso e do poder, em direção à *pahrresía*. Fiquemos com a sua sinalização primeira:

---

95 DS, p. 15.

DISCURSO E PODER: A REFORMA

Os discursos, como os silêncios, nem são submetidos de uma vez por todas ao poder, nem opostos a ele. É preciso admitir um jogo complexo e instável em que o discurso pode ser, ao mesmo tempo, instrumento e efeito do poder, e também obstáculo, escora, ponto de resistência e ponto de partida de uma estratégia oposta. O discurso veicula e produz poder; reforça-o, mas também o mina, expõe, debilita e permite barrá-lo.[96]

---

[96] *HS1*, p. 111-112.

4. A Isomorfia da Morte

OS TROPOS DE ROUSSEL

Limites e Desvios de uma Crítica

Em 1962, é lançado *Raymond Roussel*. A capa da edição brasileira publicada em 1999 pela Forense Universitária é perspicaz. Ela indica a seguinte estrutura:

> Raymond
> Michel
> Raymond Roussel
> Foucault
> Roussel

Um leitor tomado por alguma imaginação talvez encontre com estranha propriedade o título: *Raymond Michel Raymond Roussel Foucault Roussel*.

Seria um poema concreto, como uma alusão ao trabalho de Roussel? Seriam coautores? Onde está delimitado o título da obra? Reestruturado pelo uso dos parênteses, artifício importante para Roussel, entrevê-se a fórmula que, ao contrário daquele devaneio prévio, é precisa:

(Raymond (Michel (Raymond Roussel) Foucault) Roussel)

Foucault se volta a Raymond Roussel com base no modo como seu pensamento foi contido, já atravessado, pela obra, pelo pensamento de Roussel. Porém, entre o Roussel que é autor e o Roussel que é objeto de análise, a mediação de Foucault inflige um desvio. O que nos interessa pensar é o desvio, a apropriação que transforma a obra e, portanto, também a crítica como análise dos limites de uma leitura.

Em primeiro lugar, é importante notar que a questão da autoria pressuposta no contexto de 1962 não é a mesma que encontramos, em 1969, em "O Que É um Autor?", quando o foco é o conjunto dos casos em que a autoria é uma função que dá *status* aos discursos. No texto de 1962, não se trata de analisar a autoria como função que distingue do falatório ordinário o que merece receber atenção, ser comentado e ser preservado do oblívio. Tampouco se trata de reconhecer o autor como "um ser de razão", que tem acesso a uma realidade outrora velada na ignorância dos antepassados, que profere discursos formadores de um saber efetivo, no qual outros especialistas encontrarão amparo para os seus próprios discursos. No início da década de 1960, enquanto se dedicava a pensar o ser da literatura, portanto, mais a decifrar a linguagem do que a descrever as práticas discursivas, Foucault investigou os autores que flertaram com a loucura, especialmente Hölderlin e Roussel. O ser de razão poderá ser compreendido, em 1969, como uma função atribuída pela sociedade porque foi antes desmistificado em sua soberania em favor de uma experiência mais fundamental, anterior à divisão entre razão e loucura – experiência extraordinária que, tal como fora analisada em *História da Loucura* e em diversos outros trabalhos daqueles anos, concerne aos modos de acesso à excelência da linguagem.

De 1962, é também o artigo "O Não do Pai", sobre Hölderlin. Há tantas familiaridades entre os dois trabalhos, que é preciso questionar se não pertencem a uma mesma trama. Se a hipótese procede, o provável é que a base da análise seja o trabalho sobre Hölderlin, mais evidentemente enraizado em uma tradição de pensamento filosófico sobre a linguagem, sobretudo em diálogo com Heidegger e Blanchot, do que o contrário, que Foucault tenha tomado a obra de Roussel como prisma para a compreensão de Hölderlin. Em Roussel, encontramos uma obra em grande medida oposta a Hölderlin – o que faz com que o texto de Foucault sobre Roussel seja um trabalho carregado de outro arcabouço de pensamento, oriundo de uma experiência poética distinta. Assim, se em parte a crítica de Foucault já está contida entre a obra de Roussel e o modo como o pensamento do próprio Roussel o influencia – como se Foucault fosse um meio de devolver o autor à sua obra, de duplicar e intensificar a experiência do poeta –, ele também interfere, transforma, desvia a obra em direção a uma outra.

O Roussel da análise de Foucault deve ser destacado, se não pela verdade da própria obra de Roussel, ao menos pelo reconhecimento das intervenções de Foucault. Trata-se de revelar os pontos comuns que supostamente aparecem no poeta depois de já terem comparecido em Foucault, e ver quais conceitos são duplicados em Roussel sem terem sido escritos por ele, pertencendo, portanto, ao comentário e à crítica de Foucault.

Roussel escreveu um texto que se volta aos seus escritos anteriores com o fim de esclarecer os velhos segredos. *Comment j'ai écrit certains de mes livres* (Como Escrevi Alguns dos Meus Livros) é uma resposta aos críticos que se enganaram, que não souberam ver o que ele fazia. Nesse livro, o empreendimento de Roussel é o esclarecimento de sua escrita, uma tentativa de ocupar ele próprio o lugar deixado vago pela crítica. O trabalho de Foucault, contudo, não é uma interlocução poética; tampouco pretende rebater os segredos decifrados pelo autor--crítico, mas é imprescindível notar que ele não se atém ao que está delimitado pela obra de Roussel. Há uma apropriação e um deslocamento em direção a uma filosofia pré-concebida, que afirma que o risco não é deixar passar os segredos da escrita de Roussel, mas não reconhecer a sua morada, o ser da linguagem.

"A impossibilidade, aqui, de decidir, liga todo discurso sobre Roussel não apenas ao risco comum de se enganar, mas àquele, mais refinado, de sê-lo. E de ser enganado menos por um segredo do que pela consciência de que há segredo."[1] Segundo Foucault, quando a análise contorna a linguagem caímos em uma cilada, pois, antes de decifrar o segredo, o primeiro passo é descobrir

1 RR, p. 3.

onde ele habita, e o filósofo dirá: não na consciência, mas na linguagem. Se não houvesse segredo, não seria preciso para nenhum dos dois escrever livros com o propósito de esclarecê-los, porém, para Foucault, não é nenhum procedimento subjetivo, nenhum ato de consciência que poderá resolver os enigmas da obra. Ao confrontar o risco de ser enganado, antecipando-se – até mesmo ao segredo que não há em Roussel, o das diferenças entre a consciência e a linguagem – o texto do poeta corre o risco de se tornar apenas pretexto para a demonstração do que já fora previsto. Com esses procedimentos, que são os de Foucault e não os de Roussel, ele tece seus primeiros comentários, os quais consistem em inferir qual seria a filosofia subjacente à obra de Roussel.

É necessário escutar o que diz Roussel: "le procédé, en somme, est parent de la rime. Dans les deux cas, il y a création imprévue due à des combinaisons phoniques. C'est essentiellement un procédé poétique". [O procedimento, em suma, é parente da rima. Nos dois casos, existe criação imprevista devido a combinações fônicas. É essencialmente um procedimento poético.] [...] Poesia: partilha absoluta de linguagem, que a restitui idêntica a si mesma, mas do outro lado da morte: rimas das coisas e do tempo. Do eco fiel nasce a pura invenção do canto.[2]

O que nos impediria de assumir, seguindo a orientação de Foucault, que o segredo ou a filosofia subjacente à obra de Roussel esteja presente em qualquer obra poética? O primeiro fala de "criação imprevista", pela "rima", de "combinações fônicas". E o segundo fala de "rimas das coisas e do tempo", diz que "do eco fiel nasce a pura invenção do canto", "partilha absoluta" da linguagem, "do outro lado da morte". Há, portanto, diferenças significativas entre os dois.

Recobrando a imagem, em Hölderlin muito expressiva, da linguagem como uma fonte, Foucault afirma que há em Roussel a dinâmica da dupla esfera, da superfície e de sua experiência originária. É preciso reconhecer tal compreensão de linguagem como uma experiência alegórica. Nesta, o discurso vela a sua matriz, o seu condicionante oculto, segundo Foucault, "ocultando, sob pretexto de revelação, a verdadeira força subterrânea de onde jorra a linguagem"[3]. Assim, todas as lacunas e a própria

2 Ibidem, p. 47.
3 Ibidem, p. 6.

ideia de que há lacunas, entre o significante e o significado, entre a expressão e aquilo que é expresso, entre a superfície alegórica e o sentido que a carrega, serão, depois de inferidas, exploradas: "As lacunas entre as palavras tornam-se fonte de uma riqueza inexaurível."[4] No modo de lidar com as lacunas aparecerá o diferencial de Roussel. Antes de reconhecê-lo, devemos observar qual é o estatuto dessa fonte, se sua riqueza consiste na presença de um sentido ao mesmo tempo resguardado e mais elevado – "uma força subterrânea de onde jorra a linguagem" – ou se, ao contrário, esta reside na proliferação espacial de sentidos inesperados. Para o melhor discernimento entre as propostas, recordemo-nos das referências já conhecidas.

Junto ao Hölderlin que, de nossa parte, entrevemos na leitura de Foucault, encontramos a experiência heideggeriana de linguagem, um pensamento também dedicado à relação entre linguagem e origem e que, possivelmente, terá servido como o primeiro mediador entre Foucault e Hölderlin. Conforme as palavras de Foucault: "Na linguagem, o único elemento aleatório sério não é o dos encontros internos, é o da origem. Acontecimento puro que está ao mesmo tempo na linguagem e fora dela porque forma seu limite inicial."[5] A origem é o único acontecimento aleatório porque, depois dela, tudo passa a estar interligado, passa a pertencer, como diz Heidegger, a uma saga, ou ainda, como encontramos no *Hipérion* de Hölderlin, a um eco, no qual o que diz o poeta não é mais do que uma resposta a um apelo que de longe o alcança, persistente e radical.

É em Hölderlin que o ser, albergado desde sua origem na linguagem, é dito, em sua forma poética por excelência, "eco". Encontramo-lo também no Roussel que pertence a Foucault, junto do que há de "secreto" e do que está "mudo", adjetivos característicos de tal experiência alegórica de linguagem que supomos ter sido projetada. A respeito das "máquinas de Roussel", Foucault afirma:

Para além e aquém daquilo que fala, são a linguagem rimando com ela mesma: repetindo o que do passado vive ainda nas palavras (matando-o pela figura simultânea que forma), repetindo tudo que é silencioso,

[4] Ibidem, p. 31.
[5] Ibidem, p. 33.

mudo, secreto, no que é dito (e fazendo-o viver numa visível imagem). Rima que se torna eco em torno do momento ambíguo em que a linguagem é ao mesmo tempo morta e assassina, ressurreição e abolição de si mesma; aí a linguagem vive de uma morte que se mantém na vida, e sua própria vida se prolonga na morte.[6]

Não somente um trabalho de crítica literária, o livro de Foucault sobre Roussel é em grande medida um texto teórico sobre a linguagem e, mais especificamente, sobre a relação que ela nutre com a morte. Dessa relação surgem as duas possibilidades subjacentes na análise e que Foucault surpreendentemente parece querer conciliar. Como veremos, no entanto, Roussel não escreve a sua poesia escutando o chamado silencioso da linguagem, atendendo à sua origem, como indica um aspecto da análise de Foucault. Ele a escreve juntando o aleatório a procedimentos metódicos que multiplicam elementos e expressões do cotidiano, do falatório – daquilo que, em Hölderlin, é a linguagem desperdiçada. É esse choque que se torna patente pelo esforço de Foucault em acomodar duas referências tão distantes em um mesmo livro, antes que ele próprio – conforme encontramos no prefácio de *As Palavras e as Coisas* –, faça uma escolha em prol da segunda, da experiência de Roussel, que, ao contrário da relação que vemos em Hölderlin e Heidegger da linguagem com o tempo, como um desdobramento de uma origem esquecida, confere primazia à relação da linguagem com o espaço e suas descontinuidades.

A morte, efetiva na face biográfica de sua análise sobre Roussel ou transfigurada em tantas metáforas, é o cerne do conflito subjacente à leitura de Foucault, pois, se para a experiência moderna, de Hölderlin e Heidegger, a linguagem é, em contraposto ou em substituição da metafísica, a experiência que vence a morte; é aquilo que, além de nossa mortalidade individual, nos une e sobrevive entre nós – e nisso consiste a sua afinidade com a experiência do tempo mais altiva do que os esforços historiográficos –, ela representa também o limite. Na experiência de Roussel, em vez de sobrepujado, o limite abraçado promove o novo. O novo não é mera atualização da origem, mas possível contorno de limites no âmbito mais próximo. Em Roussel, não

6 Ibidem, p. 45.

se busca sobreviver à morte. Implica-se a morte nas formas do novo, não por uma nova resposta ao chamado do ser, por um conhecimento de sua origem e das múltiplas respostas dadas, mas pela ruptura com o que o cotidiano dispõe. A linguagem como estância de um mesmo apelo na variabilidade do tempo dá lugar ao horizonte de variação do presente. Essa é a grande relevância de ver a outra borda da linguagem, onde está Roussel, não Hölderlin: "Roussel inventou máquinas de linguagem que não têm, sem dúvida, fora do procedimento, nenhum outro segredo além da visível e profunda relação que toda linguagem entretém, desata, retoma e indefinidamente repete com a morte."[7] O problema consiste em como, e com que direito, se pode implicar essas duas formas de decifrar o segredo que habita o encontro da linguagem com a morte. Em um texto, dois trabalhos, duas referências: a intrusa e a figura ainda enigmática de Roussel.

Limites e Desvios na Morte

Nos *Ditos e Escritos 3*, de Foucault, encontramos uma variação do primeiro capítulo do livro *Raymond Roussel*, denominado "Le Seuil et la clef" (O Umbral e a Chave), publicada sob o título "Dire et voir chez Raymond Roussel" (Dizer e Ver em Raymond Roussel). Nele lemos passagens que faltam no livro, entre as quais destacamos esta extraordinária síntese: "A morte e a linguagem aqui são isomorfas."[8]

O ano de 1962, ao menos até *O Nascimento da Clínica*, em 1963, é um período marcado pela temática da proximidade entre a linguagem e a morte, temas sugeridos por Bataille e que, juntos da transgressão, terão reverberações extensas e profundas no pensamento de Foucault. Além da versão alternativa do primeiro capítulo de *Raymond Roussel*, encontramos no período mais dois artigos que tratam da temática, sem conduzirem o problema da mesma maneira. São eles os textos "Prefácio à Transgressão" e "A Linguagem ao Infinito". Reunidos, esses trabalhos apresentam variações do tema: a linguagem e a morte.

7 Ibidem.
8 *DE3*, p. 8.

Em "Prefácio à Transgressão", escrito em homenagem a Bataille, Foucault afirma que a reflexão sobre o ser da linguagem começou como resposta a Kant, pela dedicação da crítica à investigação dos limites entre o que se pode e não se pode conhecer. "Pode-se sem dúvida dizer que ele nos vem pela abertura praticada por Kant na filosofia ocidental, no momento em que ele articulou, de maneira ainda bastante enigmática, o discurso metafísico e a reflexão sobre os limites da nossa razão."[9] Se o conhecimento fica a partir de então *a priori* delimitado, caberá à linguagem o trabalho de transgressão.

Os limites impostos ao sujeito do conhecimento por Kant são transfigurados na tarefa transgressora da linguagem, a qual, no entanto, permanecerá relacionada à finitude. A transgressão dos limites do conhecimento pela linguagem, na visão de Foucault, conduz o sujeito a deparar o limite da morte. Duas tarefas especialmente relevantes para o pensamento heideggeriano – a analítica do *Dasein* como ser para a morte, em *Ser e Tempo*, e o estabelecimento do primado da linguagem sobre o humanismo – encontram, assim, um solo comum, o pensamento crítico kantiano. A respeito de Kant, Foucault afirma: "Talvez ele defina o espaço de uma experiência em que o sujeito que fala, em vez de se exprimir, se expõe, vai ao encontro de sua própria finitude e sob cada palavra se vê remetido à sua própria morte."[10]

Ao menos para o pensamento dedicado à linguagem, tal transgressão é duplamente marcada por uma espécie de êxtase, na medida em que nele se trata de um abandono do primado do sujeito, da perda de sua soberania, mas também se trata de uma experiência arrebatadora, que nos atravessa e nos convoca – nos enleva e nos submete. Entre os pensadores que investiram nessa concepção de linguagem, Foucault se destaca pela especial relevância que dá a esse segundo aspecto. Dele se poderá melhor compreender o interesse, sob a influência ainda de Bataille, pela questão da sexualidade como "experiência-limite", presente já nos primeiros anos da década de sessenta. Nesse texto, ele explora as semelhanças da sexualidade com a morte, como na descrição que abaixo transcrevemos de um orgasmo – *petit mort*.

9   Ibidem, p. 35.
10 Ibidem, p. 46.

Arrancado do lugar do seu olhar, revirado em direção à sua órbita, o olho agora não derrama mais sua luz senão em direção à caverna do osso. A revulsão do seu globo não trai tanto a "pequena morte" quanto a morte mesma, da qual ele faz a experiência lá mesmo onde ele está, nesse jorro que o faz oscilar. [...] O olho revirado descobre a ligação da linguagem com a morte no momento em que representa o jogo do limite e do ser.[11]

A questão enfrentada desde Kant sobre o limite será também trabalhada em "A Linguagem ao Infinito". O texto começa com Foucault citando um imperativo de Blanchot: "Escrever para não morrer."[12] Não uma tarefa de transgressão apenas dos limites impostos sobre o conhecimento, trata-se de limitações que presumivelmente devem se estender sobre toda a experiência e que só podem ser reunidas sob o signo da morte. Aqui a questão é a sobrevida. Mesmo os infortúnios viriam cumprir um papel importante contra o naufrágio no esquecimento. Porque excedem a medida que eles próprios estabelecem para o agir, precisando sempre se superar, os homens têm o que contar e o que lembrar. "É possível, como diz Homero, que os deuses tenham enviado os infortúnios aos mortais para que eles pudessem contá-los."[13]

Interessa questionar em que medida Foucault promoverá em *Raymond Roussel* uma torção na relação, então já tradicional, entre a linguagem e a morte, pois a linguagem no sentido do tesouro de narrativas desde os *aedos* até a concepção moderna de uma saga de questionamento do ser, anterior e transgressora perante os limites do conhecimento, é a arma de combate dos homens contra o esquecimento na morte. "Talvez a configuração do espelho ao infinito contra a parede negra da morte seja fundamental para toda linguagem desde o momento em que ela não aceita mais passar sem vestígio."[14] Não é a linguagem o vestígio das formas singulares da vida contra o aplainamento da morte?

Transgressora dos limites do conhecimento porque lhes precede e lhes dá sua mais profunda condição de possibilidade; tesouro da memória dos feitos extraordinários dos homens, que tornam dignas as suas mortes; ou, radicalmente distinta, em

11   Ibidem, p. 42.
12   Ibidem, p. 47.
13   Ibidem.
14   Ibidem, p. 48.

Roussel, quando a seu respeito Foucault afirma que "a linguagem e a morte são aqui isomorfas". Sem estar contraposta à morte, nem servir de recompensa contra as ameaças da transitoriedade e do que ela carrega em seu enxurro, na égide do tempo, a linguagem e a morte se tornam isomorfas quando se trata de distâncias e novas formas de alteridade – égide do espaço.

A Linguagem do Espaço

Com estas palavras, Roussel inicia o seu último livro: "Je me suis toujours proposé d'expliquer de quelle façon j'avais écrit certains de mes livres." (Eu sempre me propus a explicar a maneira pela qual eu escrevera alguns de meus livros.) Findo o projeto, o último legado, ele comete suicídio. Teria ele sempre considerado esclarecer o "como", o mecanismo revelador do sentido não decifrado pela crítica? E se o tivessem alcançado?

De todo modo, a obra foi cumprida; o livro é póstumo. Foucault enfatiza: "Roussel, cuja linguagem é de grande precisão, disse curiosamente de *Comment j'ai écrit certains de mes livres* [Como escrevi alguns de meus livros] que se tratava de um texto 'secret et posthume'".[15] O segredo foi nutrido até a hora da despedida, quando se achou por bem revelá-lo, mas ocorre também que, antes de estabelecer uma relação com a sua morte, ele já estabelecesse uma relação com a morte. Tratemos não mais dos desvios nos procedimentos de Foucault, mas do trabalho de Foucault sobre os procedimentos de desvio em Roussel – do que há neles de "secreto e póstumo", e original.

Para apresentar o "procedimento" de Roussel, a referência mais esclarecedora novamente não é tirada por Foucault de um texto do próprio Roussel, mas de um conhecimento explorado pelos gramáticos do século XVIII, mais especificamente de Dumarsais, conhecimento da "maravilhosa propriedade da linguagem de ser rica de sua miséria"[16]:

Foi preciso necessariamente fazer as mesmas palavras servirem para diversos usos. Notou-se que este expediente admirável podia dar ao

15 Ibidem, p. 4.
16 RR, p. 12.

discurso mais energia e mais atrativo; não se deixou de transformá-lo em jogo, em prazer. Assim, por necessidade e por escolha, as palavras são às vezes desviadas de seu sentido primitivo, para adquirir um novo que dele se afasta mais ou menos, mas que, no entanto, tem mais ou menos relação. Este novo sentido das palavras se chama sentido tropológico, e chamamos tropo esta conversão, este desvio que o produz.[17]

Os estudos da linguagem em Foucault devem abranger a tropologia – espaço de conversão e de desvio. Devem retornar para encontrar Roussel, que deverá, na leitura de Foucault, incorporar Hölderlin, a bem da verdade desviando-lhe o seu sentido de linguagem. E esse novo sentido, que é o de Roussel, nós encontramos sua formulação precisa nos gramáticos do século XVIII.

Tratava-se, naquela investigação da gramática, de outro modo de preservação da palavra – não o seu sentido original, mas, da materialidade do significante, o surgimento e o valor do sentido alternativo. A palavra não é, então, como para a filologia, o ente precioso que preserva o sentido das agruras do tempo; é o ente precário que, incapaz de multiplicar-se com as coisas, de atender às singularidades, delimita um espaço de repetições. O sentido não é o vestígio remoto que precisa ser recuperado; tampouco é a referência primeira de um signo arbitrário. A restrição dos signos incita a riqueza de inesperadas relações, e sentidos heterodoxos aparecem na proximidade das formas.

"Não é o 'sentido' que falta, mas os signos que só significam, no entanto, devido a essa falta."[18] Aquém da linguagem, se isso é possível, as coisas são constrangidas, pelas representações do pensamento, a uma ontologia supratemporal. Na linguagem sob a égide do tempo, são constrangidas a uma saga do mesmo, aos laços que as comprometem com o passado. Em ambas, trata-se de um privilégio do sentido radical, originário, que deve orientar o âmbito frugal, contingente, verdadeiramente transitório, no qual nos encontramos ameaçadoramente presos. Trata-se, para essas formas de pensamento que predominantemente ainda nos dominam, de encontrar alguns pontos de amparo, elementos em que o ser balize a fragilidade da vida. Mas e se a linguagem for, por um constrangimento inverso, o âmbito

17   Ibidem, p. 13.
18   Ibidem, p. 146.

de nosso exílio, de nosso êxodo, porque não temos acesso ao ser, porque os conceitos não fazem justiça ao mundo, e tudo o que resta é justapor as coisas umas ao lado das outras, em uma rede de similitudes? Quando o ser deve o seu sentido a relações sobrepostas, dá-se uma incompatibilidade com aquela linguagem que fora entendida como eco ou como saga do mesmo. Por um momento, essa incompatibilidade provocou em Foucault a malfadada pretensão de compor essas duas experiências distintas com a linguagem, mas ele vem a reconhecer o problema: "No momento em que o tempo retorna a si mesmo e à linguagem primeira, esta derrapa na diferença das significações."[19] Por fim, sem reconciliação, será na derrapada, no primado do desvio, que residirá tanto a sua miséria quanto a sua beleza. "Se a linguagem fosse tão rica quanto o ser, ela seria o duplo inútil e mudo das coisas; ela não existiria. E, no entanto, sem nome para nomeá-las, as coisas permaneceriam dentro da noite."[20]

Se na linguagem as relações se proliferam, seus elementos, os signos, são, porém, restritos. Não se trata da proteção do vestígio contra a proliferação, mas da riqueza da proliferação pelo desvio. Roussel, em vez de buscar meios de contornar a precariedade dos signos, já reconhecida no século XVIII, a explorará, encontrando nas formas da finitude, da restrição, sem esperar retirá-las de sua miséria, uma forma de produção poética – "sua essencial e maravilhosa pobreza reconduz a si mesma, dando-lhe seu poder de metamorfose: dizer outra coisa com as mesmas palavras, dar às mesmas palavras outro sentido"[21]. Porque a linguagem é precária, ela produz duplos; ela é obrigada a repetir-se; ela precisa circular e, ao retornar, ela se multiplica.

A experiência de Roussel se situa no que se poderia chamar "o espaço tropológico" do vocabulário. Espaço que não é inteiramente o dos gramáticos, ou melhor, que é o espaço mesmo, mas tratado de outra maneira; ele não é considerado como o lugar de nascimento das figuras canônicas da palavra, mas como um branco disposto na linguagem, e que abre no interior mesmo da palavra seu vazio interior, desértico e cheio de armadilhas. Este jogo que a retórica se aproveitava para fazer valer o que ela tinha a dizer, Roussel o considera em si mesmo, como

19 Ibidem, p. 18.
20 Ibidem, p. 145.
21 Ibidem, p. 82.

uma lacuna a estender o mais amplamente possível e a medir meticulosamente. [...] Ele não deseja dobrar o real com outro mundo, mas nos redobramentos espontâneos da linguagem, descobrir um espaço insuspeitado e recobri-lo com coisas nunca ainda ditas.[22]

O capítulo de Foucault se chama "Les Bandes du billard" (As Bandas do Bilhar). As mesas demarcam os limites, mas suas bandas multiplicam as jogadas. Roussel saberá utilizá-las para acertar suas lacunas. Foucault afirma: "O 'procedimento' não comandaria as obras até sua figura mais central; dela seria apenas o umbral, ultrapassado desde que traçado."[23] Ultrapassar o umbral, o limite, não é escapar da mesa, mas estabelecer um jogo, utilizar o retorno – sabemos que o retorno já não é a reprodução do mesmo, mas a abertura de novas possibilidades. A reação jamais reproduz a ação e o que importa agora são os restos que ampliam o espaço. Na linguagem, esse limite, o umbral, que é também a morte, transfigura o retorno. Roussel irá mapeá-lo nas pequenas diferenças, nas variantes mínimas, em que o retorno é, ao mesmo tempo, signo do mesmo e da diferença. Não para "dobrar o real" à maneira da metafísica, "com um outro mundo", mas para, "nos redobramentos espontâneos da linguagem", no espaço que, em lugar de nos servir de modelo, é "insuspeitado", poder recobri-lo simplesmente de "coisas nunca antes ditas". Tampouco esse universo estranho será atribuído a um país distante, como a China evocada no prefácio de As Palavras e as Coisas. Na verdade, esses estranhos parentescos emergem do cotidiano, do que está mais próximo: "Longe de ser uma linguagem que procura começar, é a figura segunda das palavras já faladas."[24]

"le pépin du citron, le pépin du mitron; le crochet et le brochet; sonnette et sornette; la place des boutons rouges sur les masques des beaux favoris blonds; la place des boutons rouges sur les basques etc." Este minúsculo desvio morfológico (ele não falta nunca, e não há jamais senão um por frase), Roussel o dá como essencial[25].

22 Ibidem, p. 13.
23 Ibidem, p. 7.
24 Ibidem, p. 39.
25 Ibidem, p. 20: "A semente do limão, a paixonite do ajudante do padeiro; o gancho e o lúcio; campainha e patranha; o lugar das espinhas sobre as máscaras dos belos louros favoritos; o lugar dos distintos vermelhos sobre as lapelas etc."

Roussel nos apresenta uma experiência em que, de modo alternativo à enciclopédia chinesa, de Borges, que reúne o alheio escandalizando o pensamento, o espaço reúne os desvios. A linguagem do espaço é aqui o lugar das formas e dos desvios morfológicos que, em si mesmos, justamente lembram o que ela, além dos desvios, é sempre: encontro, repetição em seus diversos graus de similitude. Aqui se trata do direito à semelhança, de rimas e versos, e do modo como o essencial pertence ao que se assemelha. É, assim, que mesmo o aleatório pertencerá, em Roussel, ao "procedimento", antes que Foucault interrogue, em As Palavras e as Coisas, a monstruosidade do pensamento – que Roussel já havia, a seu modo, lhe ensinado: a conformidade inusitada dos signos e dos versos.

A repetição só é procurada e encontrada a partir desta ínfima diferença que induz paradoxalmente à identidade; e assim como a antífrase se deslizou na linguagem pela abertura de uma minúscula diferença, ela mesma só pode mover suas palavras idênticas a partir de uma decolagem quase imperceptível. A repetição e a diferença estão tão bem intricadas uma na outra e se ajustam com tanta exatidão que não é possível dizer o que é anterior e o que é derivado; este encadeamento meticuloso dá a todos estes textos lisos uma súbita profundidade em que sua banalidade de superfície parece necessária.[26]

O capítulo é agora "Rime et raison" (Rima e Razão). O título coloca em questão qual será o critério adotado por Roussel para produzir a aproximação do aleatório. Pode ser o mínimo desvio morfológico, como vimos, mas pode ser também o som, pois a rima é uma aproximação do que, a princípio, surge aleatoriamente: *"j'ai du bon tabac"* (Eu tenho bom tabaco) e *"j'aide une bonne abaque"* (Eu ajudo um bom ábaco)[27]. Que haja um critério, desvio morfológico ou rima, que seja preciso adotá-lo para que a linguagem cumpra com a riqueza de seu potencial; isso requer, no procedimento literário, que a razão o incite ou o reconheça – razão altruísta. Roussel, cuja biografia revela angústias, traços de loucura, tem em sua obra o segredo de sua razão. Foucault afirma: "O leitor pensa reconhecer os descaminhos sem fim da imaginação, ali onde só existem os acasos

26 Ibidem, p. 21.
27 Ibidem, p. 37.

da linguagem tratados metodicamente."[28] E ainda: "A obra de Roussel – e é uma das razões pela qual ela nasce na contracorrente da literatura – é uma tentativa para organizar, segundo o discurso menos aleatório, o mais inevitável dos acasos."[29]

A obra de Roussel está na contracorrente da literatura porque, em geral, a literatura tornou-se uma experiência pensada como contradiscurso, como recuperação da excelência velada da linguagem, acesso à origem perdida, à "pérola no fundo do mar", sob o paradigma, portanto, da obra de Hölderlin, em que a poesia é renovação da origem, e não originalidade espacial. Na contracorrente da literatura, que é contradiscurso, a análise da obra de Roussel aproximou ao máximo o pensamento de Foucault da imanência do discurso, quando este ainda era para ele alegórico diante da linguagem, e quando esta, estratificada, devia se manter sob o domínio do tempo. Esta é a fantástica tensão deste recuo: encontrar, no desvio da forma, a linguagem do espaço, *topos* e *tropos*.

FÁBULA, SIMULACRO E ASSASSINATO

O "Ocaso da Literatura"

Em 1962, um ano após a publicação de *História da Loucura na Idade Clássica*, Foucault revela um interesse distinto pela literatura. Em vez de material histórico para análise, a relação da literatura com a linguagem é alçada à condição de objeto central em seus estudos. Nesse ano, no qual encontramos também importantes artigos que atestam a assertiva, o filósofo publica *Raymond Roussel*, livro no qual, em contrapartida, se nota menor interesse por aspectos biográficos. Roussel esteve sob os cuidados do dr. Janet, mas o livro que Foucault lhe dedica não explora as conjecturas de outrora sobre a loucura e as personalidades – que já haviam enredado Nietzsche, Artaud, Hölderlin e Rousseau. Interessam-lhe agora os procedimentos poéticos em si mesmos e, com eles, se os olhos se fecham para

---

28 Ibidem, p. 33.
29 Ibidem, p. 34.

a loucura que há em vida, abrem-se para as tramas da linguagem com a morte.

Esse escopo de estudos, embora fascinante, não perdurará – ao menos explicitamente – por muitos anos, praticamente desaparecendo após *As Palavras e as Coisas*. O projeto de encontrar na literatura uma experiência extraordinária com a linguagem parece ter tido, portanto, uma duração consideravelmente fugaz. Para esse evento de quase abandono da questão literária, Roberto Machado cunha a bela expressão "ocaso da literatura". Todavia, é preciso ver como o "ocaso" em questão não diz respeito somente ao desaparecimento da literatura de suas investigações, mas à relação que ela, ao longo do período, já possuía com a morte. Reconheçamos essa afinidade, recordando palavras do artigo de 1963, "A Linguagem ao Infinito":

> Pergunto-me se não seria possível fazer, ou pelo menos esboçar, a distância, uma ontologia da literatura a partir desses fenômenos de autorrepresentação da linguagem; tais figuras que são aparentemente da ordem do artifício ou da diversão, escondem, ou melhor, traem, a relação que a linguagem mantém com a morte – com esse limite para o qual ela se dirige e contra o qual ela é construída.[30]

Descobrimos a expectativa de que a linguagem ultrapasse sua dimensão cotidiana e revele, por meio de uma "ontologia da literatura", seu poder, a esse ponto, não tanto político quanto de substituição da metafísica, algo como uma inesgotável fonte de superação da morte e de proteção de experiências originárias.

Todavia, se a literatura é abandonada, haverá um legado de outros termos, aparentemente acessórios, que possibilitarão enlaces de mais larga amplitude na obra foucaultiana.

Uma Tradição de Negativas

A questão dos marcos iniciais da experiência literária não deve ser analisada segundo a generalidade capaz de abarcar a diversidade de manifestações artísticas da escrita ou por meio de toda forma com algum cunho poético na história da humanidade. Tal

---

30 *DE3*, p. 50.

sobrevoo produziria somente uma deturpação de importantes diferenças. O rigor surge, no texto "Linguagem e Literatura", ao se investigar aquilo que foi produzido de mais distinto na experiência literária do nosso tempo, a época moderna.

Segundo Foucault, a proveniência da literatura nos remete, ao contrário da atribuição originária a Homero ou a Cervantes, à obra de Mallarmé e, de modo mais remoto, às produções de Sade. Tal surpresa, que destitui Dante, Cervantes ou Eurípides dessa categoria ou crivo, abre um horizonte específico de investigação, embora desdobrado ainda na seguinte consideração: é possível que todos esses autores tenham produzido obras literárias, desde que se compreenda que isso considera a relação que as obras passaram a estabelecer com a linguagem de nosso tempo, não sendo literatura para a linguagem grega, renascentista ou clássica[31].

Desse modo, a especificidade da literatura possui uma referência à nossa experiência de linguagem, a qual deve ser esclarecida nesse contexto específico. Segundo Foucault, ela é "o murmúrio de tudo o que é pronunciado e, ao mesmo tempo, o sistema transparente que faz com que, quando falamos sejamos compreendidos". E ainda: "Tanto o fato das palavras acumuladas na história quanto o próprio sistema da língua."[32] A linguagem não é um mero instrumento de comunicação. Ela surge como uma memória inclassificável, como aquilo que nos é dado a pensar e a reagir, mas também, como propõem os linguistas, como um sistema que condiciona determinados usos. Seja algo classificável e transparente ou um murmúrio tão silencioso que cotidianamente não tomamos consciência de ouvi-lo, o que prevalece é o fato de que a experiência com a linguagem é histórica. O nosso tempo, atendendo ao próprio encaminhamento da linguagem, estabelece um conjunto renovado de possibilidades que implicam nas limitações da língua e nas tarefas do pensamento. Assim,

31 Ibidem, p. 322. Em 1971, encontramos o argumento oposto, quando Foucault replica a crítica de George Steiner que, em 1964, fora a sua própria: "Quis mostrar que o aparecimento da palavra 'literatura' estava sem dúvida ligado a uma forma e a uma função novas da linguagem literária – uma linguagem que, sob aspectos bastante diferentes, existia desde a Antiguidade grega. O sr. Steiner substitui essa proposição por aquela, indiscutivelmente muito mais improvável e arriscada, segundo a qual não haveria em Cícero, Platão ou Tucídides uso literário da linguagem."

32 Linguagem e Literatura, em R. Machado, *Foucault, a Filosofia e a Literatura*, p. 140.

podemos compreender como é possível que a literatura, sendo uma experiência de nosso tempo, apenas permita que Dante, Cervantes e Eurípides a ela pertençam na medida em que suas obras sejam lidas por meio das possibilidades específicas encontradas na experiência de linguagem de nossa época.

Com isso, defrontamos um modelo em que literatura, linguagem e obra distinguem-se, sem possuírem uma hierarquia nem se constituírem como gêneros ou modalidades umas das outras. "A literatura não é o fato de uma linguagem transformar-se em obra, nem o fato de uma obra ser fabricada com linguagem; a literatura é um terceiro ponto."[33] As três possuem instâncias próprias, distribuídas conforme o modelo de um triângulo. Posto o problema na exterioridade da linha de encontro entre obra e linguagem, não existe um sentido positivo que tenha dado início à literatura; não há algo como um modelo natural a se reproduzir. É precisamente a negação da identidade entre as obras que põe em marcha cada manifestação literária, pois a obra literária é, a um só tempo, recusa das respostas anteriores e cânone do desafio de se destacar. Trata-se de uma paridade pautada pela diferença; o que se compartilha é um projeto e não uma forma ou uma temática. Chateaubriand e Sade seriam os marcos inaugurais porque foram os primeiros a tornar a herança da tradição patrimônio a ser apropriado e "assassinado".

A metafórica violência que surge como uma forma constitutiva da literatura não defronta algum substrato misterioso e supostamente inapreensível; não dialoga com o infinito e tampouco trata do inefável. A morte, então, se torna não aquilo contra o que devemos esperar que a própria linguagem, acima de todos nós, lute por nós, mas um modo com o qual cada obra confronta as demais, como uma tradição de negativas. Nada implica a perpetuidade de algo velado. Não há nada além de uma estranha e recorrente intenção de recusar:

Cada novo ato literário – de Baudelaire, de Mallarmé, dos surrealistas – implica, ao menos, quatro negações, recusas, tentativas de assassinato: primeiro, recusar a literatura dos outros; segundo, recusar aos outros o próprio direito de fazer literatura, negar que as obras dos outros sejam literatura; terceiro; recusar, contestar a si mesmo o direito de

---

33 Ibidem, p. 141.

fazer literatura; finalmente, recusar fazer ou dizer, no uso da linguagem literária, outra coisa que não o assassinato sistemático da literatura.[34]

Não se trata somente de um jogo intertextual em que as obras se recusam umas às outras, pois o que se nega a cada uma, até cada uma a si mesma, é a literatura. Essa espécie de sociedade anárquica recusa uma origem que determine a sua produção, mas, se não pode negar que uma tradição se constitua em sua atividade comum, impõe ao menos que ela seja reconhecida pelo paradoxal gênero das obras singulares. Como afirma Foucault: "A literatura, a obra literária, não vem de uma espécie de brancura anterior à linguagem, mas justamente da repetição da biblioteca, da pureza já letal da palavra."[35] Trata-se de encontrar as formas de aproximação em que cada obra se posiciona contra a literatura, uma estranha forma de alteridade sempre resistente a ser encerrada sob um mesmo perfil. Portanto, a literatura não preexiste à biblioteca e jamais pode escapar de sua morada, mas obtém dela um propósito parricida, de tomar a palavra e torná-la letal, recusando a sua fonte como se assim vingasse a cisão que a biblioteca acarreta perante a vida cotidiana.

Ao contrário das epopeias antigas, originadas e devolvidas à memória coletiva e aos seus usos pedagógicos, a literatura encontra na singularidade do livro o seu horizonte máximo: "Na literatura só há um sujeito que fala, o livro, essa coisa da qual Diderot quis, em *Jacques le fataliste et son maître* (*Jacques o Fatalista e Seu Mestre*), tantas vezes escapar, o livro, essa coisa na qual Sade foi, como vocês sabem, enclausurado e na qual também nós estamos."[36] Mas se Foucault começa a distinguir a literatura de uma experiência de linguagem originária e inaudita, de que então é feita a literatura? Encontramos como resposta a fábula: "Ela [a literatura] é feita de um não inefável, de algo que, portanto, poderia se chamar de fábula, no sentido rigoroso e originário do termo. Ela é feita de algo que pode e deve ser dito; uma fábula que, todavia, é dita em uma linguagem de ausência, assassinato, duplicação, simulacro."[37]

---

34 Ibidem, p. 143.
35 Ibidem, p. 146.
36 Ibidem, p. 154.
37 Ibidem, p. 141.

Encontramos, de um lado, a "palavra letal", caracterizada como assassinato, como busca de distinção; e de outro, a marca da duplicação, o simulacro, o que significa que o jogo de pertencimento e distinção de uma obra a transfere a um campo distinto da linguagem imediata e cotidiana. A literatura seria não a linguagem corrente posta em obra, tampouco a obra feita de uma linguagem em estado puro, mas as experiências de assassinato que incidem sobre um simulacro da vida. Para compreendermos o que supomos ser de grande relevância nesses conceitos, precisamos estabelecer quais são os elementos que compareçem no modo como, na literatura e também fora dela, encontramos fábulas.

Fábula, Simulacro e Assassinato

Ao analisar, em *História da Loucura*, a representação pictórica da loucura no Renascimento, Foucault já utiliza o termo "fábula", referindo-se a uma divisão esclarecedora: "Figura e palavra ilustram ainda a mesma fábula da loucura no mesmo mundo moral; mas logo tomam duas direções diferentes, indicando, numa brecha ainda apenas perceptível, aquela que será a grande linha divisória na experiência ocidental da loucura."[38] O Renascimento confiou na existência de um saber da loucura, e a representação pictórica, a "figura", se destaca porque "a imagem começa a gravitar ao redor de sua própria loucura"[39]. Legitimadas, ambas, a fala e a figura "ilustram ainda a mesma fábula da loucura". A experiência da legitimidade da loucura se expressa em um duplo modo, porém em uma mesma fábula, até se perder na época clássica com a exclusão dos loucos do convívio social e com as suas transformações em objeto de exame. A legitimidade do saber corrente, no qual o louco era porta-voz de uma verdade, bem como a expressão artística da loucura, dão lugar à hegemonia do discurso científico. A palavra é deslocada do louco para o monopólio do médico, para o seu monólogo, porque a loucura, sem uma fábula própria, já não produz obra.

38 HLIC, p. 18.
39 Ibidem.

Em maio de 1966, Foucault publica um texto intitulado "Por Trás da Fábula". O título, bastante sugestivo, nos leva a refletir não apenas sobre o que estaria por trás da fábula, mas também sobre o que estaria diante dela. Em uma passagem, ele afirma que "seria preciso estudar por meio delas próprias, em seu jogo e em suas lutas, essas vozes por trás da fábula, cuja permutação delineia a trama da ficção"[40]. O que estaria por trás seriam as vozes na trama permutada da ficção e, o que estaria diante, naturalmente, seria a realidade defrontada pela ficção, mas que se resguarda, carecendo de uma fábula, o que encontramos definido da seguinte forma: "A fábula de uma narrativa se aloja no interior das possibilidades míticas da cultura."[41] Inserida, alojada na cultura, está a fábula; inserida, alojada na fábula, está a ficção. A fábula aparece como a intermediação entre o que é almejado pela cultura, sua maneira de dar forma à realidade, e a especificidade das suas narrativas, fictícias ou não. Episódios, personagens e acontecimentos podem ou não ser fictícios, mas devem ser apreendidos pela composição de uma fábula.

O que qualifica, então, a ficção perante a fábula? "Ficção, 'aspecto' da fábula". Aspecto foi posto entre aspas, o que significa que este conceito deve ser compreendido de modo específico. Descobrimos alguns indícios em um texto de 1963, denominado "Distância, Aspecto, Origem".

O que instaura secretamente e determina esse tempo indeterminado é, portanto, uma rede mais espacial do que temporal; seria também preciso retirar dessa palavra espacial o que a assemelha a um olhar imperioso ou a uma abordagem sucessiva; trata-se, antes, desse espaço por baixo do espaço e do tempo, que é o da distância. E se me detenho de boa vontade na palavra aspecto, depois de ficção e simulacro, é ao mesmo tempo por sua precisão gramatical e por todo um núcleo semântico que gira em torno dela (a *species* do espelho e a espécie da analogia; a difração do espectro; o desdobramento dos espectros; o aspecto exterior, que não é nem a própria coisa nem seu contorno exato; o aspecto que se modifica com a distância, o aspecto que frequentemente engana, mas que não se apaga etc.).[42]

---

40 *DE3*, p. 214.
41 Ibidem, p. 210.
42 Ibidem, p. 71.

A ficção, como um aspecto, instaura na fábula as "distâncias", "o que se modifica": "espectro", "difração", "desdobramento". Retornando ao texto de 1966, "Por Trás da Fábula", vemos que a ficção é o regime de narrativa de cada obra que lhe dá uma distância própria, mas é também o que torna a narrativa literária um aspecto apartado da realidade – o que Foucault denomina, no trabalho de 1966, "*analogon* de discurso": "Quando se fala realmente, pode-se também dizer coisas 'fabulosas': o triângulo desenhado pelo sujeito falante, seu discurso e o que ele narra é determinado do exterior pela situação: não há ficção. Nesse *analogon* de discurso que é uma obra, esta relação só pode se estabelecer no interior do próprio ato da palavra."[43]

O que em "Linguagem e Literatura" se chama simulacro torna-se, no texto de 1966, a ficção como duplo da cultura mitificada, o espelhamento malogrado, "o *analogon de discurso*". Simulacro diz a forma como a obra, em seu regime, embora buscando a mitificação da cultura, finda por não lhe fazer a devida justiça. Assim, o ato da palavra na obra substitui a determinação do discurso dado "realmente", no modo não fictício, que é aquele caracterizado pelas imposições ao discurso desde algo que poderíamos chamar de situação externa.

A obra literária é um discurso ficcional, na medida em que o regime de sua narrativa fabulosa é dado, a um só tempo, à distância e internamente, enquanto o discurso fabuloso não constituído como obra literária seria "determinado do exterior pela situação", ou seja, pelo ato mesmo e não pelo ato de uma palavra com regime próprio. Trata-se da diferença, sob o mesmo pano de fundo da cultura, entre a palavra imbricada com os atos e a palavra como substituição dos atos na forma de uma ficção ou, como prefere Foucault, de simulacro.

Sob essas duas figuras provisórias, um espaço difícil (apesar de sua leveza), regular (em sua ilegalidade aparente) está começando a se abrir. Mas qual é ele, se não é inteiramente de reflexo nem de sonho, de imitação nem de devaneio? De ficção, diria Sollers; mas deixemos no momento essa palavra tão pesada e menor.

Preferia emprestar de Klossowski uma palavra muito bela: simulacro.[44]

43 Ibidem, p. 210.
44 Ibidem, p. 63.

É devido ao fato de que toda obra literária é apresentada como um simulacro que obra alguma pode perdoar a própria literatura, produzindo algo como um processo letal constitutivo, o qual encontramos caracterizado com o termo "assassinato". O simulacro é simultaneamente aquilo que precisa ser recusado, assassinado, e aquilo que a promove e impede que ela simplesmente cesse em uma espécie de identidade absoluta com a linguagem cotidiana, que é perseguida, mas que, realizada, a destituiria de seu papel. Foucault retira de Diderot um exemplo extraordinário: "Se eu fosse romancista, diz Jacques o fatalista ao seu senhor, o que lhe conto seria muito mais belo que a realidade que narro; se eu quisesse embelezar o que lhe conto, o senhor veria, nesse momento, como seria uma bela literatura, mas eu não posso, não faço literatura, sou obrigado a lhe narrar o que é."[45]

Em decorrência do aspecto de simulacro, surge o imperativo de um assassinato. Assassinato e simulacro são indissociáveis do caráter de fábula que é particular à literatura. Na medida em que, segundo o próprio Foucault afirma na conferência "Linguagem e Literatura", "não há uma única obra que possa ser extraída da realidade cotidiana"[46], o que em uma obra é apresentado jamais corresponde à realidade efetiva, sendo, portanto, um simulacro da realidade, um exemplo que expõe o modo como toda a biblioteca literária é transgressora. Não devemos supor que só haja transgressões na literatura, mas só na literatura a transgressão, por parecer um ato deliberado, implica o assassinato. Se o simulacro imperasse na fábula literária sem os assassinatos, perder-se-ia o que há de mais próprio na literatura moderna, a sua insatisfação constante com o abismo que a separa da realidade efetiva, contemplada com a aspiração de poder a ela se fundir. Sade e Chateaubriand estariam no limiar originário da literatura moderna porque integram a palavra transgressora ao esforço de pôr em questão o que é a biblioteca literária, um conjunto de obras que atuam na cultura, embora constituídas, à distância, sob um regime próprio.

---

45   Linguagem e Literatura, em R. Machado, op. cit., p. 149-150.
46   Ibidem, p. 144.

"As Palavras e as Coisas"

Retomaremos agora a questão do que a literatura aponta como grande questão filosófica que retorna ao pensamento de Foucault. Em primeiro lugar, o que ela aponta é a natureza da linguagem que, de acordo com Foucault, não deve mais ser compreendida como associada ao tempo, mas ao espaço: "Talvez a literatura seja fundamentalmente a relação que está se constituindo, que está se tornando obscuramente visível, mas ainda não pensável, entre a linguagem e o espaço."[47]

É preciso ver que as experiências do aspecto, da distância, do simulacro – todas elas espaciais –, estão implicadas, em *As Palavras e as Coisas*, nas noções de *ordem* e de *epistémê*, o que sugere a presença de um modelo literário nos cotejamentos históricos, simultaneamente estruturais e letais, posto que têm em vista também o reconhecimento de singularidades que solapam tais estruturas. Atravessando os estudos literários, Foucault se abrirá às possibilidades de encontrar tais experiências fora dos regimes próprios deliberados, como difrações e desdobramentos compondo outros quadros – até mesmo os quadros de uma época. Nesse momento, os simulacros já não conterão o aspecto restritivo da ficção, pois a ordem geral de uma *epistémê* não será mais do que a conjunção de simulacros não hierarquizados em disciplinas. As suas formas recorrentes, e não o privilégio de um ou outro aspecto da realidade, serão formadoras da estrutura espacial da linguagem.

O trabalho que encontramos em *As Palavras e as Coisas* parece ser antecipado por essa passagem de "Linguagem e Literatura", em que Foucault afirma a razão pela qual o ser da linguagem é espaço:

Durante muito tempo, considerou-se, sem dúvida, por várias razões, que a linguagem tinha um profundo parentesco com o tempo, visto que a linguagem é essencialmente o que lê o tempo. Além disso, a linguagem restitui o tempo a si mesmo, pois ela é escrita e, como tal, vai se manter no tempo e manter o que diz no tempo. A superfície coberta de signos é, no fundo, apenas o ardil espacial da duração. É, portanto, na linguagem que o tempo se manifesta a si mesmo e, além disso, vai se tornar

---

47 Ibidem, p. 173.

consciente de si mesmo como história. Pode-se dizer que, de Herder a Heidegger, a linguagem como *logos* sempre teve a nobre função de guardar, de vigiar o tempo, de se manter no tempo e de manter o tempo sob sua vigilância imóvel. [...] De fato, o que se está descobrindo hoje, por muitos caminhos diferentes, além do mais quase todos empíricos, é que a linguagem é espaço. Tinha-se esquecido disso simplesmente porque a linguagem funciona no tempo, é a cadeia falada que funciona para dizer o tempo. Mas a função da linguagem não é o seu ser: se sua função é tempo, seu ser é espaço. Espaço porque cada elemento da linguagem só tem sentido em uma rede sincrônica. Espaço porque o valor semântico de cada palavra ou de cada expressão é definido por referência a um quadro, a um paradigma.[48]

Como demonstra a referência a Borges no início de *As Palavras e as Coisas*, a arqueologia deve muito à moderna experiência literária com a linguagem. Em 1966, diversos aspectos concernentes ao estudo da linguagem pela literatura comparecerão na análise da relação entre linguagem e saber. Mobilizado pelo projeto estruturalista, Foucault espera encontrar a espacialidade da linguagem como um "quadro", um "paradigma" que pudesse ser, a cada época, condensado num signo que irromperia por toda parte. A *epistémê* instaura uma relação de simulacro em que toda a cultura pode se espelhar a partir de sua ordem primeira. No entanto, a mitificação da cultura produzida a partir de um signo primeiro não mais residirá no regime literário. Residirá onde se pretende, como também a palavra letal da literatura, mais fiel à realidade, porém onde pode supostamente se ressentir menos de seu lirismo e de seu regime particular: as ciências humanas.

Esta, afinal, é a pergunta que orienta tal obra: "Em que tábua, segundo qual espaço de identidades, de similitudes, de analogias, adquirimos o hábito de distribuir tantas coisas diferentes e parecidas?"[49] A essa pergunta, que orienta *As Palavras e as Coisas*, devemos responder com a ideia já encontrada na conferência "Linguagem e Literatura": "E talvez seja na análise dessas formas de repetição que se poderá esboçar algo como uma ontologia da linguagem."[50]

---

48 Ibidem, p. 167-168.
49 *PC*, p. XIV.
50 Linguagem e Literatura, em R. Machado, op. cit., p. 160.

A repetição não deve ser lida como cópia perfeita, mas como simulacro. Tais análises estruturais são ampliadas até serem recolhidas novamente a outras fábulas, infames, onde os ínfimos desvios sejam talvez mais nítidos.

A Vida dos Homens Infames

No texto de 1977, "A Vida dos Homens Infames", a literatura reaparece como simulacro. Porém, não mais autônoma e tampouco recolhida por trás da fábula, a literatura agora é aproximada à trama histórica. Se em outros momentos a experiência com a literatura forneceu, com base na noção de espacialidade da linguagem, meios de pensar as condições para o surgimento de positividades – os quadros ou *epistémês* –, o que ela agora oferece é um suposto acesso às práticas discursivas que a história se ocupou de ocultar. A literatura, como simulacro aparente dos empoeirados arquivos sobre os quais Foucault se debruça, é semelhante ao discurso da infâmia e pretende ser transgressora em seu nome. Ela revelará as vidas que o discurso fabuloso não abraçou, e sua atuação contra o que ele consideraria vivências repugnáveis.

Foucault afirma que, anteriormente à disputa entre o verdadeiro e o falso, há a questão da fábula, a qual surge não mais caracterizada como "o que pode e deve ser dito". A fábula é agora "o que merece ser dito"[51]. Se na década anterior tratava-se de reconhecer na literatura, ao mesmo tempo, uma esperança para a renovação da experiência moderna e o caráter de ficção que seria para ela letal, agora vemos como precisamente da decisão de não verdade se renovará a sua relevância. Quando apenas um discurso conclama seu domínio sobre a realidade; quando tem incontestável merecimento ou *status*, a verdade está pressuposta; seu exercício é de exaltação própria, daqueles que transitam entre o heroísmo e a Providência; que detêm a palavra. Por outro lado, o ordinário somente aparecerá sem intermédios na forma do repugnante. Se não produz façanhas nem é dotado de graça, a voz que vem da banalidade precisa se tornar abominável para ingressar na dimensão do fascinante.

51 *DE4*, p. 220.

A literatura, embora reconhecida como artifício fictício, é reconhecida sob um novo critério, que não consiste em uma verdade acima das noções hegemônicas, mas na estratégia de contorná-las e transgredi-las.

Daí sua dupla relação com a verdade e o poder. Enquanto o fabuloso só pode funcionar em uma indecisão entre verdadeiro e falso, a literatura se instaura em uma decisão de não verdade: ela se dá explicitamente como artifício, mas engajando-se a produzir efeitos de verdade que são reconhecíveis como tais.[52]

A literatura é um artifício crítico contra o que se toma como verdade. Ela inverte o merecimento político e moral residente nas narrativas que cortejam o rei e outros dessa nata. Esse é o seu "efeito de verdade". Como uma espécie de ritual de vingança ou como último lampejo de esperança, a literatura, jogando com as leis do fabuloso, as desvirtua, a exemplo da obra de Baudelaire, em direção a uma espécie de epopeia das coisas banais e miseráveis. Portanto, sua legitimidade funda-se não mais em sua pretensão de autonomia, mas exatamente em sua decisão de simulacro. Ela revela que, se o que há é um jogo entre simulacros, porque há uma fábula dos bem-aventurados, é preciso haver uma fábula da infâmia.

Se a literatura não pode ser índice de verdade no sentido de correspondência à realidade, onde a difração de simulacros não é um artifício deliberado, pode ser, no entanto, uma ética de resistência aos discursos que têm pretensão deliberada de alcançar tais correspondências e que escamoteiam ideologias que servem à perspectiva dos vitoriosos. Todo o seu aspecto filosófico que, na tradição moderna, a relaciona a uma excelência da linguagem, ressurgiria transfigurado como uma ética ou uma política.

A literatura, portanto, faz parte desse grande sistema de coação através do qual o Ocidente obrigou o cotidiano a se pôr em discurso; mas ela ocupa um lugar particular: obstinada em procurar o cotidiano por baixo dele mesmo, em ultrapassar os limites, em levantar brutal ou insidiosamente os segredos, em deslocar as regras e os códigos, em fazer dizer o inconfessável, ela tenderá, então, a se pôr fora da lei ou, ao menos, a ocupar-se do escândalo, da transgressão ou da revolta. Mais

---

52 Ibidem, p. 221.

do que qualquer outra forma de linguagem, ela permanece o discurso da "infâmia": cabe a ela dizer o mais indizível – o pior, o mais secreto, o mais intolerável, o descarado.[53]

Se o Ocidente obrigou o cotidiano a se pôr em discurso, certamente não foi respeitando as vozes infames, mas, ao contrário, exigindo suas confissões. A literatura é simultaneamente "transgressão", "revolta" e "parte do sistema de coação" – nisso ressoa a noção de assassinato ou o seu caráter letal já visto nos primeiros textos a seu respeito. A literatura se instaura onde o cotidiano pode, contrariamente à primazia do fabuloso que orienta a história, pôr-se em discurso com base em um governo próprio. O que nela é tão forçosamente letal é o fato de poder exigir uma liberdade que as fábulas do cotidiano não têm condições de exigir.

A decisão de não verdade em favor do desvio crítico é, no campo literário, o princípio de suas fábulas sobre a infâmia. Isso não quer dizer que toda fábula que narra a infâmia dependa da literatura. Se esta permanece presa ao regime da ficção, se a sua não verdade a preserva no campo dos simulacros visíveis, Foucault irá privilegiar as fábulas da infâmia nas "notícias", nos "fragmentos de discurso carregando fragmentos de uma realidade da qual fazem parte".

Na literatura, não se trata de um serviço prestado a quem é esquecido. Trata-se de um discurso diferente, letal contra si, mas que pretende ser também letal contra formas hegemônicas que institucionalizam os discursos de alguns. Assim, a literatura garante ao menos que o cotidiano não seja tão simploriamente coadunado com a verdade dos discursos originados nas viciadas relações de poder.

A fábula da modernidade, seja contada pela historiografia ou pela literatura, não é memória da realidade, mas simulacro de eventos sublimados. O pensamento de Foucault é um esforço em atravessar, no sentido oposto, os processos de institucionalização dos simulacros, para reencontrar as experiências que os produziram, mesmo que isso só nos leve a reconhecer as suas densidades e os seus desvios, para assim questionar a história do fabuloso, o que um dia o conduziria a querer decifrar o ser

---

53 Ibidem.

da linguagem e, anos mais tarde, a resgatar nos arquivos as fábulas dos homens infames.

PIERRE RIVIÈRE E O PARRICÍDIO

Tabu e Ambivalência

Totem e Tabu (1913), de Freud, confabula a fonte da cultura, nossas crenças e nossas leis, em um crime original. Não sendo o primeiro ato de violência entre os homens, sua importância deve ser compreendida pela tensão que o precedeu e, sobretudo, pela solução, essa sim inaugural, que o sucedeu. No início da obra, o pai da psicanálise afirma que "tabu" é um termo de difícil precisão, uma vez que carrega dois sentidos contrários: "por um lado, 'sagrado', 'consagrado', e, por outro, 'misterioso', 'perigoso', 'proibido', 'impuro'"[54]. O tabu é, por natureza, ambivalente. É preciso investigar a relação entre a ambivalência e o crime máximo, que é o atentado contra a vida do pai. Para além do aspecto jurídico, essa relação suscita aspectos marcantes de nossa cultura; está carregada de um simbolismo que cobra na história sempre uma nova decifração, e onde cada época pode surpreender a sua própria figura.

Um símbolo relaciona dois universos, promove o encontro de duas realidades apartadas: uma que é imagem e a outra que é sentido. Desde *A Interpretação dos Sonhos*, de 1899, Freud investiga mecanismos psíquicos com o fim de constituir um vocabulário simbólico que retrate o que os homens resistem a reconhecer em si mesmos. Na medida em que presume, como se houvesse um laço estabelecido pela natureza, que nossa origem pode ser inferida com base nos conflitos que vivemos – por exemplo, o sentimento ambivalente frente à própria civilização –, o seu modelo simbólico não considera que, inversamente, a origem desvelada como habitar dos nossos mais profundos dilemas é expressão dos nossos mais imediatos dilemas, da perspectiva que adotamos. Embora empenhado em perscrutar a face mais obscura do homem, Freud toma a história como via

54 S. Freud, *ESB*, v. 13, p. 38.

de acesso à sua vera identidade. Preocupado com o estatuto de ciência da psicanálise, legitimado pelo pensamento de Hegel que confia à ciência da história o suporte para todas as ciências humanas, e antes de receber o simbólico prêmio Goethe, Freud tardou a reconhecer o que os homens de letras antes haviam constatado: a sobredeterminação dos símbolos e o fato de que a interpretação não remete senão ao intérprete.

Implicada nas bases da perspectiva moderna, é necessário conhecer a análise freudiana do parricídio. Nela, o que está em questão é decifrar o arcaico simbolismo do totem, e quem sabe também os limites ainda não superados do próprio pensamento simbólico.

Via de regra é um animal (comível e inofensivo, ou perigoso e temido) e mais raramente um vegetal ou um fenômeno natural (como a chuva ou a água), que mantém relação particular com todo o clã. Em primeiro lugar, o totem é o antepassado comum do clã; ao mesmo tempo, é o seu espírito, guardião e auxiliar, que lhe envia oráculos, e embora perigoso para os outros, reconhece e poupa os seus próprios filhos. Em compensação, os integrantes do clã estão na obrigação sagrada (sujeita a sanções automáticas) de não matar nem destruir seu totem e evitar comer sua carne (ou tirar proveito dele de outras maneiras).[55]

Nesse universo, as leis se resumem, segundo Freud, a dois interditos: "não matar o animal totêmico e evitar relações sexuais com membros do clã totêmico"[56]. São esses os tabus primitivos e suas associações com o totem. Na eventual contrariedade a uma dessas restrições, crê-se que uma "sanção", como uma vingança automática, deve ocorrer. Para Freud, na origem de todo sistema de penalidade estão essas duas formas de tabu, porém o mais importante é compreender a experiência que o precede, na qual os conflitos estão livres de toda forma ritual, experiência que o tabu vem substituir. Antes do sistema totêmico, teria havido um crime contra o pai primevo, de quem o totem seria um substituto, com a função de sublimar a culpa pelo crime, ao mesmo tempo advertindo os homens para que ele não se repita.

Ao menos originalmente, o homem não é, de acordo com Freud, um animal social, mas um animal de horda, o que quer

---

55   Ibidem, p. 21.
56   Ibidem, p. 52.

dizer que nas relações humanas há uma estrutura de comando, e o déspota por excelência é o pai. Como é comum entre algumas espécies de mamíferos, ele tinha para si todas as fêmeas do clã e, à medida que os jovens machos cresciam, adquirindo forças para desafiar a sua posição dominante, ele os expulsava do bando. A nossa cultura teria tido início com uma revolta dos filhos que, juntos, resolvem não só matar o pai e devorá-lo de modo a herdar suas forças, como, em lugar de brigarem entre si para decidir quem assumiria o novo lugar despótico, decidem reformar esse sistema, dando origem à vida em sociedade, fundada então sobre aqueles dois tabus fundamentais que evitariam o retorno à violenta estrutura primitiva e garantiriam a convivência pacífica.

A análise freudiana considera que os homens substituem de formas cada vez mais complexas, simbolicamente, uma história construída em atos de violência e que, ainda que transfigurada, estaria destinada a se repetir. É quando, em lugar das disputas efetivas, se estabelece a hipótese, o totem, o "como se" oculto nas fábulas, o "era uma vez", e finalmente todos os símbolos; quando se transfere a um ente distante e que detém uma autoridade mágica aquilo que retrata os seus criadores, eis que surgem as leis, a religião, os costumes e, finalmente, o que nos torna ao mesmo tempo criadores de nossa cultura e apartados de nossos impulsos mais naturais. Reconhecemo-nos por meio dos símbolos que criamos, no modo como os admitimos ou pelo fracasso de assumi-los.

O sistema totêmico foi um modo de solucionar o sentimento ambivalente com relação ao pai, de ao mesmo tempo garantir a sua "proteção, cuidado, indulgência"[57], e organizar um sistema social que não os levasse nem a uma nova situação despótica nem a um novo crime. Freud afirma que "foi somente muito depois que a proibição deixou de limitar-se aos membros do clã e assumiu a forma simples: 'não matarás'"[58]. Foi somente depois que o festival em que se tornava permitido o sacrifício do totem tornou-se uma oferenda em devoção aos deuses. E, finalmente, "a elevação do pai que fora outrora assassinado à condição de um deus de quem o clã alegava descender constituía

---

57 Ibidem, p. 173.
58 Ibidem, p. 174.

uma tentativa de expiação muito mais séria do que fora o antigo pacto com o totem"⁵⁹.

No *Homo sacer: Il Potere sovrano e la nuda vita* (Homo Sacer: O Poder Soberano e a Vida Nua I), G. Agamben, que se dedica também a uma investigação da origem das leis, faz uma série de referências a Freud na caracterização da experiência política originária. De um lado, ele afirma que esse tipo de análise, entre as quais está a freudiana, é um "mitologema científico", "ele próprio carente de explicação"⁶⁰. Contudo, sua análise, estruturalmente constituída como pensamento simbólico, está muito mais próxima àquela do que pode parecer. Como fez Freud, Agamben também se refere a Wundt para retratar o "horror sacro". A certo ponto, ele admite que "o conceito de tabu exprime exatamente a originária indiferença de sacro e impuro que caracterizaria a fase mais arcaica da história humana"⁶¹. Além disso, sua análise também carrega um forte caráter ambivalente, o que o leva a admitir a importância dada por Freud à ambivalência presente no termo *sacer*, referindo-se a um artigo que Freud teria publicado na revista *Imago* em que o utiliza no sentido de "santo e maldito"⁶². Mas o que Agamben tem em vista, o foco que o afasta de Freud consiste em que, por trás da "teoria da ambivalência do sagrado", é a análise do bando, mais do que a referência ao parricídio original, que seria fundamental. O filósofo desqualifica a anterior narrativa parricida, dando ao termo outro sentido etimológico: "Qualquer que seja a etimologia aceita para o termo *parricidium*, ele indica na origem o assassínio de um homem livre."⁶³ O lugar da análise freudiana seria a de um horizonte mais restrito, o qual Agamben se encarrega de alargar, não importando tanto o suposto assassinato original, mas essencialmente a dinâmica que para Freud seria subsequente à formação do "bando". É o bando o que, para Agamben, deve ser mais importante analisar na experiência da ambiguidade do sacro e, consequentemente, dos fundamentos da lei e da cultura: "A análise do

---

59 Ibidem, p. 177.
60 G. Agamben, *Homo Sacer*, p. 88.
61 Ibidem, p. 85.
62 Ibidem, p. 86.
63 Ibidem, p. 80.

bando – assemelhado ao tabu – é desde o início determinante na gênese da doutrina da ambiguidade do sacro: a ambiguidade do primeiro, que exclui incluindo, implica aquela do segundo."[64] Agamben inverte a fórmula freudiana: são os limites traçados pelo bando como forma de reconhecer os seus membros que estabelecem o tabu, dentro do qual está o parricídio como assassinato do homem livre.

A maior diferença entre as ideias freudianas e o trabalho de Agamben consiste em que o *sacer* de Freud é o pai, enquanto o *sacer* de Agamben, dentro de uma conotação mais ampla, é de certo modo o oposto, o homem que não é livre, que não tem *status*, o homem matável e insacrificável. Assim, o parricídio, examinado por Freud à luz do assassinato do pai primevo e que precisou ser sublimado, para Agamben ocupa o lugar de uma dinâmica em que a morte do *homo sacer*, em vez de eliminar, qualifica os direitos de soberania; instaura os limites do ordenamento e da vida política, que não são estabelecidos como um contrato que garante os direitos de todos, mas que estabelece os direitos de alguns sobre outros.

Trata-se menos do *status* daquele que é assassinado e mais do *status* daqueles que são capazes de cometer tal crime; menos do acordo que impede novos crimes e mais da possibilidade de cometê-los sem consequentes punições. Agamben encontra no *homo sacer* a referência primeira da política na medida em que ela não substitui a guerra, mas a ritualiza, a organiza: "o sintagma *homo sacer* nomeia algo como a relação política originária, ou seja, a vida enquanto na exclusão inclusiva"[65]. O *homo sacer* serve de critério objetivo para a soberania, pois o exercício da soberania é um exercício sobre a vida do *homo sacer*. "Soberana é a esfera na qual se pode matar sem cometer homicídio e sem celebrar um sacrifício, e sacra, isto é, matável e insacrificável, é a vida que foi capturada nessa esfera."[66] Conforme a necessidade de esclarecer esses dois papéis, encontramos ainda a importante passagem:

Nos dois limites extremos do ordenamento, soberano e *homo sacer* apresentam duas figuras simétricas, que têm a mesma estrutura e são

---

64 Ibidem, p. 85.
65 Ibidem, p. 92.
66 Ibidem, p. 91.

correlatas, no sentido de que soberano é aquele em relação ao qual todos os homens são potencialmente *homines sacri*, e homo *sacer* é aquele em relação ao qual todos os homens agem como soberanos.[67]

A dinâmica originária se reproduziria em nossos dias pelas práticas de soberania que ainda incidem sobre os *homines sacri*, aqueles que são excluídos da proteção do bando, dos direitos que possuem seus membros, mas que estão incluídos como referências negativas. Assim como Foucault retrata a razão por meio de uma análise do que a razão exclui, a loucura, Agamben retrata a soberania por meio de uma análise do que ela exclui, os *homines sacri*. São análises de objetos sem qualidade intrínseca, que se caracterizam pela diferenciação frente a outros objetos, pela negação dos outros. A soberania surge da diferenciação entre o assassinato que é crime e outro que não é, entre aqueles que são matáveis e os que não são.

As análises de Freud e Agamben, ambas voltadas a formas radicais de assassinato, são análises da origem de experiências que estão próximas, porém estabelecem que, no longínquo do tempo, a contradição entre forças opostas, a ambivalência, já se estabelecia, de algum modo, emprestando sentido a esses crimes. Em Freud, na forma de uma contradição na vontade, a ambivalência é uma oposição de forças no espaço da subjetividade. Em Agamben, na outra ponta do século, mas novamente conforme o problema da soberania, reencontramos o corpo social hobbesiano. À meia distância entre ambos, em Foucault, outra teoria do poder e outro tratamento da história, que têm também no parricídio um caso exemplar de análise, devem ser compreendidos, porém, talvez não mais segundo os procedimentos do pensamento simbólico.

A Poética do Suplício

[Damiens fora condenado, em 2 de março de 1757], a pedir perdão publicamente diante da porta principal da Igreja de Paris [aonde devia ser] levado e acompanhado numa carroça, nu, de camisola, carregando uma tocha de cera acesa de duas libras; [em seguida], na dita carroça, na

67 Ibidem, p. 92.

praça de Grève, e sobre um patíbulo que aí será erguido, atenazado nos mamilos, braços, coxas e barrigas das pernas, sua mão direita segurando a faca com que cometeu o dito parricídio, queimada com fogo de enxofre, e às partes em que será atenazado se aplicarão chumbo derretido, óleo fervente, piche em fogo, cera e enxofre derretidos conjuntamente, e a seguir seu corpo será puxado e desmembrado por quatro cavalos e seus membros e corpo consumidos ao fogo, reduzido a cinzas, e suas cinzas lançadas ao vento.[68]

Todo o relato, que encontramos em *Vigiar e Punir*, seria de horror não fossem as cinzas de Damiens destinadas a serem "lançadas ao vento", o que faz suspeitar se esse é um caso em que a morte imita a arte. Transcorrido o suplício e incinerados os restos mortais em praça pública, alguns tiraram conclusões "do fato de um cão se haver deitado no dia seguinte no lugar onde fora levantada a fogueira, voltando cada vez que era enxotado"[69]. Estranhas formas de aquecer o coração, ou o estômago. E ainda, a arma do crime, "a famosa faquinha", foi, como uma chaga, "coberta com enxofre e amarrada à mão culpada para queimar ao mesmo tempo que ele"[70]. A invenção de rituais vem encobrir absurdos mais sistemáticos. Foucault cita Vico: "essa velha jurisprudência foi toda uma poética"[71].

Antes de nos dedicarmos a esta estranha convergência – a jurisprudência poética – discernida por Foucault em teóricos e, principalmente, nos arquivos da época, é importante lembrar que em diversos textos da década de 1960 ele já se referira à relação entre a literatura e a morte. A literatura existe não na medida em que é símbolo, mas por conter em si uma contrariedade diante do seu caráter simbólico, a qual Foucault se refere como o assassinato da literatura.

Diz-se que a beleza está nos detalhes, e em torno deles, como revela mais tarde *Vigiar e Punir*, ela se avizinha da crueldade. Sem mais metáforas. Todas as medidas, as dosimetrias, os sistemas arbitrários em nome da justiça, para correlacionar e reagir aos atos mais sem sentido, aprimorando cada vez mais as técnicas de suplício, de purificação dos corpos, não servem

---

68 *VP*, p. 9.
69 Ibidem, p. 10.
70 Ibidem, p. 39.
71 Ibidem.

senão a uma escolha criativa e a um exercício de arbítrio. "Todos estes diversos elementos multiplicam as penas e se combinam de acordo com os tribunais e os crimes: 'A poesia de Dante posta em leis', dizia Rossi."[72] Arte cuja matéria-prima para a imaginação é o corpo e o seu sofrimento:

A morte-suplício é a arte de reter a vida no sofrimento, subdividindo-a em "mil mortes" e obtendo, antes de cessar a existência, *the most exquisite agonies* [...] O suplício faz correlacionar o tipo de ferimento físico, a qualidade, a intensidade, o tempo dos sofrimentos com a gravidade do crime, a pessoa do criminoso, o nível social de suas vítimas.[73]

Estranhos modos de contemplação da forma, que ao nosso juízo se justifica não como prazer estético, mas como importância histórica. Prazer que um dia foi o da sofisticação e da vingança; que devia ser punitivo e dissuasivo e que se reencontra no prazer da erudição histórica, que nos faz ultrapassar a nossa identidade ao retroagirmos no tempo, e nos reconhecermos ou não naquilo que um dia fomos capazes. Prazer daquele conhecimento do qual fala Nietzsche no início da *Genealogia da Moral*, de sermos a nós mesmos desconhecidos e querermos "levar algo para casa", ao mesmo tempo em que descobrimos que somos os homens mais cheios de pudores e os mais frágeis.

Na década de 1970, Foucault parece abandonar os desafios do pensamento simbólico e com ele também o interesse pela literatura. Surpreende-nos, entretanto, o lugar onde reencontramos a reflexão estética. O essencial para a investigação teórica de *Vigiar e Punir* é reconhecer que, no fim do século XVIII, uma ruptura acontece nos sistemas de punição. Os suplícios são abandonados. Surge "certa discrição na arte de fazer sofrer" e o corpo não é mais "dado como espetáculo". O livro de Foucault é uma coleção dessas torções de estilo que aproximam uma nova teoria do poder, a narrativa histórica e o tratamento estético da forma, para contar o surgimento da "vergonha de punir" e de uma alteração em seus objetivos: "a certeza de ser punido é que deve desviar o homem do crime e não mais o abominável teatro".[74] Quanto mais

---

72 Ibidem, p. 31.
73 Ibidem.
74 Ibidem, p. 13.

precisa a análise, mais se percebe que a arte não deve nada à ficção. A forma está a serviço da punição, do castigo, do exemplo, do aviso, do medo, da dissuasão. As formas atendem não mais a significados velados nos símbolos, mas a uma espécie de isomorfia de superfície, de isometria da moral, do poder, das vidas tão mal distribuídas nos espaços disponíveis antes da morte.

No século XVIII, não é somente a estética que se reconhece desinteressada, mas também o sistema jurídico e penal que, aprimorando a sua técnica, quer deixar ao mundo uma mensagem de correção e uma pedagogia sem sujar as mãos, nutrindo o desapego, refugiando-se no seu desinteresse ou, como diria Nietzsche, no "ideal ascético". "Utopia do pudor judiciário: tirar a vida evitando deixar que o condenado sinta o mal."[75] Seu mais elevado instrumento, a guilhotina.

O desaparecimento do suplício, entretanto, não se justifica em um abrupto sentimento de compaixão perante a dor alheia. É preciso reconhecer as estratégias, artifícios, riscos pesados, medos mútuos e ganhos de contrapartida. Nem sempre o suplício foi um espetáculo para o povo, uma festa da justiça terrena, pois certamente houve casos de identificação, casos de julgamento injusto onde se viu "levar à morte um homem do povo por um crime que teria custado a alguém mais bem-nascido ou rico uma pena relativamente mais leve"[76]. A ocasião de infligir medo à população causou revoltas, reverteu-se em constrangimento e em desafio ao poder soberano. Sobretudo, sugere Foucault, na ocasião do fim iminente e das mais terríveis torturas já determinadas e postas em ação, não há como evitar que o supliciado não se vingue também em seus discursos, em suas blasfêmias e, é claro, em suas verdades.

Se houvesse anais para registrar escrupulosamente as últimas palavras dos supliciados, e se tivesse a coragem de percorrê-los, se se perguntasse a essa vil população reunida por uma curiosidade cruel em torno dos cadafalsos, ela responderia que não há culpado amarrado à roda que não morra acusando o céu da miséria que o levou ao crime, reprovando a barbárie de seus juízes, maldizendo o ministério dos altares que os acompanha e blasfemando contra Deus de que ele é o instrumento.[77]

75 Ibidem, p. 15.
76 Ibidem, p. 51.
77 Ibidem.

Uma das estratégias da justiça que se volta contra ela própria de modo especialmente interessante é a do "discurso do cadafalso": o "rito de execução previa que o próprio condenado proclamasse sua culpa, reconhecendo-a publicamente de viva voz"[78]. São discursos reais, ainda que distorcidos por outros interesses, com o intuito de esclarecer a população sobre o mal cometido e que começam a circular como "folhetins". O desvio muito interessante nesse artifício consiste em que "o condenado se tornava herói pela enormidade de seus crimes largamente propalados, e às vezes pela afirmação de seu arrependimento tardio"[79]. A genealogia revela sucessivas inversões extraordinárias, porque os efeitos dos atos são sempre imprevisíveis. O ato infame pode ser carregado de glórias pelo seu alcance público. Assim emerge uma demanda, antes não existente, por uma "literatura de crimes", "fábulas verídicas da pequena história", mas cujo significado se perde ou se reverte entre aquele que escreve, aquele que edita e aquele que lê:

Se esses relatos podem ser impressos e postos em circulação, é certamente porque se esperam deles efeitos de controle ideológico, fábulas verídicas da pequena história. Mas se são recebidos com tanta atenção, se fazem parte da leitura de base das classes populares, é porque elas aí encontram não só lembranças, mas pontos de apoio; o interesse de "curiosidade" é também um interesse político. De modo que esses textos podem ser lidos como discursos com duas faces nos fatos que contam.[80]

Os "reformadores do sistema penal" não tardam a pedir a supressão dos folhetins, e é provável que isso tenha contribuído para o surgimento e a proliferação da "literatura policial". De Quincey a Baudelaire, diz Foucault, "há toda uma reescrita estética do crime"[81]. Sem inferir origens; atendo-se ao que revelam os arquivos; buscando posicionar-se na exterioridade do pensamento simbólico, Foucault realiza uma genealogia dos limites do próprio pensamento simbólico, onde encontramos o nascimento da experiência literária moderna.

---

78   Ibidem, p. 54.
79   Ibidem, p. 55.
80   Ibidem.
81   Ibidem, p. 56.

Pierre Rivière

O caso Pièrre Rivière, ocorrido em 1835, foi reconstituído e publicado por Foucault e um grupo de pesquisadores, em 1977, com base em um dossiê composto por laudos e relatórios médicos da época, peças judiciais, tais como declarações de testemunhas e relatórios do procurador e do juiz, notícias de jornais referentes ao caso e, o que é mais impressionante, um memorial do assassino no qual ele relata seus motivos e seus planos. Foucault faz a apresentação do projeto coletivo de estudo do caso e insere uma análise, a qual intitula: "Os Assassinatos Que se Conta".

Seria uma enorme distração fechar os olhos para um termo tão relevante na década anterior de seu pensamento, em seus estudos sobre a literatura, e quando o termo "assassinato", em sentido metafórico, possui uma relevância central. Em vez de se voltar à questão da ficção ou dos simulacros, o termo é agora literal ao se referir aos fatos. Mas não é só o emprego do termo que aproxima análises aparentemente tão distantes, pois, como já visto em *Vigiar e Punir*, elementos de natureza jurídica, psicanalítica e filosófica não bastam para dar conta de acontecimentos tão brutais, de modo que Foucault mais uma vez recorre a uma espécie de crítica de arte aplicada ao arquivo. Que o material seja tão rico de informações ou que o evento em si mesmo seja chocante, nada disso é suficiente para revelar o interesse no caso Rivière. Afinal, como afirma o próprio Foucault, "os casos de parricídio eram relativamente numerosos nos tribunais da época (dez a quinze por ano, às vezes mais)"[82]. Em seguida, ele admite a fonte de sua motivação: "Sejamos francos. Não foi talvez isso que nos deteve mais de um ano sobre esses documentos. Mas simplesmente a beleza do manuscrito de Rivière. Tudo partiu de nossa estupefação."[83]

Pierre Rivière, um camponês de cerca de vinte anos, habitante da região da Normandia, depois do divórcio dos seus pais, ficou com seu pai e alguns irmãos, embora nas proximidades da casa da mãe, que manteve a guarda de uma irmã e um irmão. Antes disso, o jovem Rivière assistiu a todos os conflitos entre os pais enquanto progressivamente a família perdia o seu

---

82 EPR, p. X.
83 Ibidem, p. XI.

patrimônio e passava a viver em maiores dificuldades. Acostumado a acompanhar seu pai na lavoura e a vê-lo trabalhar, Rivière passa a culpar sua mãe pelos infortúnios. Porém, em seu relato, descobrimos que o assassinato não decorre do rancor nutrido nesta única relação pessoal: "Depois que deixei de ir à escola, tratava da terra com meu pai, mas não era bem essa a minha inclinação, tinha ideias de glória e gostava muito de ler. [...] Era devorado por ideias de grandeza e imortalidade, considerava-me muito mais do que os outros."[84]

Na distância que separa a infâmia da glória, o caso representa a tentativa de transformar uma em outra, de elevar a primeira ao estatuto da outra pela abominação de um crime. Como o acesso que temos a tais intuições é pelo relato mesmo, pela franqueza com que trata as humilhações que sofreu e pela clareza que possui dos efeitos de suas escolhas, fazendo dele ao mesmo tempo uma figura cheia de orgulho e reconhecedora de suas fraquezas, há um efeito, como diz Foucault, de "estupefação". Encontramos no arquivo o talento para narrar não só experiências muito pessoais, como experiências formais que, dirigidas a justificar seus atos, não explicam a qualidade da sua escrita.

Mas eu estava sempre ocupado com minha superioridade, e, andando sozinho, inventava histórias em que me imaginava desempenhando um papel, sempre liderando os personagens que imaginava. Via, no entanto, como as pessoas me olhavam, a maior parte caçoava de mim. Eu me esforçava para encontrar uma maneira de agir que fizesse com que isso acabasse e eu pudesse viver em sociedade, mas não tinha jeito para isto, não achava as palavras que precisava dizer, e não conseguia ter um ar sociável como os rapazes de minha idade; era principalmente quando havia moças no grupo que me faltavam as palavras para me dirigir a elas, por isso algumas delas, por brincadeira, correram atrás de mim para me beijar; não queria ir visitar meus parentes, isto é, uns primos, nem os amigos de meu pai, pois tinha medo dos cumprimentos que precisaria fazer. Vendo que eu não podia ser bem-sucedido nessas coisas, conformei-me, e desprezava dentro de mim aqueles que me desprezavam.[85]

Estranha travessia não cumprida, de um talento absorto no mal, preso ao puro enredo da vida, e que assim também se perde.

84   Ibidem, p. 94.
85   Ibidem, p. 94-95.

Nos limites opostos da Europa, surgem romances que captam sentimentos semelhantes, de jovens que vivem em tempos de guerra, que cultuam a si próprios – uma inteligência com gosto amargo de diferenciação –, mas que precisam, talvez por isso mesmo, pôr em ação um plano concreto que não permita que tudo termine em diletantismo. É o caso de Raskólnikov em *Crime e Castigo*, de Dostoiévski. O crime, a expiação e a redenção, imaginário comum, tornam-se pelas mãos do autor russo um caso de ficção. Meio século antes, uma onda de suicídios atravessara a Europa depois da publicação de *Os Sofrimentos do Jovem Werther*, de Goethe. É como se a literatura fizesse a anatomia de muitos espíritos, estreitando os seus laços com a morte. Pierre Rivière, contudo, nada fala de inspirações literárias, nem de dívidas com uma tradição de poetas e filósofos. Nunca as aspirações da teoria freudiana, como aquela de "Dostoiévski e o Parricídio", atingiram tão intimamente a produção de um autor.

São os estudos históricos que nutrem os seus delírios. Esses textos de naturezas tão distintas encontram-se, sem que o autor o perceba, na composição temática da glória, na violência trágica que, por diferentes peripécias, os sobrepõem. Insistimos, porém, que Pierre Rivière não é tanto um escritor quanto um personagem histórico. A despeito de seus delírios, o que ele escreve pertence mais aos fatos do que a um regime próprio de ficção; a sua escrita é mais um ato na fábula da sua vida e de sua época do que uma resposta aos clássicos. O seu delírio não é um *insight* de escritor. Embora de fora vejamos tantos espaços comuns e estabeleçamos tantas similitudes literárias, o memorial não possui um cânone, e é pela ação e não pelo texto que ele busca a glória.

Esqueci completamente os princípios que me deviam fazer respeitar minha mãe, minha irmã e meu irmão, vi meu pai como se ele estivesse em mãos de cães raivosos ou bárbaros, contra os quais eu deveria lutar, a religião proibia tais coisas, mas eu esquecia suas regras, até me parecia que Deus me tinha destinado a isto, e que eu executaria sua justiça, conhecia as leis humanas, as leis da polícia, mas pretendi ser mais sábio que elas, considerava-as ignóbeis e vergonhosas. Tinha lido a história romana, e tinha visto que as leis dos romanos davam ao marido direito de vida e morte sobre sua mulher e filhos.[86]

---

86 Ibidem, p. 96-97.

As relações sociais de Rivière e as que cultiva em sua família submetem-se às suas leituras ou encontram nelas uma interlocução, uma expressão? Depois da decisão, não haverá mais lar e todos os laços estarão comprometidos. A vida nos bosques, isolado, será o único meio de sobrevivência, mas a experiência ficará muito distante dos ideais românticos. Se os homens sonhavam nesse período com uma vida apartada da sociedade corrompida, e imaginavam formas de mergulhar o próprio ser na natureza, de confortar a vida fruindo de suas belezas intocadas, o caso de Rivière compromete o sonho e testemunha a miséria. Rivière é contemporâneo de Hölderlin, porém sua experiência real refuta o imaginário de Gaia, a natureza mãe. Ele passará fome, passará frio, não conseguirá se distanciar dos lares dos homens que, compassivos, lhe dão de comer. Seus sonhos de glória darão lugar a uma vida de pedinte, dependente de esmolas, até a exaustão e a resignação mórbidas. Falamos da dificuldade de subsistência. Seus sentimentos mais profundos com o ocorrido devem ser apresentados por suas próprias palavras:

Enquanto ia, senti enfraquecer aquela coragem e aquela ideia de glória que me animavam, e quando me afastei mais e alcancei o bosque, recuperei completamente minha razão, ah, será possível, perguntei-me, monstro que sou! Desgraçadas vítimas! Será possível que eu tenha feito isso, não, é apenas um sonho! Ah, não, é demasiadamente real! Abismos, abram-se sob meus pés; terra, engula-me; chorei e me rolei no chão, deitei-me e examinei o local e os bosques, já tinha estado lá outras vezes. Ai de mim, nunca pensei encontrar-me um dia aqui neste estado; pobre mãe, pobre irmã, culpadas talvez de alguma maneira, mas jamais tiveram ideias tão indignas quanto as minhas, pobre criança infeliz, que vinha comigo trabalhar no arado, que conduzia o cavalo, que já arava sozinho, estão aniquilados para sempre, esses infelizes! Nunca mais reaparecerão! Ah, céu, porque me destes a existência, porque ma conservais ainda.[87]

Uma vez capturado, o parricida é objeto de investigações de diversas ordens. Ele contribui para o desenvolvimento de diagnósticos de perfis criminosos; contribui para a resolução de medidas judiciais, universo que extrapola a experiência pessoal de Rivière e os seus atos para encontrar a recepção de seu

---

87 Ibidem, p. 104.

tempo, a racionalidade da época e as ações das diversas instituições do Estado. O caso é assim enredado no espaço de um saber. Mas o que o torna simultaneamente especial é também o que fazem essas instituições, os saberes e as práticas ao assumirem o memorial como uma parte essencial na produção de resoluções judiciais. O texto não é um item a mais que deu à situação um diferencial curioso. O texto teve um papel determinante para as decisões que se seguiram no julgamento.

> Disseram-me para pôr todas essas coisas por escrito, e eu o fiz; agora que dei a conhecer toda a minha monstruosidade, e que foram dadas todas as explicações de meu crime, eu aguardo o destino que me é reservado, conheço o artigo do Código Penal referente ao parricídio, eu o aceito para expiação de minhas culpas; ai de mim, se ainda pudesse reviver as infelizes vítimas de minha crueldade, se para isto fosse apenas necessário suportar todos os suplícios possíveis; mas não, é inútil, só posso segui-las. Desta forma, aguardo a pena que mereço e o dia que deve pôr fim a todos os meus remorsos.[88]

No início do século XIX, havia um debate a respeito da imputabilidade de responsabilidade a loucos que cometiam crimes. Aplicado a esse caso específico, consistia em determinar qual seria a punição adequada para Rivière com base no seu quadro de sanidade ou de demência. Na ocasião do julgamento, ele foi considerado são e condenado à morte, que era uma pena dirigida aos parricidas, porque, embora em sua aldeia fosse considerado um "idiota", e pelos jornais um "furioso", havia redigido um longo memorial com extensas explicações, o que atestava ter planejado e ter tido consciência de seus atos. Rivière fabricara, a pedido dos acusadores e em prol da ciência, a prova contra si próprio.

Em um sentido que mais uma vez atesta a estupefação provocada pelo imaginário de Rivière, Foucault chega a afirmar que "o memorial teria sido fabricado com o crime", que "o fato de matar e o fato de escrever, os gestos consumados e as coisas contadas se entrecruzavam como elementos da mesma natureza"[89]. Esquirol e outros psiquiatras apelam ao rei, que finalmente transforma a punição de morte – desejada pelo próprio Rivière – em condenação à prisão perpétua. Em vão.

88 Ibidem, p. 112.
89 Ibidem, p. 212.

Rivière, imaginando-se já morto, recusa na prisão quaisquer cuidados com seu corpo. Ameaça todos à volta que pretendem contrariá-lo e, posto em isolamento para a proteção dos demais, encontra um meio de enforcar-se.

Há algo no crime de Rivière a atentarmos. Trata-se de um matricídio, de um atentado contra a vida da mãe. O fratricídio ocorreu em decorrência do primeiro ato, por uma associação com o mesmo, o que atesta a banalização da morte. Que símbolos da tradição podem explicar o crime? Que elementos do memorial ou que saber das disciplinas que o cerceiam, ou das que hoje dispomos, podem justificá-lo? Como não estender uma narrativa que, partindo ao encontro do texto, dê um salto para a ficção?

Rivière, já crescido, padecia com as experiências que impunham limites à sua volta, como se as leis de fora não devessem estar lá. O fato é que a lei comum dos homens lhe faltou. Antes da relação com a lei, se pode dizer que os tabus eram sentidos de forma especialmente sensível. Ele tinha uma memória prodigiosa, uma grande imaginação e ambições, mas era tomado por sentimentos de inadequação e de culpa relativos a seus desejos sexuais, ao incesto e à lida com a presença feminina, que lhe causavam profundas aflições. Ele afirma:

Naquele tempo, a paixão carnal me incomodava. Pensava que seria indigno de mim pensar alguma vez em me entregar a ela. Tinha, sobretudo, horror ao incesto e isso fazia que não quisesse me aproximar das mulheres da família, quando eu pensava ter me aproximado demais, fazia sinais com a mão como se quisesse reparar o mal que pensava ter feito. [...] Como me perguntassem por que fazia estes sinais, procurava contornar as perguntas dizendo ser o diabo que eu queria enxotar.[90]

Para além do tabu e da lei, o combate é, na verdade, a própria linguagem que aprendeu e sofisticou – linguagem da violência familiar e dos tempos de guerra em que viveu. Atentou contra quem ele acreditava estar na origem da linguagem de violência, não porque sua mãe fosse mais violenta, mas porque, em seu mundo particular, ela não teria direito a sê-lo. Ele tornou literais as agressões ensaiadas nos discursos que aprendeu e levou a cabo as ameaças que ouviu, ao ponto em que se

---

90 Ibidem, p. 94.

transformou em autor de um crime ao qual está entranhado um texto, mesmo que o texto não explicite o sistema das regras e dos princípios que guiaram seus atos.

Foucault diz no capítulo final de *História da Sexualidade I*, intitulado "Direito de Morte e Poder Sobre a Vida", que um dos traços fundamentais da biopolítica não é tanto matar ou deixar viver, mas o de fazer viver ou deixar morrer[91]. O caso de Rivière, embora não seja circunscrito a nenhum saber institucional, está atrelado à fundação da experiência biopolítica na qual nos inserimos. Desde o início, ele planejava morrer, e com uma morte gloriosa, que mostrasse ao mundo a necessidade da ordem patriarcal que lhe faltou. Ela estava em sua equação, pois Rivière esperava subverter as regras da sociedade, zombando das leis, colocando-as contra elas mesmas[92]. Para tudo isso, precisava escrever um texto e já o sabia de cor. Esperava revelar ao mundo que ele não pode fugir da verdade de sua lei natural, conforme os exemplos que seus estudos históricos pareciam confirmar, a de que se impõe sobre todas as outras é aquela estabelecida pela vontade do mais forte. A lei natural seria superior aos costumes. Vingar seu pai significaria restitui-lo ao seu lugar natural, lugar anterior ao advento da sociedade que Rivière recusava; significaria injetar-lhe o ânimo para assumir a função não assumida, nem mesmo para dar a ele, Pierre Rivière, filho, os limites que possibilitariam uma vida em comunidade e que o protegeriam de suas aflições. Essa é a forma ambivalente pela qual Rivière culpa, e ao mesmo tempo exime, seu pai por sua ausência, não porque não estivesse efetivamente presente, mas porque deu as costas ao seu suposto papel natural. Redimindo, ou educando, o próprio pai, que aos seus olhos era um homem simplório, ele esperava educar todos os homens – e ser, por um crime machista e misógino, imortalizado como o herói dos homens descaracterizados, exilados da natureza na cultura.

---

91 *HSI*, p. 150: "Pode-se dizer que o velho direito de causar a morte ou deixar viver foi substituído por um poder de causar a vida ou devolver à morte."
92 *EPR*, p. 98: "Minha primeira intenção foi de escrever toda a vida de meu pai e minha mãe, mais ou menos como está escrita aqui, e de colocar no início um relato do fato e no fim minhas razões para cometê-lo, e as zombarias que tinha intenção de fazer à justiça, que eu a desafiava, que me imortalizava, e tudo isto."

Roubaram-lhe a glória da morte planejada, uma morte pelas mãos do Estado, que seria a sua vingança e o seu triunfo, com o qual tornaria literais estas palavras de Goethe: "aquilo que herdaste de teus pais, conquista-o para fazê-lo teu". O único meio de pagar pelo que fez, de fazer com que todos pagassem pelo que fizeram, de encontrar uma redenção e de a todos redimir, era ser punido – punição que esperou receber desde o início. O plano requeria que ele se tornasse vítima de um assassinato promovido pelo Estado, como se por trás do parricídio, crime com condenação à morte, o Estado afirmasse a sua verdadeira lei velada, e então tornada transparente por seu exemplo: o indivíduo subversivo, que acomete contra as leis na família, se não se curva às leis do âmbito privado, se curvará às leis do âmbito público, onde rege o soberano.

O seu desejo de matar não pode ser dissociado do desejo de morrer. Roubaram-lhe os planos porque, ao escrever, e assim demonstrar ser dotado de razão, ele abandonou a infâmia e se tornou porta-voz de um discurso ameaçador. Seu caso estava estampado nos jornais, e era a ocasião de desmerecer os folhetins, de deixar tudo fenecer nas sombras. Era preciso lhe tirar a razão, concedendo-lhe a vida. O melhor meio de devolvê-lo à infâmia foi condená-lo a viver. Com o que lhe dão a pena para a sua derradeira autoria.

O que os distintos caminhos de análise da parte de Foucault fazem suspeitar é que a experiência literal do parricídio exige uma sublimação, uma transfiguração, e de fato a encontra na cultura, em formas alegóricas, em simulacros, por exemplo, na experiência literária – marcada por sucessivos assassinatos do simbólico, mas que para tanto requer que ele sobreviva. O presente exige a produção de alegorias – com o que se revela a importância mais radical do pensamento simbólico. É certo que as análises de Freud e de Agamben não podem ser assumidas como historiográficas, mas, por outro lado, são exemplos claros do esforço de reconduzir a barbárie que escondemos ao enredo ao qual ainda pertencemos, de modo que as imagens que atualizamos não deixem de ter significado na revelação do que acreditamos ser.

Rivière, ao contrário do que pretendia de início, não conseguiu escrever seu memorial antes de cometer o crime, talvez por pressentir que se o fizesse não seria capaz de levar o plano adiante. Em "Linguagem ao Infinito", Foucault trata da importância, citando Blanchot, de "escrever para não morrer". Essa investigação, em contrapartida, sugere a importância de escrever para não matar.

Embora seja importante distinguir dois modos de arqueologia, eles não são inconciliáveis. De fato, mesmo quando os arquivos ganham ênfase, ainda encontramos uma abordagem alegórica da história, composta na densidade de elementos reunidos sob alguma narrativa. Respeitar as descontinuidades não necessariamente esvazia os símbolos.

No primeiro volume de *História da Sexualidade*, Foucault afirma: "No fundo, a representação do poder permaneceu marcada pela monarquia. No pensamento e na análise política ainda não cortaram a cabeça do rei."[93] A que nova análise política ou a que outra representação de poder somos conduzidos fora do modelo monárquico? Será algum historiador da historiografia quem levará adiante essas análises e descobrirá a relação entre o momento em que o parricídio passou a ser julgado como forma de homicídio comum e o ressurgimento da República? Ou não seria o próprio Foucault quem, nessa mesma indagação, já concebe o poder de outra maneira, induzindo-nos a concluir o raciocínio que, por contraste, ele orienta? Há de se ver ainda que não é o bastante confabular, por um jogo intelectual de negações e inversões de outros raciocínios, uma nova teoria do poder. É preciso encontrar o seu devido correlato histórico, em um evento carregado do caráter simbólico capaz de iluminar essa outra forma de poder, não monárquica, demonstrando-a efetivamente em algum evento decisivo. Entre as duas referências, da forma e do caso, não há uma anterioridade; uma não pode subsistir sem a outra. Há, portanto, uma concomitância no modo de unidade simbólica, fragilmente suscetível a torções provocadas por outros eventos que tenham suas correspondências em outras formas, descobertas por suas forças de impressão.

Em "A Vida dos Homens Infames", em uma referência aos usos das *lettres-de-cachet*, Foucault explora o simbólico mecanismo com o qual a população solicitava no século XVII uma

[93] HS1, p. 99.

intervenção direta do rei na decisão dos pequenos conflitos do dia a dia.

Os que utilizavam as cartas régias com ordens de prisão e o rei que as concedia foram pegos na armadilha de sua cumplicidade: os primeiros perderam cada vez mais sua potência tradicional em benefício de um poder administrativo; quanto a este, por ter se metido todos os dias em tantos ódios e intrigas, tornou-se detestável. Como dizia o duque de Chaulieu, eu acho que, nas *Mémoires de deux jeunes mariés*, ao cortar a cabeça do rei, a Revolução Francesa decapitou todos os pais de família.[94]

---

94 *DE4*, p. 216.

Epílogo: Tropo e Entropia

> *A vida procura ganhar da morte, em todos os sentidos da palavra ganhar e, em primeiro lugar, no sentido em que o ganho é aquilo que é adquirido por meio do jogo. A vida joga contra a entropia crescente.*
>
> G. CANGUILHEM, *O Normal e o Patológico*

Alcançado um lugar periférico, admitamos outro formato para tensionar os problemas reunidos. Indiquemos, num ensaio sem pretensões de transparência e esgotamento, em que direções os temas centrais se insinuam – desenvolvimentos que deram lugar aos desvios de Foucault que agora conhecemos. Nosso desfecho será esse mosaico, de um estudo que concluímos e de outro que indicamos. Vimos que a linguagem do espaço nos dá o termo, limite da experiência conjunta; e agora veremos o tropo como jogo de transgressão e busca de transcendência.

Heidegger, depois da análise da finitude em *Ser e Tempo* e do trabalho dedicado à relação entre linguagem e tempo, despertou para outro "sentido do ser". Em duas ocasiões, ele apresenta o vínculo desse novo sentido do ser com o espaço. Em "Sobre o Humanismo", de 1949, o filósofo afirma: "Tudo que é espacial e todo espaço de tempo desdobra seu ser no elemento dimensional que é a própria maneira de o ser ser."[1] E ao meditar sobre o "acontecimento-apropriador", ou seja, o novo, na conferência "Tempo e Ser", de 1963, o filósofo assevera: "A tentativa de *Ser e Tempo* de reduzir a espacialidade do ser-aí

---

1 M. Heidegger, "Sobre o Humanismo", *Os Pensadores*, p. 159.

(*Dasein*) à temporalidade não pode ser mais sustentada."[2] Faltara, segundo o filósofo: "a penetração do destino do ser no alcançar do espaço-de-tempo"[3]. Saussure, sem talvez supor todas as implicações filosóficas do seu trabalho, antecipara, em 1916, as possibilidades de sincronia e diacronia da língua, estabelecendo duas partes distintas da ciência linguística[4]. Embora ele não admita a pertinência de tal possibilidade, considerando-a apenas uma confusão, trata-se de investigar a composição de ambas em uma mesma experiência: tempo de espaço.

No pensamento de Foucault, à linguagem do espaço pertencem a crítica literária e a análise dos arquivos; a investigação dos saberes e dos dispositivos de poder; e o trabalho filosófico, como uma restituição dessa experiência às suas tramas internas e externas. Posicionamo-nos *aux frontières*, ao questionar como as experiências-limites se formam e em que consistem, não somente na literatura, os "espaços tropológicos (de giro e desvio)"[5]. Certamente não se trata de uma questão estritamente lógica e formal, nem apenas vital e existencial. Em 1961, Foucault apresenta uma direção com a seguinte questão nietzschiana: "Não seria possível conceber uma crítica da finitude que fosse liberadora tanto em relação ao homem quanto em relação ao infinito e que mostrasse que a finitude não é termo, mas a curva e o nó do tempo onde o fim é começo?"[6]

Em *O Espaço Literário*, Blanchot recobre este caminho, ao escrever sobre a finitude: "O animal que vive no Aberto está 'livre da morte'. Mas, nós, na medida em que estamos submetidos à perspectiva de uma vida limitada e mantida entre limites, 'só vemos a morte'."[7] À diferença do "animal que vive no aberto", entre nós – entre a linguagem e a morte, por exemplo, no "espaço literário" –, transita um espírito de época (*Zeitgeist*). Rapsódias

---

2   Heidegger, "Tempo e Ser", *Os Pensadores*, p. 270.
3   Ibidem.
4   "A Linguística sincrônica se ocupará das relações lógicas e psicológicas que unem os termos coexistentes e que formam sistemas, tais como são percebidos pela consciência coletiva. A Linguística diacrônica estudará, ao contrário, as relações que unem termos sucessivos não percebidos por uma mesma consciência coletiva e que se substituem uns aos outros, sem formar sistema entre si". F. Saussure, *Curso de Linguística Geral*, p. 116.
5   *RR*, p. 134.
6   Ibidem, p. 111.
7   M. Blanchot, *O Espaço Literário*, p. 158.

e rapsodos – cientistas, pensadores e poetas, como também tantos anônimos infames –, o põem à prova nas variantes mínimas que surgem enquanto ele se repete e se dissemina em fractais; cada conto altera um ponto, e seus fractais. É sorrateiramente que um espírito de época é confrontado e que fissuras são provocadas em sua provisória autoridade, antes que os espaços sejam assimilados no deserto de um espaço total. É então que o fim deve ser começo, e onde reencontramos a tarefa de uma crítica da finitude.

Se a vida joga contra a entropia crescente, e ela perde, por vezes uma marca é deixada na linguagem, como um lastro de temas e formas – legado de um desvio criador que implanta uma contiguidade, um novo espaço. A entropia da matéria[8] é, assim, correlata de outro fato sensível: a disputa que a vida trava na linguagem. Ao menos é nessa justaposição da vida com a linguagem que nossa época parece ter encontrado um caráter próprio, o qual se insinua como renovação incessante da tarefa de responder: "qual é a ultrapassagem possível?" *Post-mortem*? Pós-modernidade? A resposta talvez resida na experiência crítica, nos estados críticos, em desvios decorrentes de limites defrontados na espacialidade da linguagem. Encontramos no tropo, nos desvios que a vida provoca, e na própria vida como transgressão e transcendência, o cerne da autocertificação da modernidade e a solução contra o nosso horror à entropia, a conversão da contiguidade em continuidade, a anulação de espaços.

◆ ◆ ◆

---

8   Tomamos de Henri Bergson outra apresentação filosófica da entropia: "Com efeito, ela exprime essencialmente que todas as modificações físicas tendem a degradar-se em calor, e que o próprio calor tende a repartir-se uniformemente entre os corpos. Sob essa forma menos precisa, torna-se independente de qualquer convenção; é a mais metafísica das leis da física, pois nos aponta, sem interposição de símbolos, sem artifícios de mensuração, em que direção o mundo caminha. Indica que as mudanças visíveis e heterogêneas umas às outras se diluirão cada vez mais em mudanças invisíveis e homogêneas, e que a instabilidade a qual devemos a riqueza e a variedade das mudanças que se efetuam no nosso sistema solar irá dando lugar, pouco a pouco, à estabilidade relativa de oscilações elementares que se repetirão indefinidamente umas às outras. [...] Efetivamente, todas as nossas análises nos mostram na vida um esforço para escalar a vertente que a matéria desce." *A Evolução Criadora*, p. 266-267 e 269.

Há um prisma epistemológico que se volta ao modo como o conhecimento é constituído na espacialidade da linguagem, ao fato de que não se conhece nada que não esteja inserido e tramado numa rede de relações, em um "sistema de aceitabilidade"[9]. Poderíamos imaginar que a ciência não admite desvios em vista de uma suposta regularidade mecânica do cosmo, mas não veríamos, assim, a instabilidade dessa rede de relações, e o quanto a própria ciência pode ser responsável por desestabilizá-la. Como afirma Bachelard: "Para o espírito científico, traçar nitidamente uma fronteira já equivale a ultrapassá-la. A fronteira científica não é só limite: é uma zona de ideias particularmente ativas, um domínio de assimilação."[10] A ciência não apenas atende ao saber de sua época, mas também se posiciona nas fronteiras do conhecimento. Em sua persistente insatisfação, persevera também à procura do tropo. As afortunadas surpresas com que ela depara agem na contramão do anseio de previsibilidade que muitos acreditam caracterizar o seu suposto interesse velado, pois a ciência é tanto esse domínio provisório, que põe à disposição os fenômenos, quanto uma espera atenta às anomalias, às quebras de suas próprias expectativas[11].

Tendo isso em vista, evocamos um subestimado legado de Hume que, desde o século XVIII, nos adverte contra tantas inferências produzidas de nossas experiências, ao problematizar o fato, até então tido como natural, de que "todas as nossas conclusões experimentais decorrem da suposição que o futuro

---

9   Cf. O Que é a Crítica, p. 15.
10 G. Bachelard, *Estudos*, p. 71.
11 Em *O Novo Espírito Científico*, Gaston Bachelard nos oferece um exemplo oportuno: "O mesmo problema de complexidade essencial colocar-se-ia se examinássemos o efeito Compton interpretando-o na linguagem da mecânica ondulatória. Com efeito, o encontro de um fóton e de um elétron modifica a frequência de ambos. Esta coincidência no espaço de dois objetos geométricos tem, pois, consequências nas propriedades temporais desses objetos. Assim, um tal encontro não é um choque mecânico, não é tampouco uma reflexão óptica, inteligível pela conduta do espelho. É um acontecimento ainda mal elucidado, muito mal designado sob o nome de choque eletromagnético. É preciso ver aí uma soma da mecânica relativista, da óptica, do eletromagnetismo. Esta soma não poderia enunciar-se melhor do que na linguagem espaço-tempo. Que poeta nos dará as metáforas desta nova linguagem? Como chegaremos a imaginar a associação do temporal e do espacial? Que ideia suprema sobre a harmonia permitir-nos-á conciliar a repetição no tempo com a simetria no espaço?" p. 70-71.

estará em conformidade com o passado"¹². O filósofo escocês alertou-nos sobre a ausência de garantias futuras – o que estará na base de toda abordagem não metafísica da história, dentre as quais a de Foucault –, mas não pôde ver como o limite da experiência, e a experiência-limite, em vez de nos conduzirem ao ceticismo, constituem uma "zona de ideias particularmente ativas". Não pôde ver, sobretudo, como as fronteiras da experiência estão implicadas na linguagem. Concluiu que "todos os argumentos derivados da experiência se fundam na semelhança que constatamos entre objetos"¹³, mas se omitiu frente ao fato de que as relações de similitude são elas mesmas históricas. Antes de serem uma relação entre objetos, constituem objetos, porque estes não nos são dados por natureza nem conforme um prisma natural e universal. A cada vez encontramos na linguagem, nas relações que ela oferece, formas de constituí-los e de arruiná-los.

Há um aspecto ético ou político que revela como a linguagem do espaço é um fundo hegemônico, uma articulação instável de normatividades. O conceito de dispositivo de poder advém de um deslocamento para um campo mais específico, mas revela também o poder como uma trama, uma rede isomorfa à espacialidade da linguagem.

Através deste termo [dispositivo] tento demarcar, em primeiro lugar, um conjunto decididamente heterogêneo que engloba discursos, instituições, organizações arquitetônicas, decisões regulamentares, leis, medidas administrativas, enunciados científicos, proposições filosóficas, morais, filantrópicas. Em suma, o dito e o não dito são os elementos do dispositivo. O dispositivo é a rede que se pode estabelecer entre esses elementos.¹⁴

Em uma conferência de 1978, intitulada "O Que É a Crítica?", trabalho no qual mais uma vez Foucault reconhece em Kant uma referência central para os seus procedimentos de análise, o poder é examinado pela ótica de uma "atitude crítica", que consiste em uma "arte de não ser governado". A certa altura, encontramos uma afirmação que parece alheia àquele contexto,

12 D. Hume, *Investigação Acerca do Entendimento Humano*, p. 39.
13 Ibidem, p. 40.
14 MP, p. 244.

mas que, para o nosso desfecho, apresenta uma formulação lapidar: "o sentido não se constitui senão pelas estruturas de coerção do significante"[15]. Linguagem e política aqui não são apenas análogas. Elas se justapõem, pois a linguagem é em si mesma uma experiência política, e a experiência política mais basilar; nós a encontramos na linguagem, mesmo se nossa preocupação for surpreender o poder com um acontecimento singular, em um desvio positivo do significante. Como nos fala Foucault a respeito do problema "linguagem do espaço", segundo o aspecto que predomina em seus trabalhos desse fim de década:

> Trata-se de estabelecer uma rede que dê conta dessa singularidade como um efeito: donde a necessidade da multiplicidade das relações, da diferenciação entre as diferentes formas de relação, da diferenciação entre as diferentes formas de necessidade de encadeamentos, de decifração de interações e de ações circulares e o prestar contas do cruzamento de processos heterogêneos. [...] Não se trata em tais análises de reconduzir a uma causa um conjunto de fenômenos derivados, mas de colocar em inteligibilidade uma positividade singular no que ela tem justamente de singular".[16]

A ideia de rede, presente no poder e na linguagem, e que confirma a isomorfia entre ambos, sugere haver uma relação formal entre duas fases de seu pensamento, a arqueologia e a genealogia. Ambas não podem ser pensadas sem o espaço de coexistência das heterogeneidades postas em conjunto, permitindo-nos destacar o que é desviante e o que é singular.

Além disso, se há nas formas específicas do poder, como sugere Foucault, não apenas repressão ou interdição, como também incitação, e se a toda conduta é possível opor uma contraconduta que lhe ofereça resistência; se entre ambas, conduta e contraconduta, há um limite dinâmico e em constante disputa, é porque no poder, assim como na linguagem, lidamos com uma inteligibilidade espacial – a qual, por sua vez, é condicionada pela linguagem. As quebras, que frente ao poder chamamos transgressões, frente à linguagem podem ser designadas transcendências. Trata-se em ambas, de todo modo, da ampliação ou da transformação de uma espacialidade em outra.

15 QEC, p. 10.
16 Ibidem, p. 17.

É isso o que torna necessário investigar as possibilidades de que a linguagem ofereça resistência aos poderes; de que a linguagem seja, para o poder, o extremo; e de que a transgressão do poder possa residir na transcendência da linguagem.

Na entrevista "Perguntas a Michel Foucault Sobre Geografia", de 1977, encontramos os laços entre o espaço e o poder sob a égide do discurso. Os novos instrumentos de análise reproduzem as primeiras intuições do filósofo formuladas à luz da linguagem.

Eu fui bastante censurado por essas obsessões espaciais e, de fato, elas me obcecaram. Mas, através delas, creio ter descoberto o que, no fundo, eu buscava: as relações que pode haver nelas entre poder e saber. [...] Quem só considerasse a análise dos discursos em termos de continuidade temporal seria necessariamente levado a analisá-la e a considerá-la como a transformação interna de uma consciência individual. Ele edificaria ainda uma grande consciência coletiva no interior da qual as coisas aconteceriam. Metaforizar as transformações do discurso pelo viés de um vocabulário temporal conduz necessariamente à utilização do modelo da consciência individual, com sua temporalidade própria. Tentar decifrá-lo, ao contrário, através de metáforas espaciais, estratégicas, permite apreender precisamente os pontos pelos quais os discursos se transformam em, através e a partir das relações de poder.[17]

O campo de profusão explícita dos tropos é a arte, pois nela não se trata apenas de "colocar em inteligibilidade uma positividade singular", mas de deslocar uma inteligibilidade constituída, ao pô-la em confronto com uma experiência singular. Também quando se trata da "arte de não ser governado", não podemos entendê-la como um procedimento regular, como uma técnica que oferecesse garantias de libertação – contrassenso que leva Foucault a propor que se trata, a cada vez, de não ser governado "dessa maneira"; trata-se, a cada vez, de uma "atitude crítica" e de uma arte.

A arte é o campo de riqueza dos tropos porque cada grande obra, mesmo em seus tropos mais sutis, coloca diante de nós algo que se sobrepõe às formas ordinárias, e porque delas se utiliza para transformá-las. Na arte encontramos explicitamente o nosso habitar na linguagem do espaço, esquadrinhamento da

17 *DE4*, p. 181.

regularidade e impressão de distâncias do hábito. Distâncias extraordinárias. É preciso reconhecer, enfim, que o sentido se constitui pelas estruturas de coerção dos significantes e, conforme é exemplar na arte, pela transgressão dessas estruturas de coerção – "giro e desvio". A expressão "arte de não ser governado" contém uma circularidade espiralada. Toda arte é um novo modo de não ser governado, uma produção transgressora e uma transcendência perante um governo mais ou menos transparente, que quer determinar os "sistemas de aceitabilidade". Para além dos esquemas historiográficos, esse é o leito ou a ordem da historicidade; é também o seu campo de batalha, e o acontecimento singular que estabelece as suas vicissitudes possui o que sugerimos chamar função tropológica. Por vezes a encontramos na ficção e por vezes em outras fábulas, tais como os registros da vida dos homens infames.

Podemos afirmar, finalmente, como um aspecto próprio do pensamento de Foucault, mas também para além dele, que devemos privilegiar, em detrimento das cadeias de causalidade contínuas ou sob a aparência de delimitações naturais, a função tropológica dos acontecimentos em suas redes de similitudes – a linguagem do espaço.

◆ ◆ ◆

Ao final das *Meditações*, Descartes conquista a almejada certeza de que a realidade não é apenas um sonho porque a vida se desenrola em uma cadeia contínua de causalidades: "sem nenhuma interrupção, posso ligar o sentimento que tenho das coisas com a sequência do resto de minha vida, e estou inteiramente certo de que as percebo em vigília e de modo algum em sonho"[18]. Contra a fragmentação dos sonhos, contaríamos com a garantia de um estado contínuo de vigília. Entretanto, e se o sonho interposto interromper a unidade do real, o seu *continuum*, e quebrar nossas identidades? Talvez a linguagem do espaço recoloque em questão o estatuto do sonho na vida, e admiti-la nos leve a meditar novamente, embora sem aquelas pretensões de unidade, a respeito do contato entre a vida e a realidade.

18 R. Descartes, *Meditações*, p. 150.

◆ ◆ ◆

De Canguilhem retiramos o mote de que a vida joga contra a entropia crescente e buscamos confrontá-lo com as reflexões de Foucault sobre a linguagem e o espaço. Sabemos que todo sistema fechado tende à entropia. A vida joga contra a entropia na medida em que para ela está em jogo a tendência ao desfecho e a possibilidade de aberturas. Com Foucault, cremos encontrar nos tropos não meras produções de desordem, mas pontes para outros sistemas simbólicos; aberturas, na linguagem, de outros espaços: simulacros, similitudes, virtualidades para onde nos mudamos, multiplicando as formas que impressionam, que são a um tempo expressivas e, assim, de algum modo dando à vida um sentido fora dos seus limites, nos limites estabelecidos pela vida de outrem – e todas as vidas conjugadas nos limites provisórios da linguagem.

O tempo age sobre o enclausuramento das formas. Quando contido nos mesmos limites, ele as consome, mas os tropos abrem outras plataformas. O jogo recomeça. A entropia tende à totalidade. E como pretensões de totalidade não ensejariam a entropia? Do extraordinário ao equilíbrio, à uniformidade, à morte das formas. De outro modo poderíamos dizê-lo, e novamente com Nietzsche: niilismo.

Contra a entropia, os tropos ensejam a linguagem de outro espaço, como frinchas por meio das quais o mundo já não se atém à sua forma assimilada, porque é renomeado. Forma-se outra mônada; amplia-se a constelação do próprio mundo. Então, já não é apenas como força conservadora que a vida joga contra a entropia crescente, pois esse jogo de novos limites encontra um espaço crescente: as diferentes línguas não são um castigo aos homens depois de Babel; são as suas conquistas; as suas descobertas.

Os tropos nos salvam da entropia máxima, a uniformidade totalitária, não pela equipolência, conforme resultaria de uma intuição cética, mas por abrir, no poder e na linguagem, espaços que possibilitam engajamentos efetivos – procedimento cínico, de transgressão e transcendência.

Em um momento, Foucault procura outra abordagem dos temas que resgatamos, recolocando no centro do seu trabalho o domínio subjetivo. Se, em vez de seguir sua trajetória, permanecermos na primeira via; se tematizamos a liberdade em sua raiz na linguagem do espaço, por acaso cairemos em aporia? A liberdade será contornada nesse plano ou se apresentará despojada dos obstáculos que emaranham o sujeito? Por esse caminho, o engajamento da vida na liberdade se dá na linguagem. Nele, o sentido – da coerção à conversão do significante – dá a liberdade. Então a concebemos como liberação de sentidos pela transformação de espaços; como heteronomia de espaços.

A liberdade do sentido, dado de um espaço a outro como exosmose, é consumada na dimensão da nossa liberdade, no pensamento e na ação, como endosmose por meio da *áskesis*. A opressão, por outro lado, é a incitação à totalidade, vislumbrada na entropia das formas. A liberdade se apresenta, portanto, não *ex nihilo*, não espontaneamente, mas desde o cultivo das relações de similitude, em proximidades heterogêneas, em espectros, em novos simulacros; como criação contra a entropia. Nossas ações e pensamentos são formas móveis no espaço; engendram fractais de outros espaços que lutam contra as sínteses do tempo, a entropia das formas. É enigmático como recebemos do próprio tempo, da distância das similitudes e da gratidão com a qual delas nos aproximamos, os tropos que libertam. É que, embora poucas formas sejam criadas para ser eternas, elas têm alguma duração, porque são espacialidades móveis.

O tempo se nutre de espaços, como entropia, e o espaço é a fonte da liberdade – espaço de abertura. Assim como muitos homens, o tempo aspira à totalidade. No instante em que não houver novos espaços, e em que todos forem consumidos pela entropia, tornando-se totalidade do espaço uno, e não mais o uno diferente em si mesmo, esse instante sem liberdade será o último.

◆ ◆ ◆

Duas formas de espacialidade atravessaram essa tematização do espaço: uma topologia histórica, apresentada a cada diagnóstico de Foucault; e uma topologia metodológica, que revela não as intenções, mas os diferentes esquemas do pensamento que se volta à historicidade. Reunidas em uma ordem enigmática, talvez quiral, nos conduziram a uma reflexão sobre o espaço em geral, à qual acrescentamos uma última consideração. Foucault, junto a alguns de seus conterrâneos, revela, como um disparador do seu admirável trabalho, a exploração de espacialidades heterogêneas. Espaços homogêneos, como sugere Bergson[19], a exemplo daqueles que encontramos na matemática ou em sistemas metafísicos, não suscitam tropos porque, de antemão, rejeitam as similitudes em favor das relações de identidade. Foucault, por outro lado, reabilita isomorfias, similitudes e simulacros, e com isso compõe ordens, redes, espaços de coexistência de heterogeneidades, de repetições instáveis na linguagem.

Descobrimos que se dedicar às semelhanças é um meio de cultivar vínculos de estrutura concomitantemente às possibilidades de transcendência. Trata-se, na história da filosofia, de um novo deslocamento do olhar: das representações para a imanência das semelhanças; das essências puras para a linguagem plástica. Desde as impressões colhidas por nossos corpos que, segundo Platão, são sepulcros. Desde as palavras, extensões dos corpos que, para os homéridas, são por vezes os alvos não da morte, mas de um outro deus:

> [*Eros*] Amor alado é o seu nome para os mortais,
> Mas para os imortais é *Pteros*, por fazer crescer as asas.[20]

19 "Acredito que ninguém tenha pensado que a linguagem não é tempo, mas espaço, a não ser Bergson, de quem não gosto muito, mas sou obrigado a reconhecer ter tido essa ideia. O problema é que ele tirou disso uma consequência negativa, ao dizer que se a linguagem era espaço e não tempo, pior para ela. E como o essencial da filosofia, que é linguagem, era pensar o tempo, ele tirou essas duas conclusões negativas: primeiro, que a filosofia deveria se afastar do espaço e da linguagem para poder pensar melhor o tempo; segundo, que, para poder pensar e expressar o tempo, era necessário dispensar a linguagem ou se desembaraçar daquilo que a linguagem poderia ter de pesadamente espacial. E para neutralizar esses poderes, essa natureza, esse destino espacial da linguagem, seria preciso jogar a linguagem contra ela mesma, utilizar, frente às palavras, outras palavras, contra-palavras. Bergson pensava que nessa dobra, nesse choque, nesse entrelaçamento de palavras, onde a espacialidade de cada uma delas teria sido eliminada, enxugada, aniquilada, ou ao menos limitada pela espacialidade das outras, nesse jogo que, no sentido rigoroso do termo, é o da metáfora – daí a importância das metáforas em Bergson –, nesse jogo da linguagem contra si própria, nesse jogo da metáfora que neutraliza a espacialidade, algo conseguiria nascer ou, ao menos, passar: o fluxo do tempo". LL, p. 167-168.

20 Platão, *Fedro*, p. 71.

Espacialidades homogêneas espelham ilusões de imortalidade. As heterogêneas não nos salvam da morte, mas libertam a linguagem da entropia das formas. As primeiras se projetam além das bordas do mundo, dos horizontes da experiência, enquanto as outras contornam os horizontes de volta. Somente a linguagem do espaço dá voltas; somente nela, de simulacro em simulacro, descobrimos tropos: formas com as quais a vida joga contra a entropia crescente a cada pausa que ameaça uma distância intransponível.

Perseguimos diversos estratos do legado de Foucault. Buscamos reconstituir a sua topologia da linguagem e nos deparamos com uma curadoria de fábulas que parecem atuar como tropos nas recorrências da sua obra. Refletimos sobre a atmosfera em que nos descobrimos imersos e, neste desfecho, chegamos a uma breve fábula que ilumina tanto um largo campo oposto quanto o seu símbolo comum. Reencontramos as palavras de Roussel, poeta que, ao conduzir mais um discreto movimento de recuo, duplica, à distância, o trabalho do filósofo.

No terreno de grandes flores, azuis, amarelas ou carmesins brilhavam entre os musgos. Mais longe, através dos troncos e das ramagens, o sol resplandecia; embaixo, uma primeira zona horizontal de um vermelho sangrento se atenuava para deixar lugar um pouco mais acima a uma faixa laranja que, iluminando a si própria, fazia nascer um amarelo-ouro muito vivo: em seguida, vinha um azul pálido apenas esboçado, no seio do qual brilhava, em direção à direita, uma última estrela retardatária.[21]

---

21   RR, p. 57.

Referências Bibliográficas

MICHEL FOUCAULT

FOUCAULT, Michel. *Eu, Pierre Rivière, Que Degolei Minha Mãe, Minha Irmã e Meu Irmão*. Trad. Denise Lezan de Almeida. 2. ed. São Paulo: Graal, 2013. Autor informou 2012
_____. *A Ordem do Discurso*. Trad. Laura Fraga de Almeida Sampaio. São Paulo: Loyola, 2012.
_____. *Ditos e Escritos VII – Arte, Epistemologia, Filosofia e História da Medicina*. Trad. Vera Lucia Avellar Ribeiro. Rio de Janeiro: Forense Universitária, 2011.
_____. *Gênese e Estrutura da Antropologia de Kant*. Trad. Marcio Alves da Fonseca e Salma Tannus Muchail. São Paulo: Loyola, 2011.
_____. *Maladie mentale et psychologie*. 5 ed. Paris: Quadrige / PUF, 2011.
_____. *O Nascimento da Clínica*. Trad. Roberto Machado. Rio de Janeiro: Forense Universitária, 2011.
_____. *Ditos e Escritos I – Problematização do Sujeito: Psicologia, Psiquiatria e Psicanálise*. Trad. Vera Lucia Avellar Ribeiro. 3 ed. Rio de Janeiro: Forense Universitária, 2010.
_____. *Ditos e Escritos VI – Repensar a Política*. Trad. Ana Lúcia Paranhos Pessoa. Rio de Janeiro: Forense Universitária, 2010.
_____. *A Verdade e as Formas Jurídicas*. Trad. Roberto Cabral de Melo Machado e Eduardo Jardim Morais. 2 ed. Rio de Janeiro: NAU, 2009.
_____. *Ditos e Escritos III – Estética: Literatura e Pintura, Música e Cinema*. Trad. Inês Autran Dourado Barbosa. 2 ed. Rio de Janeiro: Forense Universitária, 2009.

_____. *A Arqueologia do Saber*. Trad. Luiz Felipe Baêta Neves Flores. Rio de Janeiro: Forense Universitária, 2008.

_____. *Ditos e Escritos II – Arqueologia das Ciências e História dos Sistemas de Pensamento*. Trad. Elisa Monteiro. 2 ed. Rio de Janeiro: Forense Universitária, 2008.

_____. *Microfísica do Poder*. São Paulo: Graal, 2008.

_____. *Vigiar e Punir: Nascimento da Prisão*. Trad. Raquel Ramalhete. Petrópolis: Vozes, 2008.

_____. *A Hermenêutica do Sujeito*. Trad. Marcio Alves da Fonseca e Salma Tannus Muchail. São Paulo: Martins Fontes, 2006.

_____. *Ditos e Escritos IV – Estratégia Poder-Saber*. Trad. Vera Lucia Avellar Ribeiro. 2 ed. Rio de Janeiro: Forense Universitária, 2006.

_____. *Ditos e Escritos V – Ética, Sexualidade, Política*. Trad. Elisa Monteiro e Inês Autran Dourado Barbosa. 2 ed. Rio de Janeiro: Forense Universitária, 2006.

_____. *História da Sexualidade I: A Vontade de Saber*. Trad. Maria Thereza da Costa Albuquerque e José Augusto Guilhon Albuquerque. São Paulo: Graal, 2006.

_____. *Em Defesa da Sociedade*. Trad. Maria Ermantina Galvão. São Paulo: Martins Fontes, 2005.

_____. *História da Loucura na Idade Clássica*. Trad. José Teixeira Coelho Netto. 11 ed. São Paulo: Perspectiva, 2017.

_____. *As Palavras e as Coisas: Uma Arqueologia das Ciências Humanas*. Trad. Salma Tannus Muchail. São Paulo: Martins Fontes, 2002.

_____. *Raymond Roussel*. Trad. Manoel Barros da Motta e Vera Lucia Avellar Ribeiro. Rio de Janeiro: Forense Universitária, 1999.

_____. *Doença Mental e Psicologia*. Trad. Lilian Rose Shalders. Rio de Janeiro: Tempo Brasileiro, 1975. Autor informou 1968.

_____. *Naissance de la clinique: Une Archéologie du regard médical*. Paris: PUF, 1963.

_____. *Maladie mentale et personnalité*. Paris: PUF, 1954.

_____. *O Que É a Crítica?* Trad. Gabriela Lafetá Borges. Disponível em: <michel-foucault.weebly.com/textos.html>. Acesso em: 28 set. 2017.

GERAL

AGAMBEN, Giorgio. *Homo sacer: O Poder Soberano e a Vida Nua I*. Trad. Henrique Burigo. Reimpressão da 1 ed. 2002. Belo Horizonte: Editora UFMG, 2007.

BACHELARD, Gaston. *A Poética do Espaço*. Trad. Antônio de Pádua Danesi. São Paulo: Martins Fontes, 2012.

_____. *Estudos*. Trad. Estela dos Santos Abreu, Rio de Janeiro: Contraponto, 2008.

_____. *O Novo Espírito Científico*. Trad. Juvenal José Marchevsky, Rio de Janeiro: Tempo Brasileiro, 2000.

BERGSON, Henri. *A Evolução Criadora*. Trad. Adolfo Casais Monteiro, São Paulo: UNESP, 2009.

BLANCHOT, Maurice. *O Espaço Literário*. Trad. Álvaro Cabral, Rio de Janeiro: Rocco, 2011.
BORGES, Jorge Luis. *História Universal da Infâmia*. Trad. Flávio José Cardozo. Porto Alegre: Globo, 1978.
CANGUILHEM, Georges. *O Normal e o Patológico*. Trad. Maria Thereza Redig de Carvalho Barrocas. Rio de Janeiro: Forense Universitária, 2014.
DELEUZE, Gilles. *Foucault*. Trad. Claudia Sant'anna Martins. São Paulo: Brasiliense, 2008.
DESCARTES, René. Meditações. *Descartes (Os Pensadores)*. São Paulo: Abril Cultural, 1973.
ERIBON, Didier. *Michel Foucault*. Paris: Flammarion, 2011.
FREUD, Sigmund. *A Interpretação dos Sonhos*, v. 5. Trad. Walderedo Ismael de Oliveira. Rio de Janeiro: Imago, 1974. *ESB (Edição Standard Brasileira das Obras Psicológicas Completas de Sigmund Freud.)*
_____. *Totem e Tabu*. ESB, v. 13. Trad. Jayme Salomão. Rio de Janeiro: Imago, 1974.
_____. *Sobre a Transitoriedade*. ESB, v. 14. Trad. Jayme Salomão. Rio de Janeiro: Imago, 1974.
_____. *Simbolismo nos Sonhos*. ESB, v. 15. Trad. Jayme Salomão. Rio de Janeiro: Imago, 1974.
_____. *Um Estudo Autobiográfico*. ESB, v. 20. Trad. Jayme Salomão. Rio de Janeiro: Imago, 1974.
_____. *Dostoiévski e o Parricídio*. ESB, v. 21. Trad. José Octávio de Aguiar Abreu. Rio de Janeiro: Imago, 1974.
GOETHE, Johann Wolfgang von. *Fausto*. Trad. Jenny Klabin Segall. Belo Horizonte: Itatiaia, 1981.
HEGEL, Georg Wilhelm Friedrich. *Introduction à la philosophie de l'histoire*. Trad. M. Bienenstock e N. Waszek. Paris: Les Livres de Poche, 2011.
_____. *Fenomenologia do Espírito*. Trad. Paulo Meneses. Petrópolis: Vozes, 2002.
_____. *Filosofia da História*. Trad. Maria Rodrigues e Hans Harden. Brasília: Editora UnB, 1995.
HEIDEGGER, Martin. *Ensaios e Conferências*. Trad. Marcia Sá Cavalcante Schuback, Petrópolis: Vozes, 2006.
_____. *A Caminho da Linguagem*. Trad. Marcia Sá Cavalcante Schuback. Petrópolis: Vozes, 2004.
_____. *Ser e Tempo*. Trad. Marcia Sá Cavalcante Schuback. Petrópolis: Vozes, 2001. Autor informou 2000.
_____. Sobre o Humanismo. Trad. Ernildo Stein. *Heidegger (Os Pensadores)*. São Paulo: Abril Cultural, 1979.
HERÁCLITO (Os Pensadores). São Paulo: Abril Cultural, 1973.
HÖLDERLIN, Johann Christian Friedrich. *Hipérion ou o Eremita na Grécia*. Trad. Erlon José Paschoal. São Paulo: Nova Alexandria, 2003.
HUME, David. *Investigação Acerca do Entendimento Humano*. Trad. Anoar Aiex. São Paulo: Edusp, 1972.
KANT, Immanuel. *Crítica da Razão Pura*. Trad. Manuela Pinto dos Santos; Alexandre Fradique Morujão. Lisboa: Fundação Calouste Gulbenkian, 2008.
_____. *Ideia de uma História Universal de um Ponto de Vista Cosmopolita*. Trad. Ricardo Ribeiro Terra. São Paulo: Martins Fontes, 2003.

LACAN, Jacques. Função e Campo da Fala e da Linguagem. *Escritos*. Trad. Vera Ribeiro. Rio de Janeiro: Zahar, 1998.

_____. *O Seminário 1: Os Escritos Técnicos de Freud*. Trad. Betty Milan. Rio de Janeiro: Zahar, 1983.

MACHADO, Roberto. *Foucault, a Filosofia e a Literatura*. Rio de Janeiro: Jorge Zahar, 2000.

_____. *Ciência e Saber: A Trajetória da Arqueologia de Foucault*. Rio de Janeiro: Graal, 1982.

NIETZSCHE, Friedrich Wilhelm. *Genealogia da Moral*. Trad. Paulo César de Souza. São Paulo: Companhia das Letras, 2009. Autor informou 2008.

_____. *Sobre Verdade e Mentira no Sentido Extra-Moral*. Trad. Fernando de Moraes Barros. São Paulo: Hedra, 2007.

_____. *Escritos Sobre a História*. Trad. Noéli Correia de Melo Sobrinho. Rio de Janeiro: Loyola, 2005.

_____. *A Gaia Ciência*. Trad. Paulo César de Souza. São Paulo: Companhia das Letras, 2001.

PLATÃO. *Fedro*. Trad. Pinharanda Gomes. Lisboa: Guimarães, 2000.

_____. *Diálogos IX: Teeteto/Crátilo*. Trad. Carlos Alberto Nunes. Belém: Universidade Federal do Pará, 1973.

PROUST, Marcel. *Em Busca do Tempo Pedido: O Tempo Recuperado*. Trad. Fernando Py. Rio de Janeiro: Ediouro, 2002.

SAUSSURE, Ferdinand de. *Curso de Linguística Geral*. Trad. Antônio Chelini; José Paulo Paes; Izidora Blikstein. São Paulo: Cultrix, 2006.

VEYNE, Paul Marie. *Foucault: Sa pensée, sa personne*. Paris: Albin Michel, 2008.

WITTGENSTEIN, Ludwig. *Investigações Filosóficas*. Trad. Marcos G. Montagnoli. Petrópolis: Vozes, 1996.

Este livro foi impresso na cidade de Cotia,
nas oficinas da Meta Brasil, em 2019,
para Editora Perspectiva.